Franzius

Angelika Lorenz

ENDSTATION

Himmel

Die letzten Jahre mit meinen
pflegebedürftigen Eltern

Roman

Ein Buch aus dem FRANZIUS VERLAG

Cover: Simone C. Franzius
Bildlizenzen: Adobe Stock
Korrektorat/Lektorat: Dr. Michael Kracht
Verantwortlich für den Inhalt des Textes
ist die Autorin Angelika Lorenz
Satz, Herstellung und Verlag: Franzius Verlag GmbH
Druck und Bindung: BoD, Norderstedt

ISBN 978-3-96050-186-2

Alle Rechte liegen bei der Franzius Verlag GmbH
Hollerallee 8, 28209 Bremen

Copyright © 2021 Franzius Verlag GmbH, Bremen
www.franzius-verlag.de

Die Deutsche Nationalbibliothek verzeichnet diese Publikation in der Deutschen Nationalbibliografie; detaillierte bibliografische Daten sind im Internet über http://dnb.dnb.de abrufbar.

INHALT

Wie alles anfing
(8.11.04 - 02.01.05)

8. November 2004.

Spontanfraktur des linken Oberschenkels. Mitten im Flur, im Stehen. Einfach so. Wegen der Osteoporose. Am nächsten Tag wurde sie operiert. Sie – das war Oma. Meine Mutti. Am 1. Dezember wurde sie nach drei Wochen Krankenhausaufenthalt entlassen. Ohne Reha, gleich nach Hause. Opa sollte nicht so lange allein sein.

Ich dachte mir nur: »Eva, jetzt ist es mal wieder so weit. Aus mit der Ruhe. Du bist jetzt gefordert.«

So war es dann auch. Und blieb es – für lange Zeit. Oma hatte Depressionen. Sie sagte zu mir:

»Schau dir das Bild von der Gottesmutter an. Zu der bete ich so oft.«

Neben dem Marienbild hing der Engelskalender, den Katharina ihr letztes Jahr zu Weihnachten geschenkt hatte. Katharina ist meine Tochter.

»Zu den Engeln und der Gottesmutter bete ich so oft. Und sie helfen mir einfach nicht!« Tränen liefen ihr über das Gesicht. »Warum? Warum bloß? Ich möchte hier sterben, einfach nur sterben. Hier in unserer Wohnung. Aber dann wäre Opa allein. Der braucht mich doch! So viel habe ich schon lange nicht mehr gebetet!«

Einen Christbaum wollten sie aber schon noch dieses Jahr, wenigstens einen ganz kleinen. Wenn sie den nicht mehr bräuchten, dann könnten sie ja gleich sterben.

Oma lag im Bett und wartete den ganzen Nachmittag auf die Krankengymnastin, doch vergebens. Oma mochte Frau Winter, da sie bei ihren Besuchen immer das Gefühl hatte, Frau Winter käme »privat« zu ihr und würde sie nicht wie einen »Fall« behandeln. Um die Schultern hatte sie sich ihr selbstgehäkeltes altrosa Bettjäckchen geschlungen. Ihr Kopf lag auf einer dieser Nackenrollen, die an beiden Seiten mit einem Bändchen zusammengebunden waren und dadurch aussahen wie ein Bonbon. Omas Körper verschwand beinahe in der riesigen Daunendecke mit ihrem beigebraunen Flanellbezug. Als es draußen bereits dunkel wurde und keine Hoffnung mehr bestand, dass Frau Winter noch erscheinen würde, brach Omas Stimmung wieder zusammen: »Ich bin so krank und schwach. Ich würde lieber sterben. Ich komme nie wieder auf die Beine, aber der Opa ist sonst so allein. Früher hat man halt Krankenpflege betrieben, wenn es jemand von den Angehörigen schlecht ging, und sie bekocht, das war ganz selbstverständlich.« Vorwurfsvoll sah sie mich an. »Das kannten wir gar nicht anders. Aber heute... das ist euch alles viel zu viel, das merke ich schon! Und jetzt müsst ihr auch noch zwei Personen versorgen! Ich kann das doch Elisabeth nicht zumuten, dass sie bei mir staubsaugt, wenn sie kommt. Bis vor Kurzem habe ich das selbst getan, aber es geht halt jetzt nicht mehr.«

Elisabeth, das ist meine Schwester. Seit sie mit ihrem Mann Thomas ein paar Orte weitergezogen war, besuchte sie unsere Eltern jeden Mittwochnachmittag zum Kaffee trinken. Jetzt waren die Besuche häufiger. Und bereits mehr Pflege als nur Besuch.

Es war gar nicht nur ihr operierter Oberschenkel und die Tatsache, dass sie nicht mehr laufen konnte, es war ihr allgemeiner körperlicher Zustand, der Oma so zu schaffen machte. Und die Depressionen. Trotzdem machten mich ihre Vorwürfe wütend.

»Wieso sollte mir das jetzt auf einmal etwas ausmachen? Ich kaufe dir seit Jahren ein, wasche deine Wäsche, bügle sie und räume sie wieder ein. Ist das denn nichts?«

»Aber heute tut mir doch der Fuß so weh!«

Als läge es nur daran! Aber es fiel ihr wahnsinnig schwer, um jeden Handgriff bitten zu müssen. Das verstand ich auch. Ein »Wehwehchen«, wie wir immer sagten, bot für ihre Hilfsbedürftigkeit wenigstens einen guten Grund.

Mein Mann Hans kommentierte diese Tatsache nur lakonisch: »Jetzt muss sie eben von ihrem hohen Ross runtersteigen und um etwas bitten! Aber wer viel jammert, der lebt länger, heißt es doch. Wenn mein Vater auch so viel gejammert hätte, wäre er vielleicht nicht so schnell gestorben.«

Besonders gut verstand er sich mit seinen Schwiegereltern noch nie.

Am Abend kam der Hausarzt meiner Eltern vorbei. Dr. Legnau war ein großgewachsener, gutaussehender und sehr sympathischer Mann, der mit meiner Schwester die Schule besucht hatte. Ich hatte ihn gebeten, zu kommen, obwohl meine Mutter dagegen war. Sie mochte ihn zwar und er war ihr wichtig, was auch für Ärzte im Allgemeinen galt, aber heute lamentierte sie nur, er könne ihr sowieso nicht helfen.

Wir begleiteten ihn später durch den Garten hinaus. Dr. Legnau wollte uns trösten, indem er sagte, er fände es erstaunlich, dass unsere Mutter ohne Reha-Aufenthalt schon wieder so weit sei. So weit? Wir hatten gerade keine Augen dafür, »wie weit sie schon wieder war«, nur dafür, was sie nun alles nicht mehr war! Er hatte Oma ein Antidepressivum verschrieben und ihr gleich die erste Packung dagelassen, die er scheinbar zufällig in seiner Tasche stecken hatte. Oma gegenüber hätte er das Wort »Depression« jedoch nicht in den Mund genommen, sondern ihr erklärt, dass er ihr etwas gebe, das ihr wieder Mut mache und sie körperlich aufrichte. Nachdem er das gesagt hatte und sie die erste Tablette geschluckt hatte, wäre Oma plötzlich ganz ohne Krücken auf ihn zugegangen! Sie konnte also doch laufen! Das Antidepressivum braucht aber an sich zwei Wochen, bis es anschlägt… Nur das wusste sie nicht. Und hatte dieses eine Mal die Medizin eingenommen, bevor sie den Beipackzettel auswendig konnte.

»Erinnerst du dich noch an das Gedicht, das ich mal über die Herren Doktoren geschrieben habe?«, fragte mich Oma, als ich am späten Abend an ihrer Bettkante saß und wir den Tag gemeinsam verabschiedeten. Sie erhob sich mit einem Ächzen aus ihren Kissen, zog ein abgenutztes Schulheft aus der Schublade neben ihrem Bett und las vor:

Ein Mensch geht zum Doktor

Ein Mensch geht zum Doktor in die Stadt,
Weil er im Bauche Schmerzen hat.
Der Arzt untersucht Kopf, Lunge, Magen und Herz,
Danach gehts noch runterwärts.
Aufs Knie schlägt er mit einem Hammer
Was sonst noch kommt, das ist ein Jammer.
Blut und Harn werden untersucht
Und das Ergebnis im Computer gebucht.
Zuletzt schaut sich der tüchtige Mann
Auch noch das Innere mit einem Spiegel an.
Nun ist vorbei die Schinderei.
Der Arzt, der alles gut geprüft,
Gibt jetzt dem Menschen kund:
Sie sind ja rundherum gesund!
Sie können essen, trinken, lieben, rauchen.
In einem Jahr werden sie mich dann sicher brauchen.
Der Mensch geht frohen Mutes heim.
Doch fällt ihm plötzlich ein:
Ich habe gar keine Medizin bekommen
Für mein Weh
Dann trinke ich halt weiter meinen Kamillentee!

Gegen sieben Uhr morgens stieg ich über die noch eiskalten Marmortreppen hoch in den ersten Stock. Hans und ich wohnten im Haus meiner Eltern, im Erdgeschoss. Das Haus hatte mein Großvater mütterlicherseits zu Beginn des 20. Jahrhunderts auf einem weitläufigen Grundstück bauen lassen. Damals, als die Grundstückspreise noch einigermaßen erschwinglich waren. Meine Großeltern wohnten in diesem Haus bis zu ihrem Tod. Meine Schwester und ich sind darin groß geworden. Lange Zeit lebten dort also drei Generationen unter einem Dach.

Direkt nach unserer Hochzeit 1971 zogen Hans und ich für zwei Jahre nach München, wo Katharina, unser erstes Kind, zur Welt kam. Als wir unser zweites Kind erwarteten, mussten wir die Stadtwohnung verlassen, weil unsere Vermieter das Geschrei eines zweiten Kindes nicht auch noch ertragen wollten. Hans erweiterte zusammen mit seinem Bruder das Haus meiner Eltern, sodass zwei getrennte Wohnungen entstanden. Wir zogen ein. Es lebten also erneut drei Generationen unter einem Dach, zumindest so lange, bis unsere Kinder auszogen.

Der Schlüssel ihrer Wohnungstür steckte immer außen, also konnte ich kommen und gehen, wann ich wollte. Oma war schon wach und rief aus dem Schlafzimmer:

»Du, was hat denn der Doktor gestern für ein Rezept aufgeschrieben?«

Jetzt kam sie also doch, die Frage.

»Ein Medikament, das dich munterer macht, das deine Stimmung und deinen körperlichen Zustand verbessert. Ich glaube, so ähnlich hat er gesagt«, antwortete ich ausweichend.

»Ich habe ja noch nie gehört, dass es so etwas gibt!«

Sie wird den Beipackzettel, wie bei allen Medikamenten, doch noch lesen. Und dann nimmt sie die Tabletten aus lauter Angst vor den Nebenwirkungen lieber gar nicht. Soll ich den Zettel vielleicht besser aus der Packung entfernen?

Weihnachten. Meine Gedanken waren in den letzten Tagen wie besessen von der Fragestellung, ob ich meinen Eltern etwas schuldig bin oder ob ich bisher viel zu wenig für sie da war. Auf der – noch vergeblichen – Suche nach einer Antwort führte mich meine Reise schließlich zurück bis zu dem, was man mir über meine Geburt erzählt hatte. Ich war eine sogenannte »Steißlage«. Der Arzt, der mich entbunden hatte, sagte zu Mutti: »Jetzt müssen Sie sehr tapfer sein, es gibt jetzt einen starken Schmerz.«

Und er langte bis zum Ellenbogen in sie hinein und zog mich heraus. »Dass das Kind noch lebt, ist ein Wunder!«, rief er laut.

Heute würde man einen Kaiserschnitt machen, aber damals, 1941, waren solche Geburten schwer durchzuführen. Die Geburt meiner Schwester, sieben Jahre später, war auch nicht leichter. Mit der Hand musste der Arzt erst die Nabelschnur entfernen, die sich um ihr Köpfchen gewickelt hatte. Nach den Erfahrungen bei meiner Geburt konnte Mutti es kaum glauben, als der Arzt ihr sagte: »Das Kind können Sie gleich mit nach Hause nehmen!«

Sie hätte nie gedacht, dass es überhaupt lebensfähig sein würde. Und war natürlich überglücklich!

Bei meiner Geburt war es anders. Mich haben sie der Mutti erst mal weggenommen und in die Schwabinger Klinik gebracht. Das musste sehr schlimm für sie gewesen sein. Ich kam fünf Wochen zu früh auf die Welt. Sie konnten ihr nicht versprechen, ob ich überhaupt durchkommen würde. Obwohl die Schwestern Mutti Mut machten – meine Geburt fiel auf den Tag »Mariä Opferung«, da könne schon nichts schief gehen. Nach zwei Wochen hätte ich nach Hause gedurft. Aber meine Mutter hatte eine Brustentzündung und konnte mich nicht mitnehmen und schon gar nicht pflegen. Also wurde ich erst kurz vor Weihnachten geholt. Es war mitten im Zweiten Weltkrieg. Strom gab es nur nachts, für wenige Stunden. In diesen kurzen Zeitfenstern musste sie dann möglichst viel Milch für mich abpumpen. Meine Oma fuhr dann mit der Milch täglich ins Schwabinger Krankenhaus. Als ich nach Hause kam, befürchtete Mutti, es könnte jetzt schwierig werden mit der Trinkerei, wo ich jetzt an die Flasche gewöhnt sei. Aber Oh Wunder! Ich trank ohne Probleme an der Brust, als hätte ich es nie anders gekannt.

Trotz allem war ich aufgrund meines schlechten Starts nicht gerade mit Gesundheit gesegnet und Mutti zog mit mir jahrelang von Arzt zu Arzt.

Vielleicht wurde ich deshalb immer so überbehütet? Weil Mutti immer Angst um mich hatte? Ich durfte nicht schwimmen lernen, nicht Rad fahren. Es hätte mir etwas passieren können. Wenn ich allein mit Freundinnen unterwegs war, bekam sie vor Sorge gleich einen schlimmen Migräneanfall.

Simon, unser Jüngster, kochte wie immer am 1. Weihnachtsfeiertag für uns. Ich fragte Oma, ob sie auch zu uns runterkäme zum Mittagessen. Etwas bissig merkte ich an, dass sie für einen Arztbesuch doch auch keine Probleme hätte, die Treppen rauf und runter zu steigen.

Als ich ihr gegen 12 Uhr Bescheid gab, dass das Essen fertig sei, fing sie das Jammern an:

»Ich kann nicht, mir ist so schlecht, so schwindlig und ich bin so wacklig auf den Beinen.«

Ich führte sie trotzdem langsam die Treppen hinunter, weil Opa im Hintergrund schon das Schimpfen anfing:

»Was ist denn jetzt schon wieder los mit dir, Oma? Komm, zum Essen nach unten schaffst du es schon noch.«

Simon hatte den Tisch mit Zweigen, Strohsternen und Kerzen dekoriert und auf jeden Teller eine kunstvoll gefaltete Serviette gestellt.

»Ich esse nicht viel!«, stellte Oma als Erstes klar.

Diesen Ausspruch kannte ich schon, den brachte sie immer, wenn sie bei uns zum Essen eingeladen war. An Ostern, an Weihnachten und zu sonstigen feierlichen Anlässen.

Dann aß sie doch immer gut, weil es ihr so schmeckte!

Heute fand sie sogar am Sitzplatz etwas zum Herummäkeln.

»Ich möchte bei Opa sitzen, unter dem Kreuz, und nicht auf dem Stuhl mit den zwei Armlehnen.«

Wir schoben den gedeckten Tisch dann so lange hin und her, bis sie zufrieden war und genügend Platz hatte.

»Es ist ihnen nicht recht, dass wir unten sind«, murmelte Oma. »Ich will wieder nach oben! Wer bringt mich jetzt rauf?«

»Was ist denn los mit dir? Nimm dich doch ein bisschen zusammen!«, sagte Opa.

Tolle Stimmung.

Von der Suppe aß sie einen Esslöffel voll. Und eine gefüllte Ravioli. Mehr nicht. Simon begleitete sie hinauf, damit sie sich zum Mittagsschlaf hinlegen konnte. Opa aß auch nicht viel. Mir tat Simon leid, er hatte sich so viel Mühe gemacht.

Zurück im Alltag. Es begann wie üblich. Rauf in die Wohnung meiner Eltern.

»Wie hast du geschlafen, Oma?«

»Ach, ich konnte gar nicht gut liegen. Mir hat alles wehgetan. Hüften und Beine. Erst um 4 Uhr morgens bin ich eingeschlafen.«

Ich war gestern nicht dabei, als sie ihre Schlaftabletten genommen hat. Vielleicht hat sie sie mit dem Antidepressivum verwechselt? Größe und Farbe ähnelten sich ein wenig.

Verzweifelt notierte ich ein paar Stichpunkte für Dr. Legnau:

Was sollen wir mit unserer Mutter machen?

Sie hat sich beinahe selbst aufgegeben.

Sie isst kaum etwas.

Ihr Körper, ihre Gelenke, auch das andere Hüftgelenk, das bereits vor zwei Jahren operiert worden war, tun ihr weh.

Sie weiß nicht, wie sie in der Nacht liegen soll.

Sie beklagt sich, dass die Krankengymnastin jetzt nur zwei Mal statt drei Mal die Woche kommt. An Neujahr beschäftigte mich nur der Gedanke, was ich für Oma kochen soll. Ich konnte dabei eh nur alles falsch machen. Wenn ich für uns, also für Hans und mich, etwas kochte und ihr eine Portion hinaufbrachte, aß sie gar nichts. Wenn ich sie fragte, was sie möchte, verlangte sie nach Haferschleimsuppe – oder wollte gar nichts. Stark erkältet war sie noch dazu!

Was tun?

Als ich Oma ins Bett brachte, las ich ihr den Text des Liedes »Von guten Mächten wunderbar geborgen« aus dem Gotteslob, dem Liederbuch unserer Kirche, vor. Oma betete mir daraufhin alle Gebete vor, die sie früher mit uns Kindern immer gebetet hatte. »Lieber Gott, mach mich fromm, dass ich in den Himmel komm.« zum Beispiel. Auf einmal wurde sie ruhig. Ihr Gesichtsausdruck leer und kraftlos. »Ich habe heute schon zehn ›Gegrüßet seist du Maria‹ gebetet und Gott hilft mir einfach nicht. Was tun?«

Diese Frage kannte ich doch irgendwo her!

Um uns etwas zu entlasten, bestellten wir bereits Anfang Dezember »Essen auf Rädern«. Das Essen wurde täglich frisch in einem Seniorenheim im Nachbarort zubereitet und in Warmhaltegefäßen per Lieferwagen verteilt. Einige Zeit ging das auch gut. Opa schmeckte es. Aber mit der Zeit änderte sich das. Mal kam das Essen zu früh, dann hatte er noch keinen Hunger. Er frühstückte meistens bis halb 10 Uhr. Mal kam es später, dann war es nicht mehr warm. Heute wurde es – termingerecht – um halb 12 Uhr gebracht.

Ich kam um ein Uhr, um Oma die Medikamente zu geben. Oma und Opa saßen am Esstisch. Auf den Plätzen, an denen sie auch die letzten 30 Jahre gesessen hatten. Nur die Polster der Stühle waren während dieser Zeit ausgetauscht worden. Auf dem Tisch lag eine helle, bestickte Stofftischdecke, darüber hellbraune, aus Kunststoffbändern geflochtene Tischsets. Außer dem Ticken der Wanduhr war es still. Oma saß mit resigniertem Blick vor den silbernen Töpfen.

»Opa hat nicht viel davon gegessen«, sagte sie. »Die kochen einfach nicht so, wie wir es gewohnt sind. Ich habe mir wieder die Haferschleimsuppe aufgewärmt. Ich weiß gar nicht, was ich sonst essen soll. Ich kann doch nicht immer Schleimsuppe essen.«

Was sie immer wusste: dass sie das Essen nicht verträgt. Auch wenn sie noch gar nicht wusste, was es zu essen gab.

Opa schaffte es trotz allem, seine Geduld und Fürsorglichkeit zu bewahren.

»Warten wir doch erst einmal ab, was kommt, Oma! Vielleicht ist eine feine Suppe dabei, die du auch essen kannst?« Wenn das Essen dann da war, sagte er: »Oma, schau her, hier ist eine feine Suppe für dich! Damit kommst du wieder zu Kräften!«

Aber Oma wollte keine Suppe essen.

Ihre Erkältungstropfen wollte sie auch nicht mehr nehmen. Oder höchstens noch die Dosierung für Kinder. Nicht einmal die Schleimsuppe konnte die Stimmung heute retten.

»Stell sie wieder in die Küche! Sie ist zu dick!«, bat sie mich. Die Suppe war wie immer.

»Ob das noch mal besser wird?«, jammerte Oma. »Das Mittel, das ich jetzt bekomme, sollte mich doch aufmuntern! Davon spüre ich nichts! Ich will nur noch sterben. Ich kann an nichts anderes denken. Der Arzt soll mir eine Spritze geben und dann ist alles aus. Das wäre so einfach.«

Was ihr noch Hoffnung gab, war der Gedanke, dass alles mit ihrer Erkältung zusammenhängen könnte. Dann würde es bald wieder besser gehen.

Oma hatte sich tatsächlich eine starke Bronchitis eingefangen. Die Urlaubsvertretung von Dr. Legnau verschrieb ihr ein Antibiotikum. Sehr lustig, dachte ich mir, als ich die Tabletten das erste Mal sah, solche riesigen Dragees sollte Oma allen Ernstes hinunterschlucken? Da bekäme sie beim bloßen Anblick Erstickungsanfälle. So musste ich wieder zur Apotheke radeln und etwas anderes besorgen, etwas Flüssiges. Ihr Zustand verbesserte sich trotz Medizin kaum. Sie stand nur noch zum Essen auf und legte sich danach gleich wieder ins Bett.

»Was soll ich denn nach dem Frühstück noch hier herumsitzen? Die Beine zittern, das Knie tut mir weh, die Operationsnarbe, alles.«

Der Orthopäde hatte bestätigt, dass das künstliche Hüftgelenk gut eingewachsen war.

»Aber es kann doch wieder herausspringen!«, sorgte sich Oma. »Ich habe eben Angst.«

Ich sollte mich bei der Nachbarschaftshilfe wegen einer Putzfrau informieren. Es war Omas Vorschlag, doch sie selbst war es, die sofort wieder einen Rückzieher machte. Nein, es kann nicht sein, dass wir Nachbarschaftshilfe in Anspruch nehmen müssen. Was denken denn die Leute…

Ich erzählte Katharina, dass ich Tagebuch schreibe. Ich nannte es »Aufzeichnungen über den körperlichen Zustand von Oma und Opa«. Aber es war weit mehr als das. Das Tagebuch war bereits wie eine Freundin für mich geworden und die weißen Seiten hatten immer ein offenes Ohr für mich. Katharina fand das gut. Sie versprach mir, ihre Gedanken »zur Situation« auch ab und zu aufzuschreiben. Das ginge oft leichter, als darüber zu sprechen, sagte sie. So zum Beispiel in ihrem ersten Brief-chen:

Liebe Mama!

Es tut mir leid, dass ich heute Nachmittag so komisch war, als ich bei Euch zu Besuch war. Die Luft bei euch war zum Zerschneiden, die Stimmung kaum zu ertragen. Auf der einen Seite waren da Oma und Opa, die selbst zerrissen schienen – Sehnsucht nach dem Tod und riesige Angst vor ihm gleichermaßen. Und dich da mittendrin zu sehen, dich, die du stark bleiben musst, um im Strudel all der unge-lösten Generationenkonflikte all diese schwierigen Aufgaben zu lösen. Ich wünsche dir viel Kraft dafür!

Katharina

Zusammen mit unseren Eltern überlegten Elisabeth und ich, ob wir nicht für ein paar Tage einen Pflegedienst kommen lassen sollten, bis sich die Lage etwas entspannt hätte. Wir könnten für die ambulante Pflege finanzielle Unterstützung bei der Pflegekasse beantragen.

»Nein, nein, nein, das kommt überhaupt nicht infrage! Die wissen dann gar nicht, wo hier alle Sachen zum Anziehen sind, welche Medizin wann eingenommen werden muss und so wei-ter!«, wetterte Oma.

»Eva, sei du doch noch ein paar Tage für uns da. Jetzt denken wir erst mal von einem Tag zum anderen!«, flehte mich Opa an.

Die Reaktion der beiden ließ uns die Idee gleich wieder über Bord werfen, auch wenn es nicht an Omas Argumenten lag. Es war noch zu früh, um unsere eigenen Bedürfnisse in den Vor-dergrund zu stellen.

Opa ging es auch nicht besonders. Ihm wurde gestern Nach-mittag alles zu viel, nur weil ich von 15 Uhr bis 18 Uhr 30 nicht in seiner Nähe war.

Notizen für Elisabeth: Dr. Legnau war da. Omas Atem rasselt noch. Sie soll sich mehr bewegen, das ist besser für die Bronchitis. Wenn sie nur herumliegt, verteilen sich die Bakterien noch mehr. Ihr fehlt die Kraft in den Muskeln und Knochen, da hilft nur viel bewegen.

Aber: Oma hat Angst, dass alles zerbricht, wenn sie aufsteht.

Anruf von Mareike, der Frau von Omas jüngerem Bruder Adi. Ich wunderte mich, dass sie meine Telefonnummer gewählt hatte und nicht Omas.

»Ich habe von Opa erfahren, dass Oma krank im Bett liegt. Ich habe Sorge, dass sie sich aufgibt. Koch doch mal was Kräftiges für sie! Wir würden gerne am Sonntagnachmittag vorbeikommen. Ich backe ihr einen kräftigen Kuchen oder etwas Ähnliches.«

Sie warf uns vor, dass wir uns keine Pflegerin zur Unterstützung geholt hätten.

Auch Dr. Legnau ritt immer wieder auf diesem Thema herum.

Wir brauchen Hilfe
(11.1.05 - 1.2.05)

Nur zwei Monate und schon waren wir soweit. Oma und Opa bat ich nicht um Erlaubnis. Ich rief bei Frau Neumeier vom Pflegedienst an. Verdammt, ein Anrufbeantworter, mit denen tat ich mir so schwer. Also las ich von den Notizen ab, die ich mir vorher gemacht hatte:

»Grüß Gott, hier spricht Eva Wagner. Ich rufe an wegen meiner Mutter. Sie ist seit kurzer Zeit bettlägerig und meine Schwester und ich pflegen sie rund um die Uhr, notdürftig jedenfalls. Der Hausarzt hat uns gestern nahegelegt, uns unbedingt mit Ihnen in Verbindung zu setzen. Wir brauchen Ihre Hilfe. Ich bitte Sie, uns so bald wie möglich zurückzurufen, damit wir einen Termin für eine Beratung und Vorbesprechung vereinbaren können. Diese Woche noch. Danke!«

Frau Neumeier war schon einmal bei meinen Eltern, vor einem dreiviertel Jahr. Sie wollten sich rein prophylaktisch beraten lassen, welche Hilfsangebote es für den Fall der Fälle gäbe. Nach der Beratung kam Oma ganz entsetzt auf mich zu:

»Stell dir mal vor, die verlangt ja für jeden Handgriff Geld! Zähneputzen, Haare waschen, Haare kämmen, Pediküre... Das kannst du mir doch auch machen, wenn ich nicht mehr kann!«

Für alle möglichen Pflegetätigkeiten gab es sogenannte »Zeitkorridore«. So war für das Baden ein Durchschnittswert von 20 bis 25 Minuten angegeben, für die Zahnpflege 5 Minuten. Für diese Zeitspannen wurden die Pflegekräfte dann bezahlt.

Über einen Hausnotruf beim Malteser Hilfsdienst hatten wir uns schon vor längerer Zeit informiert. »Hausnotruf« bedeutete, dass Oma im Notfall nur einen roten Knopf auf einem Kästchen drücken müsste, um in der Wache des Malteser Hilfsdienstes eine Art Alarm auszulösen. Das Kästchen könnte sie an einem Band immer um den Hals tragen. Beim Malteser Hilfsdienst sind von allen Teilnehmern des Hausnotrufs Zweitschlüssel zur Wohnung hinterlegt, damit die Sanitäter umgehend Hilfe leisten können. Aber Oma wehrte sich dagegen: »Wir brauchen das nicht, meine Tochter ist ja eh immer im Haus. Die hilft mir dann schon.«

Hans sagte schon damals zu mir: »Sagen wir's doch mal ganz ehrlich, das ist alles ein Flickwerk, ein Arzt müsste das doch wissen. Früher oder später ist das ein Fall fürs Pflegeheim. Besser ists, im Vollbesitz seiner Kräfte schon in ein Seniorenheim zu ziehen, so wie unsere Nachbarin. Die konnte sich dort noch richtig gut integrieren und hatte im Notfall immer Hilfe vor Ort. Dafür ist es bei deinen Eltern bereits zu spät. Aber ich halte mich da raus. Ich will mir doch mein Leben nicht davon versauen lassen!«

Frau Neumeier hatte schon heute einen Termin für uns frei! Wir vereinbarten, dass sie von Montag bis Freitag jeden Morgen für die Grundpflege vorbeikommt. Grundpflege – was war das überhaupt? Mit diesen Themen hatten wir uns bisher noch nie auseinandergesetzt. Frau Neumeier erklärte uns, dass die Grundpflege aus den 13 häufigsten »Verrichtungen« zusammengesetzt sei. Dazu gehörten Waschen, Duschen, Baden, Zahnpflege, Kämmen, Rasieren, Darm- und Blasenentleerung, mundgerechtes Zubereiten der Nahrung, Aufnahme der Nahrung, Hilfe beim Aufstehen und Zubettgehen, An- und Auskleiden, Gehen, Stehen. Sie würde morgens und abends zum Waschen, für die Zahnpflege, zum Eincremen, bei Bedarf zum Baden und Haare waschen und Arzneimittel geben vorbeikommen. Alles, was darüber hinausging, müssten wir selbst machen.

Was da auf einmal auf uns zukam! Eine lange Liste mit Pflegehilfsmitteln, um die wir uns noch kümmern mussten, lag auf einmal vor uns. Außerdem sollten wir noch eine Kopie der Betreuungsvollmacht und der Patientenverfügung, die Versicherungsnummern, einen Verordnungsschein über die Medikamente, einen Zweitschlüssel für die Wohnung und diverse Anträge für die Versicherung besorgen. Für alle Pflegehilfsmittel und für den Pflegedienst an sich brauchen wir Rezepte von Dr. Legnau.

Frau Neumeier hatte protokolliert: Frau Maria O. (Oma) wird beim Verlassen des Bettes unterstützt, mit dem Gehwagen (Rollator) zur Toilette gebracht. Ganzkörperwäsche am Waschbecken. Gesicht und Arme wäscht sie sich selbst. Waschhandschuhe aber anreichen! Beim Anziehen helfen, an den Frühstückstisch setzen.

Meine Schwester besorgte heute die Formulare für die Anmeldung auf der Pflegestation im Altersheim.
Ich erkundigte mich im Elektrogeschäft wegen einer Klingelanlage vom ersten Stock in unsere Wohnung. War zu kompliziert. Kaufte dann doch ein Babyfon.

Ich konnte sie überreden, das Antibiotikum ab morgen zumindest auszuprobieren. Das sei auch in Elisabeths Sinne, versicherte ich ihr. Sie fing an zu heulen.
»Man muss doch auch jemandem helfen, den man nicht so gerne hat.«
Ich stockte etwas.
»Bin ich denn nicht immer da, wenn du Hilfe brauchst?«
»Aber du bist doch nicht gemeint!«
»Doch, du meinst mich. Das weiß ich!«
Und wie so oft sprach sie vor sich hin, immer wieder von Schluchzern geschüttelt: »Ich habe meine Mutter vier Jahre

lang gepflegt – und wer hilft mir? Man muss auch für einen kranken Menschen da sein, den man nicht so liebt!«

Oma liebte ihre Mutter sehr. Da sie damals alle unter einem Dach wohnten, war es eine Selbstverständlichkeit, dass sich Oma um ihre kranke Mutter kümmerte. Vier lange Jahre dauerte es, bis sie im Alter von 68 Jahren starb. Sie lag die meiste Zeit im Bett oder starrte aus dem Fenster. Oma war damals genauso hin- und hergerissen wie ich heute. Zwischen »unten« und »oben«. Unten – da wohnten sie, ihr Mann Konrad (Opa), Elisabeth und ich. Oben – da wohnten ihre Eltern. Eine Wendeltreppe im Flur verband die beiden Wohnungen. Unten hatte sie sich um ihre eigene Familie zu kümmern, oben rief ihre Mutter: »Niemand kümmert sich um mich.«

Nach dem Mittagessen ging ich wieder hinauf. Die Frau Winter war gerade dabei, Oma an den Tisch zu setzen. Ich machte Suppe warm. Essen. Aufs Klo führen. Ins Bett legen. Immer das Gleiche. Es war bereits halb zwei Uhr, als ich wieder in unsere Wohnung zurückkam. Ich schaffte es gerade noch, einen Einkaufszettel für die Apotheke zu verfassen und den Beipackzettel des Antibiotikums zu studieren – schon war es wieder Viertel nach drei. Ich muss schon wieder hochgehen! Vielleicht will Oma aus dem Bett? Oder auf die Toilette? So war es dann auch. Immerhin gingen wir danach ins Wohnzimmer und nicht wieder gleich ins Bett. Dort brachte ich sie mit Müh und Not dazu, eine Tablette größerer Art einzunehmen, indem ich diese in viele kleine Stücke zerhackte. Wie ein Wachhund musste ich aufpassen, dass sie auch wirklich alle Teile in den Mund steckte und danach nicht heimlich in der Serviette verschwinden ließ!

Der Fernseher lief. Ich trat unruhig von einem Fuß auf den anderen.

»Setz dich doch ganz ruhig zu mir und schau fern!«

»Nein, das geht nicht, im Keller wartet die Wäsche im Trockner.«

Also kochte Opa heute den Tee für Oma.

Als ich die Wäsche wieder hochbrachte, war es bereits 17 Uhr.

Ich hatte einen Vollzeitjob! Mir brummte der Kopf! Ich wusste nicht mehr, welcher Tag heute war! Wollte nichts als abschalten und war sogar dazu zu müde!

Was sollte ich tun? Oma ins Pflegeheim »abschieben«, kaum dass es schwierig wurde? Nur damit ich meine Ruhe hatte? Oder mit Elisabeth so weiter machen? Aber wie lange würden wir das noch durchhalten?

Ich fiel vor Müdigkeit beinahe um. Hans sagte schon gar nichts mehr dazu.

Fragen über Fragen.

17 Uhr 59. Sie saßen im Sessel beziehungsweise auf dem Sofa vor dem Fernseher. Opa hatte seiner Frau Knäckebrot mit Frischkäse und Schinken auf den Wohnzimmertisch gestellt. Für ihn gab es wie meistens »Radisalat«. Die beiden aßen immer zur selben Zeit zu Abend. Dazu gab es Kräutertee und Nachrichten im Fernsehen.

Die Nachrichtenserie begann täglich um 18 Uhr. Bayerischer Rundfunk, ZDF, ARD… Zum Glück brachten die verschiedenen Sendeanstalten ihre Nachrichten zu unterschiedlichen Zeiten, sodass Opa sie alle nacheinander ansehen konnte. So wie er meistens auch mehrere Zeitungen las, zumindest seit seiner Pensionierung. Jeden Vormittag saß er am Tisch und las, außer mittwochs und samstags. Mittwochs ging er Schwimmen, samstags traf er seine Saunafreunde. Mittlerweile war das Schwimmen zu mühsam und die Freunde aus der Sauna alle schon gestorben. Also las er jeden Vormittag Zeitungen. Die Abendzeitung. Die Süddeutsche. Manchmal auch noch den Münchner Merkur. Löste alle Kreuzworträtsel. Abends legte er uns die Zeitungen auf die Treppe und wandte sich den Nachrichten im Fernsehen zu. Überhaupt war sein Gedächtnis noch schön auf Trab. Es war keine Seltenheit, dass er Gedichte aus seiner Schulzeit rezitierte und seinen Enkeln beim Übersetzen lateinischer Texte half. Oma trainierte ihr Gehirn am liebsten mit mathematischen Knobelrätseln. Was das Fernsehen anbetraf, bevorzugte sie Spielfilme (möglichst kitschige!), Übertragungen von Tennisspielen oder Skisprung-Meisterschaften und Spielshows.

Ich fragte sie vorsichtig: »Sag mal, Oma, möchtest du nicht mal wieder mobil sein? Selbstständig aufstehen können, die Toilette benutzen und so weiter?«

»Das kann ich doch nicht mehr selbst, nur mit Hilfe, schau die Muskeln an, die werden immer weniger. Ich war schon immer eine zarte Person. Frau Winter geht mit mir im Zimmer immer hin und her, aber es geht nur, wenn sie mich am Arm festhält. Wenn ich vom Bett aufstehe, ist mir oft so schwindlig. Wenn ich dann allein aufs Klo gehe und hinfalle… mir wieder was breche? Ich brauche tagsüber mehr Hilfe. Ich bräuchte einen Wagen, mit dem man im Zimmer herumfährt.«

»Für einen Rollstuhl ist eure Wohnung doch viel zu eng«, wandte ich ein.

An sich waren die Hindernisse schon für einen Rollator zu groß.

Oma sorgte sich über ihren Mann beinahe genauso wie über sich selbst. Sie machte sich Gedanken darüber, dass es mit ihm auch immer mehr bergab ging, vor allem darüber, dass er nicht mehr so gut denken konnte wie früher. Er klang tatsächlich oft schon wie Oma, wenn er darüber klagte, dass ihm mittlerweile alles so schwerfiel.

»Aber stell dir vor, was er zu mir gesagt hat«, flüsterte mir Oma zu. »Opa sagte doch glatt: Wenn du ins Altersheim gehst, gehe ich mit! Da halten wir bis zuletzt zusammen!«

Wie schön!

Schlafenszeit

Es gab ein Problem. Das Babyfon funktionierte nicht mehr. Es war bereits nach Ladenschluss und ich konnte es nicht mehr zum Reparieren bringen.

»Wie rufen wir dich dann heute Nacht?«, fragte Oma. »Vielleicht mit einem Spazierstock? Soll ich auf den Boden klopfen, wenn ich nachts mal muss?«

Der Stock. Der lag schon immer neben Omas Bett. Ich weiß gar nicht warum. Dass sie mit ihm an die Decke klopfen musste, damit die Enkelkinder die Musik leiser drehten, war nun schon eine Weile her.

Opa hatte uns nicht verstanden. Er fragte nach seinem warmen Morgenmantel. Er dachte gerade daran, wie kalt es in der Nacht war, wenn er raus musste. Und das musste er jede Nacht. Ich sorgte mich um ihn, wenn ich nachts wegen Hans unten schlafen musste und ich nichts mitkriegen würde. Es beruhigte mich nicht gerade, als Opa sagte:

»Ich bin zwar etwas dusselig, wenn ich aufwache und selbst aufs Klo gehe. Aber wenn es einem schwindelig wird, weiß man das vorher nicht, plötzlich ist man weg. Wisst ihr noch, damals, als ich noch den Nachttopf aus weißem Emaille unter dem Bett stehen hatte? Der mit dem blauen Deckel? Da war das kleine Geschäft während der Nacht noch einfacher. Und außerdem konnte ich jeden Morgen die Blumen im Vorgarten damit düngen! Nur bin ich mittlerweile nicht mehr beweglich genug, um mich zum Nachttopf herunterzubeugen.«

»Jetzt lass uns doch mal zum Thema zurückkommen«, drängelte Oma. »Wie machen wir es denn jetzt? Vielleicht wie früher? Ich habe dich immer zugedeckt, kurz bevor ich bei mir die

Leselampe ausgeschaltet habe. Opa, du kannst mich doch aufwecken, wenn du aufs Klo gehst. Ich haue dann mit dem Stock auf den Boden, falls wir Eva brauchen. Wir sind doch bis jetzt auch zurechtgekommen!«

Ich bot meinen Eltern an, heute Nacht in ihrer Wohnung zu schlafen, nebenan im Nähzimmer. Dort stand unser altes Sofa aus den Siebziger-Jahren. Früher hatten sich unsere Kinder mit den Polstern und Decken gerne Höhlen gebaut und darin mit ihren Kuscheltieren gespielt. Als wir das Sofa ausmusterten, zog es ein Stockwerk nach oben. Opa hatte darauf jahrelang seinen Mittagsschlaf gehalten. Weil es ein wenig zu kurz für ihn war, ragten seine Füße dabei unten ein Stück über den Rand hinaus. Doch seit Längerem hielt er seinen Mittagsschlaf im Bett. Ich würde also heute Abend um halb zehn Uhr kommen, Oma die Windel anziehen, ihr die Schlaftablette geben und dann gleich dableiben.

Opa seufzte. »Wir sind jetzt zwei klapprige Leute. Und ihr habt es mit zwei doofen verdatterten Alten zu tun. Dafür können wir aber nichts! Und niemand soll irgendwem Schuldzuweisungen machen.«

Oma seufzte noch tiefer. »Eva, es ist alles so schwer, wenn man nicht mehr kann. Ich bete so viel. Aber Gott hilft mir nicht!«

»Natürlich ist Gott immer bei dir. Er hilft dir schon.«

»Warum schickt er mir das? Warum kann ich nicht sterben? Sterben ist so schwer und lang.«

»Er schickt dir das, damit du es in Geduld ertragen lernst.«

Das galt genauso für uns Angehörige, dachte ich mir insgeheim.

Meiner Schwester muss ich sagen, die Altersheimanmeldung dringlicher zu machen. Es wäre nur eine unverbindliche Voranmeldung, rechtfertigte ich mich vor mir selbst. Mehr pflegerische Unterstützung von außerhalb bräuchten wir in jedem Fall.

Katharina ließ mir wieder einen Zettel zukommen. Ich fand es interessant, die Situation aus ihren Augen zu betrachten.

Liebe Mama,

Was mir zu Oma einfällt:

Besonders leidet Omi, glaube ich, darunter, dass sie ihren geliebten alltäglichen Tätigkeiten nicht mehr nachgehen kann. Sie hat bis vor zwei Monaten noch viel selbst geputzt, gewaschen und mit Freude gekocht. Jetzt muss sie sich schon damit zufriedengeben, wenn sie nur einen Nähfaden über einen fast lockeren Knopf wickeln kann, sagt sie.

Nähen, das war Omas große Leidenschaft. Blusen, Röcke, Kleider, Stofftiere… für uns. Und das Flicken. Wenn wir Löcher in den Hosen hatten, war sie glücklich, weil sie dann wieder etwas zu tun bekam. Ich erinnere mich noch an die Zeit, als es »cool« war, zerrissene Hosen zu haben. Wir saßen mit der Nagelfeile unter der Bank in der Schule und wetzten so lange auf den Knien herum, bis die Jeans durch war. Und kaum waren wir zu Hause, nahm uns Oma die Hosen ab und flickte sie wieder. Ob wir wollten oder nicht. Wenn ich jetzt selbst Hosen von meinem Sohn flicken muss, denke ich jedes Mal an Oma. Ihr hätte es mehr Freude gemacht als mir.

Katharina

Um halb fünf Uhr morgens schlich ich mich aufs Klo. Dennoch hörte mich Oma und rief leise nach mir.

»Eva!«

»Was ist? Musst du auch aufs Klo?«

Keine Antwort. Oder ich wollte sie nicht hören. Ich ging nicht ins Schlafzimmer und schloss die Tür vom Nähzimmer hinter mir. Ich sehnte mich so danach, ein paar Stunden durchzuschlafen. Aber ich schaffte es nicht. Schon bald sah ich unter der Tür Licht durchschimmern.

»Oma, musst du?«

»Ja, ich muss. Ich wollte es aber aushalten. Der Opa hat sich schon angezogen, ist aber wieder ins Bett gegangen. Aber… wo kommst du überhaupt her? Von unten?«

»Nein, ich habe die ganze Nacht nebenan geschlafen. Von unten höre ich euch nicht.«

»Das müssen wir anders machen!«, meinte Oma.

Einiges mussten wir anders machen.

Immer oben schlafen, das ging wirklich nicht. Aber Opa konnte ich nicht zumuten, nachts allein aufzustehen. Wenn der mal umfällt, ist's sowieso ganz aus.

Hans gab es auch noch. Der war zunehmend verärgert, dass ich nur noch hin und her lief. Zwischen unten und oben. Bei dem schönen Wetter gestern wäre ich gerne mit ihm an die frische Luft gegangen, war aber viel zu müde. Zerrissen zwischen zwei Fronten. Meine Aufgabe als Tochter war es, meinen Eltern zu helfen – und meine Aufgabe als Ehefrau? Uns Hilfe zu holen, lag nahe, aber es fiel uns nicht leicht. Elisabeth und ich hatten uns doch versprochen, dass wir unsere Eltern pflegen würden, soweit es in unseren Kräften stand. Und schon sahen wir uns bereits mit einem Bein in der Klapsmühle. Wir waren so neben uns, dass wir nicht einmal einen klaren Gedanken fassen konnten, wie wir uns die Situation hätten erleichtern könnten, wenn uns nicht Dr. Legnau immer wieder Tipps geben würde. Letzte Woche versuchte ich, mich durch den Besuch beim Frauenbund abzulenken, freute mich richtig auf Gespräche in lockerer Atmosphäre, aber es klappte nicht. Die Stimmen der anderen drangen wie durch einen Nebelschleier zu mir hindurch, keine zwei Minuten konnte ich mich auf das konzentrieren, was sie redeten. Nur ein Gedanke beherrschte mich Wann kann ich wieder nach Hause. Die Oma wartet bestimmt Ich saß wie auf Kohlen und mein Herz schlug schneller als sonst.

Das konnte es nicht sein! Möglicherweise war das erst der Anfang! Ich wusste nicht, wie lange das noch so weitergehen würde!

Die anderen meinten es gut mit mir, wenn sie mir erzählten, wie sie ihre alternden Angehörigen gepflegt haben. Auch wenn mir die Geschichten nicht wirklich weiterhalfen. Die Geschichten der wenigen anderen, mit denen ich noch redete. Die meiste Zeit verbrachte ich in der Wohnung meiner Eltern, weil ich immer meine Schwester »um Vertretung« bitten musste, wenn ich mit Hans oder allein einen Termin hatte. Zum Einkaufen kam ich kaum, geschweige denn wusste ich, was ich jeden Tag kochen sollte. Mittlerweile kochte Hans für uns. Putzen war auch schon zu seiner Aufgabe geworden. In einem waren sich alle Bekannten einig: »Schotte dich nicht so ab, sonst bist du am Ende noch ganz allein. Und holt euch eine ambulante Pflegekraft nach Hause! Dabei bricht euch doch kein Zacken aus der Krone!«

Eine ambulante Pflegekraft, die über das hinausging, was Frau Neumeier an Hilfe leistete, war für Oma immer noch wie ein rotes Tuch, also klapperte sie in ihren Überlegungen zunächst die Verwandtschaft nach Hilfe ab:

»Die Elisabeth soll kommen, ruf sie an!«, schlug sie vor.

»Elisabeth kommt doch sowieso mehrmals die Woche. Sie hat das Recht, auch etwas für sich zu tun«, entgegnete ich.

»Dann ruf doch mal die Katharina an!«

»Die muss doch arbeiten und ihren kleinen Sohn versorgen.«

»Dann soll halt der Simon kommen! Der hat doch gesagt, dass er mal aushelfen will!«

»Der hat doch Nachtschichten und Bereitschaftsdienste. Und andere Interessen hat er auch noch.«

Stopp, Eva! Fällt dir was auf? Bei anderen findest du immer einen Grund, warum sie nicht helfen können oder müssen. Wie sieht das bei dir selbst aus? Du erträgst lieber die Bauchschmerzen, wenn du nur an »oben« denkst? Du nimmst es hin, dass du nicht mehr in Ruhe lesen kannst? Du erinnerst dich erst spät abends daran, dass du selbst auch Hunger hast? Na ja, so kann man auch abnehmen, ganz ohne Sport und Diät. Aber dafür einen Kollaps, einen Herzkasperl, Gastritis oder Ähnliches riskieren? Du möchtest doch nicht selbst krank werden? Obwohl… einmal eine klitzekleine Krankheit, um einfach mal weg zu sein? Im Bett liegen zu bleiben? Das wäre nicht übel …

Ein Lichtblick: Schwester Bea war heute da, um Oma und Opa kennenzulernen. Sie wurde uns von Dr. Legnau empfohlen und wir hatten sie angerufen – ohne Oma zu fragen. Sie arbeitete Nachtschichten in einem Pflegeheim und könnte uns an ihren freien Tagen für einige Stunden unterstützen, notfalls sogar über Nacht. Die drei beschnupperten sich und befanden sich für gut.

»Schau den Opa an, wie gütig er ist, er ist ein seelenguter Mann. Schau, wie er mir hilft, bis zuletzt nur das Beste will für mich! Ich hätte keinen besseren Mann bekommen können!« Und Oma begann zu erzählen. Ich kannte die Geschichte schon in- und auswendig, aber umso lieber hörte ich sie mir noch einmal an:

Im August 1939 war ich mit meiner Freundin von Bayrischzell nach München unterwegs. Es war ein wunderschöner Sonntag. Wir kamen zurück von einer Wanderung auf den Wendelstein. An der nächsten Station stiegen unter vielen Bergsteigern auch zwei Männer in unser Abteil ein. Zwischen meiner Freundin und mir entwickelte sich ein kurzes Gespräch. Ich erzählte ihr, dass ich kürzlich im Schwarzwald genau solche Bunker entdeckt hätte, wie wir sie jetzt gerade aus dem Zugfenster heraus sahen. Daraufhin sprach mich mein Nachbar an:

›Darf ich fragen, wo Sie da im Schwarzwald waren?‹
›Ach, das werden Sie nicht kennen!‹ Ich sagte das schnippisch.

Der Herr antwortete: »Ich glaube schon!«

Also verriet ich es ihm: ›Bühlertal.‹

Seine Antwort: ›Da kenne ich nur eine Person, den Herrn August.‹

›Das gibt's doch nicht, das ist mein Onkel!‹

Der Herr sprach weiter: ›Dieser Herr August hatte bei meinem Vater Gesangsunterricht. Da müssen wir uns aber noch mehr darüber unterhalten.‹

In dem Moment hielt der Zug in München und alles drängte zur Tür. Wir wurden getrennt. Ich musste schleunigst den Anschluss zum Vorortszug erwischen. Und da kam mir plötzlich die ›Zugbekanntschaft‹ mit einem Zettel und Bleistift nachgerannt! Seine Adresse und Telefonnummer standen darauf.

›Es wäre schön, wenn wir uns noch weiter unterhalten könnten!‹ Er lächelte mich an. Ich gab ihm die Telefonnummer der Arztpraxis, in der ich als Arzthelferin arbeitete. Und wir stellten uns vor. Ich glaubte aber nicht daran, dass er je anrufen würde, und vergaß das Treffen bald.

Gleich am nächsten Tag rief dieser Herr nachmittags in der Arztpraxis an. Ob er mich treffen könnte, er würde sich so gerne mit mir über die Heimat unterhalten.

Am Mittwoch trafen wir uns in der Maximilianstraße. Für zwei Stunden. Es stellte sich heraus, dass er aus Baden-Baden kam und meine zweite Heimat, Bühlertal, in nächster Nähe lag. Wir aßen im Alten Botanischen Garten zusammen zu Abend. Er brachte mich noch zum Zug und wir vereinbarten, am kommenden Samstag eine Ausstellung im Haus der Kunst zu besuchen. Wir hatten zufällig beide Essensmarken für dasselbe Speiselokal – eben im Haus der Kunst.

Am folgenden Samstag – wir kannten uns gerade mal eine Woche – empfing mich mein Chef in der Praxis mit den Worten: ›Heute Nacht um 3 Uhr habe ich meinen Einberufungsbefehl bekommen. Ich muss in Augsburg Dienst tun. Gleich am Montag muss ich einrücken.‹

Nach Dienstschluss ging ich zum Essen ins Haus der Kunst. An die Verabredung mit meinem neuen Bekannten glaubte ich nicht mehr, es war Krieg. Aber er kam doch. Und hatte ebenfalls um 3 Uhr nachts seinen Einberufungsbefehl bekommen, auch nach Augsburg. Die Koffer waren schon gepackt. Nach der Ausstellung verbrachten wir noch einen schönen Nachmittag im Englischen Garten. Am See tranken wir Kaffee. Über uns war der erste RK-Flieger zu sehen… Konrad (wir duzten uns mittlerweile) brachte mich nach dem Abendessen wieder zum Zug. Am nächsten Morgen, es war ein Sonntag, wollte ich mit meiner Freundin sowieso nach München fahren und traf meinen neuen Bekannten auf dem Bahnhof. Meine Eltern hatten mich vorher schon verwundert gefragt, was ich bei Kriegsbeginn und so unsicheren Verhältnissen denn so dringend nach München fahren müsse. Ich erzählte ihnen von Konrad und dass er so einsam wäre und keine Eltern mehr hätte und niemand da wäre, ihn zu verabschieden. Ich MUSSTE einfach nach München fahren.

Und tatsächlich, ganz einsam stand er da, mit seinem kleinen Köfferchen. Ich war froh, dass ich noch gekommen war. Es herrschte eine eigenartige, aufgeregte Stimmung am Bahnsteig. Ein riesiger Menschenauflauf, Familien, Frauen und Kinder, die ihre Väter begleiteten und verabschiedeten. Ins Ungewisse. Wir alle hofften nur eines: dass der Krieg bald wieder zu Ende gehen würde! Wir vereinbarten, dass wir uns schreiben werden. Konrad fragte mich, was ich machen würde, wenn er als Invalide aus dem Krieg zurückkehren würde. Ich glaube, ich hätte alles ausgehalten, auch die Invalidität.

Ich besuchte ihn noch einmal in Augsburg, dann wurde er an die Mosel versetzt. In die Nähe von Trier. Und dann an andere Orte. Wir sahen uns insgesamt noch drei Mal. Einmal davon besuchte er uns zu Hause.

Wir verlobten uns an Ostern 1940 und heirateten am 30. Juli desselben Jahres. Eine Kriegshochzeit in Uniform. Trauzeugen waren sein Bruder und mein Vater.«

Gestern lud mich Katharina zu einer Ausstellung ein, die ich gerne sehen wollte. Auch, damit ich etwas Abstand bekäme, sagte sie. Danach redeten wir über Omas Zustand und die

Pflege. Dankend nahm ich ihr Angebot an, am Samstag mit Luca vorbeizukommen, damit ich mit Hans zur Feier von Bekannten gehen könnte, die wir eigentlich schon abgesagt hatten. Und Elisabeth, die einspringen wollte, könnte ins Gebirge zum Wandern. Ich hatte Angst, dass das zu schwer sein könnte für Katharina. Sich um Oma und um ihr Kind kümmern, den ganzen Tag. Sie meinte bloß, keine Sorge, sie wisse, wie man mit alten Leuten umginge. Sie hätte sieben Jahre lang im Altersheim gejobbt. Und Luca, der gerade drei Jahre alt geworden war, wäre sowieso die beste Medizin für Oma und Opa. Über unser Treffen gestern schrieb sie:

Liebe Mama,

Gestern geriet ich durch das Treffen mit dir in einen grässlichen Sog. Bei allem, was ich meinte gelernt zu haben über Abgrenzung, über gut zu sich selbst sein - die Konfrontation mit diesem Selbst-Aufgabe-Schlamassel, in dem du bei der Pflege deiner Eltern lebst, ist für mich wie ein klebriges Gefangen-genommen-werden von alten Familienstrukturen, in denen nur das Geben einen Wert hat. Nicht umsonst war ich jetzt zwei Wochen lang nicht mehr bei euch, weil ich spürte, nicht stark genug für diese Konfrontation zu sein. Ich hatte Angst, mich selbst dabei zu verlieren.

Katharina

Den nächsten Tag begann Oma heulend;
»Ich will jetzt SOFORT ins Heim!«
Frau Neumeier hatte erzählt, im Altenheim St. Gertrud sei jemand gestorben und deshalb hätten sie dort jetzt »mehr Luft«. Davor hatte Oma den Konrad noch gefragt, ob er einverstanden sei, dass sie dort kein Zweibettzimmer nehmen, sondern dass sie zuerst allein dorthin gehe.
»Du kannst mich ja dann dort mit den Kindern besuchen.«
Sie schien es ernst zu meinen!

Elisabeth hatte die Anmeldeformulare jedoch noch gar nicht abgegeben. Wir beide, meine Schwester und ich, versuchten, uns so weit wie möglich aus der Entscheidung herauszuhalten. War es Omas Wille, was sie da gerade gesagt hatte? Uns fragte sie immer wieder verzweifelt: »Elisabeth, Eva, was soll ich machen? Ich weiß es nicht!«

Elisabeth kreuzte auf dem Anmeldeformular »sofort« an. Für Oma. Auf Opas Formular kreuzte er selbst »nach Bedarf« an. Es dauerte lange, bis er den Kugelschreiber aufs Papier brachte.

»So wie es aussieht, wird es nicht mehr besser bei Oma. Und ich? Warum bin ich 95 Jahre alt geworden; es wäre vielleicht besser gewesen, ich wäre mit 70 Jahren gestorben. Ich kann doch nichts dafür«, sagte er.

Elisabeth gab die Anmeldeformulare heute ab. Wir waren uns sicher, dass es sowieso noch lange dauern würde, bis ein oder gar zwei Plätze frei würden. Unsere Nachbarin hatte sich schon vor über zehn Jahren angemeldet und war erst letztes Jahr ins Heim umgezogen.

Tagsüber und abends war Oma besser aufgelegt! Zum Abendessen verlangte sie Spiegelei mit etwas Salz und Milch dazu und ein halbes Milchbrötchen mit Streichkäse. Sie aß alles auf! Weil es ihr so gut schmeckte. Und fragte mich: »Was können wir denn morgen Abend kochen? Ich habe so Hunger!«

War das nicht ein gutes Zeichen?

Auf der Toilette und dann beim Zubettgehen fragte sie mich: »Welche Lieder können wir denn singen, welches kennst du?«

Weil mir der Text nicht mehr vollständig einfiel, summte ich »Wie viel Sternlein stehen…« und andere Kinderlieder. Auch »Segne du Maria, segne mich dein Kind«. Maria war auch ihr Vorname. Dieses Lied gefiel Oma am besten.

Was mich heute traurig stimmte, war, als sie sagte: »Dort, im Pflegeheim, kann ich nicht mehr singen, lustig sein und Blödsinn machen. Schau mich an, meine Arme sind schon etwas dicker geworden. Ich schaffe es schon! Ich habe so einen Appetit und habe jetzt schon wieder Hunger! Vielleicht brauche ich gar nicht weg und kann hierbleiben!«

Mir brach das Herz bei dem Gedanken, Oma ins Pflegeheim »abzuschieben« (ein böses Wort) – oder besser »gehen zu lassen«? Wie auch immer ich es formulierte: Ich musste jetzt schon heulen bei der Vorstellung, dass alle beide weg sind!

Elisabeth telefonierte mit dem Sanitätshaus. Nächste Woche würden das Krankenbett, der Toilettenstuhl und der Badelifter zu unseren Eltern nach Hause geliefert. Wie lange wir diese Sachen noch brauchen werden?

Ende Januar waren wir auf der Feier zum 50. Hochzeitstag unserer Bekannten. Es tat unendlich gut, mit Hans auszugehen, ein paar Stunden unter Freunden zu sein, gut zu essen und zu trinken und wieder hineinzuschnuppern, was das Leben noch alles zu bieten hatte.

Als ich gut gelaunt und leicht angeheitert abends an Opas Bett trat, wartete er nicht einmal meine Begrüßung ab, sondern fragte mich mit ernstem Blick und tiefen Falten auf der Stirn:

»Ich habe gehört, dass morgen früh jemand kommt. Wer ist das?«

»Morgen früh kommt Schwester Bea. Ihr habt euch letzte Woche kennengelernt und ihr fandet sie sympathisch. Sie ist Nachtschwester und wird uns bei der Pflege helfen.«

»Warum weiß ich davon nichts? Wenn da plötzlich eine fremde Frau bei uns in der Wohnung steht... Es könnte sein, dass ich bis um 10 Uhr schlafe. Und dann kommen da auf einmal zwei Männer, während ich am Frühstückstisch sitze und sagen: ›Wir nehmen Sie jetzt mit nach Haar in die Irrenanstalt!‹ Und ich weiß gar nichts davon. Ihr könnt doch nicht etwas über unsere Köpfe hinweg entscheiden und uns nicht davon informieren! Auch wenn es euch schwerfällt, uns zu pflegen, müsst ihr uns als vollwertige Menschen akzeptieren! Ich bitte dich ein für alle Mal, mir vorher zu sagen, wer wann kommt!«

Ich entschuldigte mich, weil ich zuerst dachte, ich hätte etwas falsch gemacht. Doch es war Opa, der den Termin vergessen hatte. Und sich nicht einmal mehr daran erinnern konnte, dass er Bea eigentlich schon kannte. Ich sagte ihm das, ganz vorsichtig.

»Ich weiß das nicht mehr«, murmelte Opa. »Es tut mir so leid.« Und nahm meine Hand ganz fest in seine.

»Es braucht dir nicht leid zu tun, Opa!«

Ich drückte seine Hand fest. Und nahm mir vor, mich in Zukunft besser darauf einzustellen, dass in seinem Gedächtnis für neue Informationen nur vorübergehend Platz war.

Der arme Opa.

Elisabeth rief mich an.

»Wir müssen unbedingt noch mal wegen des Pflegeheims reden!«

»Warum? Du hast die Anmeldung doch schon abgegeben?«

»Ja schon, aber jetzt wurmt es mich fürchterlich, dass wir bei Oma ›sofort‹ angekreuzt haben. Wir können wieder absagen, wenn sie anrufen. Überlege es dir noch mal! Ich finde, dass sich beide gerade jetzt so nötig brauchen! Wenn Oma allein ins Pflegeheim geht, müssen wir sie dort besuchen und Opa trotzdem noch zu Hause versorgen! Wollen wir es nicht noch einige Zeit so durchziehen, wie es jetzt ist?«

Es brachte mich schön durcheinander, dass Elisabeths Standpunkt auf einmal wieder ins Wanken geraten war. Ich musste daran denken, wie unsere Eltern sich schon immer umeinander gesorgt hatten. Wie Opa immer am Schlafzimmerfenster stand und das Gartentürchen beobachtete, wenn Oma unterwegs war, zum Beispiel auf einem ihrer Ausflüge in die

Kaufhäuser der Innenstadt. Er hatte oft keine ruhige Minute, bevor sie nicht wieder wohlbehalten zu ihm zurückgekehrt war. Oma ohne ihn im Heim?

Ich war mir nicht sicher, ich wusste nur, dass es nicht mehr lange so weitergehen konnte.

Ich versprach Elisabeth, meine Antwort noch eine Nacht zu überdenken und sie morgen zurückzurufen.

Gestern Abend zeigte mir Oma die Rückseite eines Beipackzettels:

»Schau mal her, was ich hier gezeichnet habe. Ich wollte wissen, ob ich es noch kann. Ist das nicht schön?«

Es waren lauter Blüten und Rosetten, in dem Stil, in dem sie früher immer während des Telefonierens vor sich hingekritzelt hatte. Nur heute waren die blauen Kugelschreiberlinien viel zittriger und immer wieder unterbrochen.

Dr. Legnau war heute hier. Er sprach mit Oma und Opa »unter sechs Augen« über das Pflegeheim. Hinterher sagte er zu mir:

»Ich finde die Entscheidung ihrer Mutter gut. Sie möchte Ihnen keine größere Belastung mehr sein und wird so auch nachts stets jemanden um sich haben, der ihr helfen kann. Sie zählte mir gleich eifrig auf, was sie alles für ihren Umzug einpacken würde und was noch zu besorgen wäre. Ich empfehle Ihnen und Ihrer Schwester jedoch, auch die Anmeldung ihres Vaters auf ›sofort‹ umzuändern.«

Das war es! Wieso waren wir nicht früher darauf gekommen? Ich rief sofort Elisabeth an. Sie fand die Lösung zwar nicht ideal, aber besser, als Oma und Opa auseinanderzureißen.

»Heute habe ich vom Seniorenheim St. Gertrud geträumt!«, erzählte Oma. »Dass sie mich dort geschimpft haben, mich allein gelassen haben und allein aus dem Bett gehen haben lassen. Dass ich mich anziehen musste. Und dass es kalt ist.«

Mich fragte sie: »Was ist denn los mit dir? Hast du nicht gut geschlafen?«

»Dann gehe ich zum Gähnen eben in ein anderes Zimmer, wenn es dich stört. Ich bin müde«, antwortete ich gereizt.

»Ich wollte doch, dass du länger schlafen kannst. Ich werde bald weg sein, dann habt ihr Ruhe. Dann kannst du bei schönem Wetter mit Hans spazieren gehen, wann du willst. Dann kann dein Mann von mir aus unsere Wohnung umbauen. Das Schlimme für mich an der ganzen Sache ist nur, dass ich noch so viel Verstand habe.«

Ganz leise antwortete ich: »Oma, weißt du, manche gehen eben ins Altersheim, wenn sie noch nicht so gebrechlich sind. Und können sich dort dann ihre Umgebung noch so gestalten, dass sie sich wohlfühlen.«

Die Bemerkung tat mir sofort leid, aber sie musste raus.

Weil Elisabeth heute Abend da war, hatte ich frei! Hans freute sich schon seit dem Frühstück darauf. Wir öffneten eine gute Flasche Südtiroler Rotwein, knabberten dazu Schüttelbrot und Speck. Und spielten. Erst ein paar Runden Canasta, dann Kniffel. Als ich nach einer halben Flasche Wein bei jedem Anlass laut loslachen musste, hängten wir noch eine Runde »Mogeln« an. Ich konnte sonst nicht lügen, ohne zu lachen. Doch heute fiel das gar nicht auf, ich lachte ja eh schon. Wow, so ein Abend war mal wieder dringend nötig!

Heute wurden das Krankenbett, der Toilettenstuhl und der Badelifter geliefert. Thomas und Hans bauten zusammen das Bett auf. Dem ersten Eindruck beim Probeliegen nach schien es Oma zu gefallen.

Opa war ganz aufgeregt. Er schritt im Zimmer auf und ab wie ein Tiger im Käfig und stöhnte: »Ich bin am Ende meiner Kräfte.« Diesen Satz wiederholte er so oft wie eine kaputte Schallplatte, bis wir ihn mehr oder weniger dazu zwangen, sich zu Oma ins Zimmer zu setzen und uns beim Aufbau zuzusehen.

Abends kam meine Schwester, damit ich in die Probe des Kirchenchors gehen konnte. Ich war völlig weggetreten während des Singens, ich weiß nicht, ob ich überhaupt mitgesungen habe oder nur wie versteinert da stand. Ich erklärte dem Chorleiter, dass es einen Grund hätte, wenn ich zurzeit nicht regelmäßig käme: Meine Mutter sei ein Pflegefall nach Oberschenkelhalsfraktur. Er fragte nach ihrem Alter und sagte, dass es doch schön sei, wenn sie zu Hause gepflegt würde.

»Meine Eltern möchten nun aber freiwillig ins Pflegeheim, weil sie glauben, sie seien eine zu große Belastung für uns.«

Äußerst traurig fand der Chorleiter diese Aussicht für meine Eltern. Zum Glück schaltete sich eine andere Frau ein und sagte:

»Ihr habt schon recht, da müsst ihr und dürft ihr euch Hilfe suchen. Allein könnt ihr das nicht schaffen.«

Ich war ihr dankbar für die Bemerkung. »Ja«, sagte ich, »ich habe da drinnen, in der Herzgegend, oft Beklemmungen und kann kaum schnaufen! Meine Schwester hilft mir sehr viel. Sie kennt diese Beklemmungen im Brustkorb, die das Atmen zur Anstrengung werden lassen, auch schon.«

Die Frau erzählte von ihrem Vater. Dass er als Witwer allein gelebt hatte und sie Angst hatten, dass ihm etwas passieren könnte, als es bei ihm nicht mehr so ging. Da sie berufstätig war, kam es für sie sowieso nicht infrage, sich selbst täglich um ihn zu kümmern. Wie durch ein Wunder erhielten sie damals bereits nach einer Woche Wartezeit einen Platz im Seniorenheim St. Gertrud!

Ich räumte ein: »Ich habe mal nachgerechnet, was das kostet. Das geht in die Hunderttausende.« Da fiel mir ein, was meine Schwester einmal gesagt hatte:

»Lieber geben wir das Geld für das Pflegeheim aus, als dass wir zwei vor die Hunde gehen!«

Es sei genügend Geld auf dem Konto unserer Eltern. Nur für die Sanierung des Hauses müsse auch noch etwas übrigbleiben, so hatte es Opa verfügt.

Auf dem Heimweg von der Chorprobe musste ich mehrere Male stehen bleiben. Da waren sie wieder, die Beklemmungen. Ich konnte kaum noch atmen. Daheim angekommen, öffnete mir Hans die Tür. Ich brachte gerade noch heraus: »Bin ich froh, dass du da bist. Ich kann nicht mehr!«

Er nahm mich in den Arm! Und streichelte mich! Ich fiel ihm um den Hals.

»Zieh dir erst mal den Mantel aus. Wir setzen uns noch kurz hin zum Abschalten.«

Heute konnte ich diesen Vorschlag gut annehmen. Es tat mir gut. Er tat mir gut.

»Was geht in dir vor?«, erkundigte sich Hans.

Unter Tränen brach es aus mir heraus: »Wie soll das bloß weitergehen? Es sind doch erst vier Wochen seit Weihnachten vergangen, vier Wochen, seit es so schlimm ist. Wir beide wollten unsere Eltern pflegen, solange unsere Kräfte reichen. Halten wir denn gar nichts aus?«

»Ich will einfach mit dir fort«, sagte ich zu Hans. »Weit fort. Mit dir allein. Vor Kurzem dachte ich noch, ich hätte mich mittlerweile etwas von meinen Eltern freigeschwommen. Aber jetzt geht´s erst richtig los.«

Simon, unser jüngerer Sohn, war kürzlich bei den Großeltern zu Besuch. Danach kam er zu mir:

»Du, Mama, ich kenne jetzt Omas Standpunkt und deinen. Da sind so viele Verletzungen aus der Zeit deiner Kindheit. Da mische ich mich nicht ein! Das müsst ihr schon unter euch ausmachen.«

Hans dachte ähnlich: »Wie du dich jetzt fühlst, das ist alles psychisch. Manche können das gut verkraften, die Pflege der Eltern. Dann, wenn die Kinder ein gutes Verhältnis von früher her zu ihren Eltern haben. Wenn das Verhältnis aber seit jeher gestört ist, ist das mit der Pflege kaum möglich. Da macht man sie nur mit Widerwillen und das geht auf die Psyche! Da muss sich jetzt schnell was ändern!«

Ja, da musste sich bald was ändern. Dieser Satz war mir selbst nicht neu. Wenn sie im Heim sind, werde ich sie erst mal nicht so oft besuchen. Nahm ich mir zumindest vor. Wir Kinder hatten bis jetzt immer getan, was Oma wollte. Bald nicht mehr!

Hans war diese Familiendynamik nicht entgangen. »Es ist halt schlimm, wenn in einer Familie eine Person so dominiert«, sagte er. »Opa war still und hat nur das gemacht, was Oma wollte.«

»Mit Opa ist es besser auszuhalten als mit ihr. Er ist dankbar für alles, was wir für ihn tun. Oma bringt zwar mittlerweile auch ein bisschen Dank über die Lippen, aber der wird gebremst durch die Qualen, die sie beim Annehmen von Hilfe zu erleiden scheint.«

Abends kam Elisabeth vorbei und brachte einen Alternativvorschlag zum Altersheim mit. Sie hätte da von rumänischen Schwestern gehört. Sie sprächen gut Deutsch, versorgen den Haushalt, putzen, kochen, kaufen ein. Und könnten auch leichtere pflegerische Tätigkeiten übernehmen. Und im Dachgeschoss wäre doch ein Zimmer frei. Das wurde schon lange nicht mehr vermietet. Pro Tag würden sie 97 Euro verlangen. Nach nur 1 Monat käme schon eine Ablösung. Geldmäßig käme es dann auf 3000 Euro pro Monat.

»Oma und Opa haben aber doch schon gesagt, dass sie ins Altersheim möchten«, erinnerte ich meine Schwester.

Und Opa sagte: »So etwas Illegales kommt uns schon gar nicht ins Haus. Aber ich wünsche mir, dass alles nicht mit Streit, sondern nur mit Wohlwollen gelöst wird.«

Scheinbar schien auch Elisabeth nicht von ihrem eigenen Vorschlag überzeugt zu sein und wechselte schleunigst das Thema: »Den Fernseher könnt ihr doch auch mitnehmen und das Zeitungsabonnement lässt sich problemlos ins Altersheim umleiten!«

»Ach was«, wehrte Opa ab, »das brauchen wir alles nicht. Wenn ich nur in der Früh meinen Kaffee und ein Stück Brot bekomme und mittags was zum Essen, das genügt mir schon.«

»Dr. Legnau bleibt euch als Hausarzt in jedem Fall erhalten«, meinte Elisabeth, »und eine Hospizstelle ist auch da, und eine Kapelle für Oma.«

»Weißt du«, kam Opa auf das Thema mit den rumänischen Schwestern zurück, »wenn da eine fremde Frau im Haushalt ist, die vielleicht nicht mal weiß, wo die ganzen Sachen sind und ich ihr noch sagen muss: ›Bitte kaufen Sie noch Brot und Milch oder etwas anderes.‹ So was kann ich nicht mehr. Das wäre mir zu viel.«

Oma war auch nicht wirklich begeistert: »Wenn da zusätzlich noch jemand im Haus wäre, um die müsste sich Eva ja auch noch kümmern, und um uns sowieso. Das wäre zu viel, da kommt sie gar nicht mehr zur Ruhe. Eva, du kannst mich im Heim besuchen kommen und Opa auch.«

Es war eine Weile still im Zimmer. Opa überlegte. »Es klingt makaber, wenn ich das sage, aber wenn Frau Liedl sterben würde, ihr wisst schon, unsere frühere Nachbarin, die jetzt in St. Gertrud ist, dann wäre noch ein Zimmer im Heim frei…«

Dass zwei Leute gleichzeitig sterben würden im Pflegeheim, das musste ich jetzt schon ganz realistisch sagen, konnte ich mir nicht vorstellen. Sodass meine Eltern beide zur gleichen Zeit reinkommen könnten …

Nachmittags kümmerte sich Simon um seine Großeltern. Ein freier Nachmittag! Ich nützte die Zeit, um bei strahlendem Winterwetter einen ausgedehnten Spaziergang zur Waldkapelle zu machen, zu der Kapelle, in der meine Eltern geheiratet hatten. Im Klosterladen kaufte ich für Oma ein Büchlein. In der Kapelle zündete ich eine Kerze an und betete. Anschließend gönnte ich mir im Café einen Cappuccino und eine Schwarzwälderkirschtorte. Es war schön, einfach mal nur dazusitzen und abzuschalten. Frei von allem Druck! Ich war dankbar für jede Hilfe, die von außen kam, auch für die von meiner Familie. Meine Schwester nicht zu vergessen, die mit der ganzen organisatorischen Arbeit eine Menge am Hut hatte, mit Behörden verhandelte, Formulare ausfüllte, Telefonate erledigte usw.

Trotzdem – allein bei diesen Überlegungen spürte ich zum dritten Mal diesen starken Druck hinter dem Brustbein. Musste wohl das Herz sein. Neulich dachte ich, wenn ich jetzt noch Ausstrahlungen in den rechten Arm bekäme, dann wäre es ein Herzinfarkt. Sorgen machten mir heute auch die Verspannungen im Schulterbereich und dass es mir schwerfiel, zu atmen. Ich sprach mit Simon darüber. Er riet mir zu einem Belastungs-EKG. Zum einen sei ich jetzt im prädestinierten Alter für einen Herzinfarkt, zum anderen gäbe es mittlerweile schon Studien darüber, dass durch psychischen Dauerstress die gleichen Symptome ausgelöst werden könnten, wie durch einen echten Herzinfarkt, die dann aber wieder vergingen. Ich werde seinen Rat befolgen und Elisabeth bitten, dass sie zu Oma geht, wenn ich den Arzttermin habe. Es ist wichtig!

Schwester Bea war zum Helfen da. Ich erzählte ihr das mit der Anmeldung in St. Gertrud. Sie selbst arbeitete in einem anderen Pflegeheim. Dort sei die Pflege besser, sagte sie. Alle Bewohner würden dort mittags aus den Zimmern geholt, um im Speisesaal mit den anderen zu essen. Nachmittags würden Gedächtnis- und Gesellschaftsspiele angeboten. Die Kontakte unter den Bewohnern würden gefördert, um der Einsamkeit und dem geistigen Abbau entgegenzuwirken.

»Auf was muss ich also achten?«, fragte ich sie.

»Jede Schwester ist nur ein Mensch, man darf ihnen bloß nicht auf den Schlips treten. Sie sehen es nicht so gerne, wenn man ihnen auf die Finger schaut. Du musst dir klar sein: Es gibt kein Heim, das so ist, dass sich die Leute dort wie zu Hause fühlen! Ordnung muss sein. Essen wird halt vorgesetzt, zu einer bestimmten Zeit. Wenn es die Leute von zu Hause gewohnt sind, zu sagen ›Ich habe im Moment keinen Hunger, ich esse jetzt nix oder erst zu der oder der Zeit‹, das geht nicht. Aber die Grundpflege ist gewährleistet. So richtig aus den Händen geben konnte ich die Verantwortung für meine Eltern jedoch auch nie, ich bin jeden Tag dorthin gefahren, man könnte sagen, um nach dem Rechten zu sehen. Mach´ dir keine Illusionen, vor allem, weil deine Mutter doch schon immer mit dem Essen Schwierigkeiten gemacht hat.«

Na prima. Wieso hatte ich sie gefragt? Weil ich mir insgeheim eine ermutigendere Aussage erhofft hatte, vermutlich.

»Am Anfang muss man sehr hinterher sein, bis alles klappt«, sagte sie. »Aber sie bemühen sich sehr. Doch stellen Sie sich schon einmal darauf ein: Ihre Eltern werden sich noch umschauen, wie sie sich einschränken müssen in dem kleinen Zimmer!«

Ich telefonierte mit Elisabeth. Sie war ganz aufgebracht, dass Schwester Bea jetzt wieder so einen Wirbel reingebracht hatte.

»Jetzt habe ich heute Nacht endlich mal wieder gut geschlafen, weil alles geregelt ist. Und schon ist der ganze Sonntag wieder versaut.«

»Es tut mir leid, es tut mir ja leid. Aber was soll ich machen? Alle Zweifel für mich behalten? Ich muss mit jemandem reden. Sonst komme ich noch in die Klappsmühle!«

»Dort können wir zwei gleich gemeinsam hingehen, wenn es so weit ist«, antwortete Elisabeth.

Als ich aus der Kirche kam, zog sich Bea gerade im Flur ihren Mantel an. Hinter vorgehaltener Hand flüsterte mir Oma zu:

»Jetzt musste sie zwei Stunden verbringen, ohne etwas zu tun, die arme Bea. Ich habe ihr ein Buch zum Lesen gegeben. Und dann hat sie auf dem Balkon auch noch geraucht!« Oma verzog vorwurfsvoll das Gesicht.

»Und? Was ist das schon?«, gab ich zurück. »Wenn wir Bea nicht hätten, wärst du zwei Stunden allein gewesen.«

Oma hielt den Zeigefinger vor ihren Mund und raunte mir eindringlich zu: »Rede doch nicht so laut! Bea könnte es vielleicht hören!«

Hans war wieder beim Skilanglauf. Ich war stolz, ihm bei seiner Rückkehr erzählen zu können, dass ich mir gemütlich einen Kaffee gekocht und dann eine Stunde im Bett ausgeruht hatte. Doch damit konnte er nichts anfangen.

»Dir ist ja nicht zu helfen! Bei so einem schönen Wetter legt sie sich ins Bett und schläft.«

Wenn er wüsste, wie es in mir aussah, wie geschafft und müde ich war, würde er anders darüber reden. Es schien mir, als würde er sich nicht einmal die Mühe machen, sich ernsthaft in mich hineinzuversetzen. Ich empfand es schon als Trost, als er gestern zu Simon sagte:

»Ich könnte das nicht machen, Krankenpflege.«

Am liebsten hätte ich geantwortet: »Dafür sind sowieso nur Frauen zuständig. Die sind dumm genug dafür.« Doch das sagte ich nicht laut.

Im Januar schlief ich für zwei Wochen oben in der Wohnung meiner Eltern. Weil Oma nachts auch auf die Toilette musste, sich aber noch weigerte, Windeln anzuziehen oder diese zumindest zu benutzen.

Dr. Legnau wurde von Schwester Elfriede immer hinzugezogen, wenn sie medizinischen Rat für die Pflege brauchte. Dafür kam ihm Elfriede in der Weise entgegen, dass, wenn jemand starb, sie die Zimmer für seine Patienten frei ließ. Eine Hand wäscht die andere. So brachte er abends nicht nur neue Rezepte mit, sondern auch Neuigkeiten aus dem Altersheim: zwei Todesfälle. Das hieß, zwei freie Betten. Eines in einem Zweibettzimmer, eines in einem Einzelzimmer. Den Schwestern seien jedoch die Hände gebunden, wenn sich die Angehörigen der »Überlebenden« im Zweibettzimmer gegen eine Verlegung querstellten. Das Gespräch mit ihnen müsste man erst abwarten.

»Jetzt wird's ernst«, meinte er zu meinen Eltern.

Sie könnten eventuell schon in den nächsten Tagen ins Altersheim ziehen. Im besten Fall in ein Zweibettzimmer. Oder Oma zuerst in das Einbettzimmer.

Opa sagte: »Es wäre mir lieber, wenn wir den Umzug gleich gemeinsam erledigen würden. Wenn erst meine Frau geht und ich dann nachkomme, ist das so viel Unruhe im Haus. Dr. Legnau, ziehen wir nun um in den Vorhof des Himmels?«

Elisabeth und ich gingen ins Wohnzimmer und machten betroffene und zugleich erstaunte Gesichter. Wie sich auf einmal so schnell eine Lösung zeigte!

Wenig später telefonierte Elisabeth mit Schwester Elfriede. Das Gespräch mit den Angehörigen aus dem Zweibettzimmer hatte noch nicht stattgefunden. Also weiter bangen und hoffen. Dicke Schneeflocken trübten den Blick nach draußen. So wie der Garten bald in Watte gepackt war, so waren es auch unsere Gefühle. Bangen oder hoffen, wir wussten es nicht. Ich war froh, als mich gegen 17 Uhr 30 Schwester Bea ablöste und ich mich beim Faschingsnachmittag unserer Pfarrei ablenken konnte.

Oma schlief heute Nacht sehr unruhig. Sie grübelte ständig hin und her, was sie ins Altersheim mitnehmen würde. Vielleicht das Muttergottesbild? Das Kreuz und den Engelkalender, das Bild mit den Blumen darauf? Die Nachttischlampe?

Oma überlegte und überlegte.

Ich überlegte und überlegte genauso. Machte mir Vorwürfe, dass ich Oma und Opa aufs Abstellgleis geschoben hatte, weil ich die Arbeit nicht mehr machen wollte, weil sie mir zu viel wurde.

Andererseits: Die letzten Jahre, überhaupt, solange ich denken konnte, musste ich immer funktionieren. Für andere denken. An andere denken. Beim Einkaufen und Waschen für meine Eltern seit mindestens fünf Jahren. Beim Kochen für meine Familie, immer zu einer bestimmten Zeit. War ich um diese Zeit gerade oben bei Oma, sagte sie gleich:

»Du, ich höre den Hans, der kommt von der Arbeit heim. Musst du nicht runter? Der braucht jetzt etwas zu essen. Früher waren wir immer in der Wohnung, wenn der Mann nach Hause kam.«

Dann sprang ich ängstlich auf und eilte die Treppe hinunter, das schlechte Gewissen im Genick. Als hätte ich etwas angestellt.

Und jetzt auch noch die Pflege der Oma und das Gerenne rauf und runter. Es war schon lange nicht mehr meine eigene Uhr, die in mir tickte und nicht ich selbst, die funktionierte.

Gut sein müssen, um etwas Liebe und Anerkennung zu bekommen? War es das? Konnte es denn überhaupt Liebe sein, die die Aufgabe meines Willens verlangte? Konnte es Liebe sein, die der Putzfrau ein Weihnachtsgeschenk machte, nur weil »man es so tat«, nur weil Oma sagte, dass man das früher immer so gemacht hat. Und es deswegen Jahre und Jahrzehnte so weitermachen musste. Es war nicht so, dass ich nicht gerne

Gutes tat. Freude bereitete es mir jedoch nur, wenn es aus freiem Willen geschah.

Irgendwo wird er schon stecken, mein eigener Wille. Ich konnte ihn nur nicht äußern. Oft nicht einmal spüren. Angst vor Ablehnung? Minderwertigkeitsgefühle? Woher? Keine Ahnung. Vielleicht wollte ich durch meinen Einsatz für andere auf mich aufmerksam machen und beweisen, dass ich auch etwas konnte. Da passte es wie die Faust aufs Auge, als Oma gestern zu mir sagte: »Eva, du bist zum Dienen da!«

Schickte mir Gott diese Situation, damit ich mich darin bewähren konnte? Könnte es nicht genauso sein Wille sein, dass ich lerne, auch an mich zu denken?

Kein Lachen seit Jahren. Ich war schon früher meistens ernst, konnte nie so herzhaft lachen und froh sein wie andere. Außer das eine Mal im letzten Frühling. Ich erinnere mich, wie ich beim Bauerntheater auf einmal ganz weggetreten war. Ich war so auf die lustigen Darbietungen konzentriert, dass ich alle Menschen um mich herum vergaß. Ich dachte nicht an die anderen, sondern lachte. Nur für mich. Fühlte mich so frei. Und kam mir dabei richtig ungewöhnlich und fremd vor. Ich bekam es fast mit der Angst zu tun und war gleichzeitig froh, dass es noch ein Lachen in mir gab.

Ich möchte in meinem Leben nur einmal, nur ein ganz kleines bisschen, ich selbst sein! Frei sein. Vielleicht sogar woanders leben. Ich fordere ja gar nicht viel!

Die erste Zeit im Pflegeheim
(4.2.05 – 29.5.05)

Es war Anfang Februar. Ich hatte Oma noch nicht das Nachthemd ausgezogen, da rief mich Hans schon von unten ans Telefon. Schwester Elfriede war am Apparat! Das Zweibettzimmer sei jetzt frei! Wir sollen uns schnell entscheiden!

»Moment, können wir das Zimmer erst mal anschauen?«, fragte ich noch ganz außer Atem. Es passte ihnen gleich am Montagnachmittag. Das war gut, denn nachmittags konnte ich meine Eltern noch am ehesten mal allein lassen. Elisabeth war ganz aufgeregt, als ich sie anrief. Und war nahe daran, einen Rückzieher zu machen.

»Jetzt hat sie das Zimmer extra für unsere Eltern frei gemacht! Aber Oma und Opa wollten doch erst gar nicht ins Pflegeheim. Ich hätte noch viel mehr drängen sollen wegen der Ganztagespflege zu Hause. Aber du hast dich gesperrt. Und jetzt ist das Thema gegessen.«

Eine Freundin von ihr, die Altenpflegerin war, hatte sie wieder einmal verunsichert. »Deine Eltern wissen ja gar nicht, wie es in einem Altenheim zugeht«, hatte sie gesagt. »In einem halben Jahr spätestens haben die so abgebaut, dass es das Beste wäre, sie würden sterben. Die alten Leute hocken dort nur noch in ihren Zimmern herum, ihnen fehlt jegliche Ansprache und geistige Herausforderung. Kein Wunder, dass das Gehirn da im Handumdrehen auf Sparflamme schaltet. Nicht nur das Gehirn, Muskeln und Knochen treten auch den Rückzug an, warum auch nicht, wenn sie nicht mehr gebraucht werden? Aber was sollen wir machen? Wir Altenpflegerinnen sind bis über beide Ohren mit Waschen, Esseneingeben und dem Allernötigsten beschäftigt, wir haben einfach keine Zeit für die Dinge, die das Leben zu mehr als einem Überleben machen.«

Ich fühlte mich niedergeschlagen und schuldig. Als ob sie ins Altersheim müssten, weil ich nichts gesagt hatte, mich nicht gegen diese Entscheidung gewehrt hatte. Simon riet mir am Telefon, mit Oma ganz offen darüber zu reden, wie es in mir aussah. Dass ich sie nicht abschieben wollte. Davon erzählen, wie ich innerlich am Durchdrehen war.

Aber Oma ging nicht auf das ein, was ich sagte: »Weißt du, es ist nicht einfach, wenn man fast 80 Jahre in diesem Haus gewohnt hat und plötzlich raus muss! Aber mein Körper macht halt nicht mehr mit und es muss sein. Und bei Opa geht es auch fast nicht mehr. Er ist so verschlossen zurzeit. In der Früh will ich Guten Morgen sagen und er sieht mich gar nicht an.«

»Er hört doch noch nichts, wenn er aufsteht! Er muss erst seine Hörgeräte anziehen«, versuchte ich sie zu beruhigen. Es war auch schwer für Opa. Alles drehte sich nur um Oma. Er fühlte sich sicher sehr einsam. Doch wenn man ihn fragte, was der Umzug für ihn bedeuten würde, schwieg er nur.

Katharina las mir heute am Telefon etwas aus ihrem Tagebuch vor: Es tat mir gut zu hören, dass jemand anders die Dinge zumindest ähnlich empfand wie ich:

Die von Zwiespalt geschwängerte Atmosphäre im Hause meiner Eltern scheint sich wie ein dicker Dunst sogar bis nach München hinein auszubreiten. Diese grässliche Entscheidung, ob Oma und Opa nun in ein Pflegeheim gehen. Sollen? Oder wollen? Wollen – das behaupten Mama und Elisabeth. Eigentlich auch Oma und Opa selbst. Mir laufen die Tränen übers Gesicht, wenn ich mir diese beiden geliebten alten Menschen außerhalb ihrer Wohnung vorstellen soll. Diese ganze unterschwellige Dynamik macht mich krank. Es ist ein Sumpf von Themen wie »den eigenen Willen nicht direkt äußern«, von depressivem Fordern, vom Schuldgefühle wecken, an den Erwartungen anderer orientieren, sich selbst nicht abgrenzen können und die anderen dafür verantwortlich machen. All das sind Themen, mit

denen ich groß geworden bin. Und es tut zu weh, sie alle jetzt in die-
ser Deutlichkeit noch einmal vor Augen geführt zu bekommen. Wie
die Wiederholung eines Albtraums, der schon lange vergessen ge-
glaubt war. Oder sehe ich das alles falsch? Ist diese Entscheidung für
das Pflegeheim gerade ein Zeichen für erfolgreiche Abgrenzung mei-
ner Mutter? Ich würde mich da am liebsten komplett raushalten. Ei-
gentlich bin ich draußen, außer dass ich alle 1 bis 2 Wochen mal für
einen Tag einspringe, morgen wieder, zusammen mit Luca. Dann
ist's halb so schlimm. Ich hoffe nur, wir sind dann mit Oma und Opa
allein, dann ist die Atmosphäre deutlich entspannter.

Morgens kam Elisabeth, um Oma zu waschen. Um halb 11 Uhr
wurde sie von Katharina und Luca abgelöst.

Als ich heute aufstand, tat mir der ganze Rücken weh und
die Schultern waren verspannt. Während des Bügelns fing ich
auf einmal zu Weinen an. Ab Mittag ging es mir besser, weil
wir in Ruhe mit Katharina und unserem Enkelkind zu Mittag
essen konnten. Katharina ging dann zu Oma. Ich saß mit Luca
auf dem Sofa. Wir schauten Bilderbücher an. Luca nannte mir
alle Tiere, die da zu sehen waren. Danach sangen wir Lieder,
zum Beispiel: »Laterne, Laterne, Sonne, Mond und Sterne« und
»Backe, backe Kuchen«. Ich war überrascht, wie viele er schon
auswendig kannte. »Kuckuck, Kuckuck, ruft's aus dem Wald«
wollte er auch noch singen und »Alle meine Entchen«. Dann
versuchte ich, ihn für ein Mittagsschläfchen hinzulegen, aber er
wollte noch nicht. Katharina schnitt inzwischen Oma die Haare. Sah richtig gut aus hinterher. Sie führte Oma aufs Klo und
ins Bett.

Elisabeth bedankte sich morgens bei Hans, dass er am Montag
mitkäme, das Zimmer im Altersheim zu besichtigen. Als tech-
nischer Leiter sozusagen. Elisabeth sagte zu, dass sie und ihr
Mann alles mit der Bank und der Bezahlung regeln würden.

Oma bat uns, in ihrer Wohnung alles so zu belassen, wie es sei, wenn sie weg wären. Es könnte sein, dass sie im Pflegeheim wieder kündigen, wenn es ihnen dort nicht gefällt, und wieder heimkämen.

Elisabeth flüsterte uns zu: »Ich konnte ihr doch nicht sagen, dass das vielleicht die letzte Station in ihrem Leben sein könnte und sie vielleicht nie mehr in die eigene Wohnung, ins eigene Haus zurückkommen würde.«

Am 15. Februar dann der Umzug. Chaos. Der Tag begann mit einem von Opas Kreislaufzusammenbrüchen. Kaum hatte er sich einigermaßen davon erholt, läutete es an der Tür. Zwei Sanitäter des Malteser Hilfsdienstes standen mit ihrem Krankentransportwagen vor der Tür. Opa setzte sich auf den Beifahrersitz, Oma wurde direkt vom Frühstück weg auf dem Stuhl, auf dem sie gerade saß, das Treppenhaus hinuntergetragen und im Fond des Autos auf die Sitzbank hinübergehievt. Ihre größte Sorge war auf einmal, dass wir vergessen hätten, den Plastikbehälter für das Toastbrot einzupacken.

Für den Gepäcktransport waren wir, also Hans, Thomas, Elisabeth und ich, zuständig. Wir hatten gemäß der Packliste gepackt, die uns die Heimleitung von St. Gertrud in die Hand gedrückt hatte. Außer dem Koffer mit Kleidung und den Waschsachen nahmen wir ein paar Familienfotos, ein Muttergottesbild, eine winzige Kommode, einen gepolsterten Hocker und ein Kreuz mit. Omas Toilettenstuhl passte nicht mehr in den Kofferraum, den würden wir das nächste Mal nachliefern.

Um 11 Uhr klingelten wir an der Pforte. Die Heimleiterin begleitete uns in das Zimmer. Noch bevor Oma und Opa überhaupt richtig durchschnaufen konnten, wurden sie gewogen! Danach gab es gleich Mittagessen. Während Oma und Opa schweigend in ihren Tellern herumstocherten, räumten wir ihre Sachen in den Wandschrank. Als wir damit fertig waren, kam eine Schwester und räumte die meisten Kleidungsstücke gleich wieder aus. Sie müssten in die Wäscherei, um mit den Namen der Bewohner gekennzeichnet zu werden, erklärte sie uns.

Eigene Wohnung im eigenen Haus mit großem Garten umgetauscht in ein kleines Doppelzimmer mit Nasszelle und Gemeinschaftsbad auf dem Flur. Immerhin ein Balkon und vor dem Fenster ein paar kahle Bäume. Ich glaube, heute sangen darin keine Vögel.

Katharina:

Letzten Dienstag sind Omi und Opi ins Altersheim gekommen. Und nach wie vor finde ich es absurd, dass die zwei ihre gewohnte Umgebung, ihre Wohnung, verlassen haben. Eine Wohnung eingetauscht gegen was? Ein winziges Bad mit Waschbecken und Toilette. Ein Zimmer mit zwei Krankenbetten, zwei Nachtkästchen, einem Tisch, zwei Stühlen. Ein Einbauschrank im Eingangsbereich für die Wäsche. Ich frage mich, was überhaupt den Unterschied zu einem Krankenhauszimmer ausmacht. Ja, der Balkon und die persönlichen Bilder an der Wand. Dass Topfpflanzen erlaubt waren. Und das Poster von dem Tigerbaby an der Eingangstür. Niemand wusste, wer dieses Poster dort hingeklebt hatte. Aber niemand wollte es wieder abhängen. Ein Tigerbaby. Maria und Konrad.

Was auch immer man mir erzählt hat, zum Beispiel, dass Opi nicht zu viele fremde Pfleger im Haus haben wollte – ich kann nicht logisch nachvollziehen, wie diese Entscheidung für das Pflegeheim genau zustande kam – obwohl sie so keinem gefällt. Zweimal habe ich sie seit ihrem Umzug in ihrem neuen Zimmer besucht – und es war jedes Mal okay, besser als erwartet. Sie lebten etwas auf, wir redeten sogar mehr als sonst miteinander.

Simon war heute bei Oma und Opa und rief uns danach sofort an.

»Ich mache mir solche Sorgen«, sagte er. »Die zwei sitzen nur einsam und verlassen auf ihren Stühlen im Zimmer. Opa wirkt sehr depressiv, zeigt keinerlei Lebensfreude mehr, lässt sich hängen, sieht keine Perspektiven mehr. Die Abendzeitung, die täglich ins Pflegeheim geliefert wird, blättert er nur noch lustlos durch. Das Radio steht unbenutzt hinter dem Vorhang. Einen Fernseher wollten sie gar nicht erst mitnehmen. Kein Kontakt zur Außenwelt erwünscht, nicht einmal zu den anderen Bewohnern des Pflegeheims. Abschied nehmen total. Redet nur noch davon, dass es jeden Tag schlechter geht und dass er mit dem Personal hier nicht zurechtkommt. Und stuhlinkontinent ist er jetzt auch noch dazu. Will aber nachts keine Windel anziehen. Will alles noch selbst machen.«

War auch verständlich. Um Opa zumindest ein paar Peinlichkeiten zu vermeiden, führte ich ihn gestern zum Schrank und zeigte ihm, wo seine frischen Unterhosen lagen, damit er sich notfalls selbst umziehen könnte.

»Was da alles im Schrank drin liegt, das kann ich gar nicht alles verbrauchen. Da sterbe ich vorher!«, sagte er bloß.

Es sollte eine Familienkonferenz abgehalten werden, schlug Opa vor. Darüber, wer welche Aufgaben übernimmt und wer welche Entscheidungen trifft. Zu künstlicher Ernährung sagte er eindeutig NEIN.

Oma ließ sich auch hängen, nahm aber die Hilfe vom Pflegepersonal an. Vielleicht, weil ihr nichts anderes übrigblieb. Und weil sie es gewohnt war, sich anzupassen, um bloß nicht negativ aufzufallen.

War heute schon der 20. März? War mir gar nicht aufgefallen. Wir waren aber auch beinahe rund um die Uhr beschäftigt. Erst der Umzug. Dann fehlte jeden Tag wieder eine Kleinigkeit, die wir ins Altersheim nachbringen mussten. Socken. Taschentücher. Reinigungstabletten für die Zahnprothesen. Ein Attest von hier, eine Unterschrift von dort.

Und um ehrlich zu sein: Wenn ich zu Hause war, fühlte ich mich auf einmal so befreit von den letzten Wochen und Monaten, dass ich mit der ganzen Sache nichts mehr zu tun haben wollte, nicht einmal im Tagebuch.

Simon rief mich nach seinem Besuch im Heim an. Die Großeltern hatten ihn sehnsüchtig erwartet, weil sein letzter Besuch schon eine Woche her war. Oma brauchte ihn vor allem zum Jammern. Darüber, dass ihr das Essen so schwerfiel. Warum? Weil ihre Zähne so glatt waren! Und sie ihre Hand nicht mehr so gut zum Mund führen konnte und Fleisch schneiden schon gar nicht. Das Getue mit dem Essen fing also schon wieder an. Die Schwestern wollte sie nicht um Hilfe bitten und mit Opa redete sie, wie schon die ganzen letzten Jahre, so leise, dass er sie auch mit den besten Hörgeräten nicht verstanden hätte. Nur laut gewordene Wünsche konnten erhört werden. Genau genommen hatte sie Angst davor, gefüttert zu werden, wo sie gar keinen Appetit hatte und sich vor dem Essen ekelte. Dass sie ihre Beine nicht mehr ganz ausstrecken konnte, machte ihr auch Sorgen.

Ich fuhr Oma heute im Rollstuhl spazieren. Weit kamen wir nicht, weil es ihr viel zu schnell ging. Da wollte sie lieber selbst etwas laufen, mit dem Rollator.
Ich ließ Oma also mit dem Rollator laufen, aber sie kam kaum vom Fleck. Die Kraft in ihren Beinen reichte nicht mehr aus. Sie stützte sich auf die gebogenen Griffe des Wägelchens und schlurfte in Zeitlupe über den Flur. Alle paar Schritte brauchte sie eine Pause zum Durchschnaufen. Das Manöver, sich um 180 Grad zu drehen und das Sitzbänkchen zu nutzen, war offensichtlich sportlicheren Zeitgenossen vorbehalten. Wir schafften es gerade mal 20 Meter weit, den Flur entlang und einmal um die Ecke in Richtung Ausgang. Für den Rückweg stützte ich Oma zusätzlich unter den Armen. Im Zimmer ange-

kommen wollte ich sie auf den Stuhl am Tisch setzen. Sie bevorzugte jedoch das Bett, um mich besser sehen zu können. Opa half mir notdürftig dabei. Ich schaffte es gerade noch, ihre Beine aufs Bett hochzulegen, aber nicht mehr, sie ans Kopfende des Bettes hochzuziehen. Dazu fehlte mir die Technik. Musste nach den Pflegekräften klingeln. Eine Schwester half mir unwillig. Sie muffelte vor sich hin, dass sich das gar nicht lohnen würde, da in einer halben Stunde sowieso Abendessen sei und Oma wieder aus dem Bett rausgeholt werden müsse.

Um halb fünf kam es schon! Für Oma Reisbrei mit Aprikosenkompott und Tee.

Wir redeten nicht davon, dass Oma oder Opa sterben könnten. Wir redeten davon, was noch alles zu erledigen sei, wenn ein Sterbefall einträte. Ein Fall. Denken, nicht fühlen.

Beim Bestattungsinstitut zwei Bilder abgeben (Porträtfotos in Schwarz-Weiß für die Sterbebildchen, Musik aussuchen, mitteilen, wie viel Sterbebildchen gedruckt werden sollen).

Beim Steinmetz wegen der Grabplatte anrufen. Das Motiv hatte mein Vater schon in den 80er-Jahren ausgesucht und bestellt.

Für den Gottesdienst Lieder auswählen, dem Pfarrer Unterlagen über den Lebenslauf etc. zukommen lassen.

Behördengänge, Banken etc.

Opa freute sich sichtlich, als ich kam.

»Es ist immer ein bisschen Heimat, wenn jemand von zu Hause kommt«, sagte er. »Auch wenn sich die Leute im Heim sehr um uns bemühen.«

An Elisabeth: Nachthemd, Socken und Handtücher von Oma waschen und am Dienstag wieder mitnehmen. Opa braucht neue Unterhosen, Unterhemden und Socken!

Ich zeigte Opa wieder, wo seine Sachen waren. Aber am nächsten Tag würde er wieder nicht wissen, wo er sie finden kann.

Dr. Legnau benachrichtigen, dass Oma gestern so verwirrt war. Sie wurde beim Augenarzt abgeliefert und dachte, sie sei beim Orthopäden. Die Malteser hatten sie scheinbar vor dem Ärztehaus abgeliefert und dann stehengelassen. Oma fand den Eingang ins Haus nicht. Eine fremde Person erklärte ihr dann, wo sie sich befand, und half Oma, die Namen auf den Klingelschildern zu entziffern. Vor der Tür zur Augenarztpraxis ließ er sie stehen. Oma wusste nicht, wie man die Tür öffnen konnte und auch nicht, dass es rechts neben der Tür eine Glocke gegeben hätte. Sie wartete verzweifelt, bis der nächste Patient kam, und ging mit ihm durch die Tür. Als ich sie fragte, was der Arzt denn untersucht hätte, erzählte sie nur empört, dass sie ihren Büstenhalter ausziehen musste. Und dass sie seit acht Tagen starke Kopf- und Leibschmerzen hätte, aber ja deswegen operiert worden sei.

Elisabeth rief mich noch mal an. Eine Firma sei wegen Matratzen, Kissen und Rollstuhl für Oma da gewesen. Oma abgemessen und Kissen abgemessen. Kostenvoranschlag an die Kasse wird gestellt. Antrag an medizinischen Dienst wegen Zuordnung zu einer Pflegestufe ist auch abgeschickt. Vielleicht in zwei bis drei Wochen könnte die Einstufung stattfinden. Soll ich dabei sein?

Oma hatte blaue Flecken am Arm. Dort, wo sie immer angefasst wurde. Elisabeth meinte, das seien vielleicht Gerinnungsstörungen. Die Wände der Adern waren dünn wie Pergament. Und wir sollten Geld für das Schließfach im Altersheim für die nächsten Wochen herrichten, auch Leintücher und Kissen für Oma.

Liebe Mama,

Fast zwei Monate sind nun schon vergangen. Die Besuche im Altersheim werden immer zwiespältiger für mich, ich schreib dir das ganz ehrlich, weil es so ist. Zuerst erscheinen sie mir als lästige Pflicht, es ist mir zuwider, einen ganzen Nachmittag davon von meiner knappen Zeit abzuzwacken – und wenn ich dort bin, ist es gut. Es ist wie ein Heraustreten aus der Realität, heraus aus dem schnellen Fluss unseres Alltags, dem Alltag »der Jungen«. Hinein in einen Raum, in dem sich nichts mehr bewegt. Es ist ein Stehenbleiben, das nicht zum Lebensrhythmus unserer Tage passt. Die Stimme in mir, die ruft: Du musst Omi und Opi besuchen! Schreit so laut, dass sie schon deswegen zwangsläufig auf Abwehr stößt. Ich will unbedingt eine Lösung dafür finden, einen Kompromiss, mit dem ich klarkomme. Nicht jede Woche MUSS ich. Verrückt, am Anfang hatte ich mir vorgenommen, zweimal die Woche ins Heim zu fahren… oh je, das habe ich nicht lange durchgehalten.

Heute war es besser. Ich habe meine Idee umgesetzt, mir die langen Wege angenehmer zu gestalten. Ich fahre jetzt mit dem Fahrrad (so habe ich gleich meinen Sport) und höre mit Kopfhörer Musik dazu. Die Hinfahrt machte Spaß, der Besuch war in Ordnung. Opi war gut drauf, Omi war passiv, saugend, anstrengend. Der Heimweg führte mich durch einen Park, in dem gerade alles farbenprächtig blühte. Ich genoss es und weinte zugleich. All diese Blumen können die beiden nicht mehr sehen … Traurig-erleichtert radelte ich zurück in eine jugendliche Welt, in der noch mehr funktioniert. Die Vergänglichkeit lässt sich verdrängen, durch Sport, durch Unternehmungen, durch intensive Erlebnisse, die uns immer wieder spüren lassen, dass wir leben.

Es ist, glaube ich, nicht der Tod an sich, vor dem ich mich fürchte, nein, das ist es nicht. Es ist dieses langsame Vergehen, dieser grässliche Zustand, NICHTS mehr tun zu können, nicht mehr am Leben teilhaben zu können. Davor habe ich Angst.

Katharina

Es tat mir gut zu lesen, dass diese »Ich-muss-Stimme« nicht nur in mir wohnte.

Oma kam mir heute auf dem Flur mit dem Rollator entgegengeschlurft. Als hätte sie bei meinem Anblick die Kraft verlassen, klammerte sie sich an mich. Rollator, Oma und ich traten den Weg in Richtung Zimmer an. Oma schimpfte ständig »Lauf nicht so schnell!«

Bis zur Teeküche schafften wir es noch, dann bekam sie immer öfter Schlagseite und rammte mit den Rollen des Gehwagens die Wand. Ich rückte sie wieder gerade. Aber dann rammte sie die gegenüberliegende Wand. Diese Prozedur wiederholte sich zwei oder drei Mal. Ich dachte mir, man sollte das Gehen mit dem Rollator üben, bevor man ihn überhaupt braucht. Auf einmal merkte ich, dass ihre Beine schwächer wurden und sie zusammenzusinken drohte. Genau in diesem Moment, als hätte er es gespürt, kam Opa aus dem Zimmer. Ich deutete nur stumm auf Oma und bedeutete ihm, die Schwestern zu rufen. Die Rothaarige kam mit einem Pfleger herbeigeeilt. Zusammen hoben sie Oma vom Boden auf. Sie war inzwischen sachte auf den Boden gesackt. Sie setzten sie auf einen Rollstuhl und fuhren sie ins Zimmer zurück. Oma wollte nur noch ins Bett. Der Rücken tat ihr weh und sie hatte Angst, dass sie sich die Wirbelsäule verletzt haben könnte. Erst das Bett gab ihr wieder Sicherheit und sie atmete tief durch. Sie konnte die Situation klar rekonstruieren. Sie sei nicht gefallen, sondern bloß zusammengesackt. Die Kraft sei ihr ausgegangen. Ich machte mir trotzdem Sorgen wegen einer möglichen Verletzung. Der Pfleger sagte, sie würden noch eine Viertelstunde warten. Wenn Oma dann noch Schmerzen hätte, würden sie einen Arzt holen.

Oma ging es nicht besser, aber niemand holte einen Arzt. Sie schickte mich um halb fünf Uhr zum Schwesternzimmer. Opa war ganz aufgeregt und verärgert wegen Omas Aufregung.

»Mache doch nichts Übereiltes! Warte doch noch ab!«, sagte er bestimmt.

Oma war ärgerlich, weil Opa so abwartend war. »Ich bin doch jetzt die Hauptperson, es geht hier um mich!«, fuhr sie ihm über den Mund.

Opa war bloß hilflos, er hätte so gerne etwas für sie getan. Er schickte mich nach Hause. Heute würden sie eh niemanden mehr operieren, sagte er.

Opa – der lag im Bett, die Füße hochgelagert. Da wusste ich sofort: wieder ein Kreislaufzusammenbruch. Es ging ihm aber schon wieder besser. Das Einzige, was er heute zu mir sagte, war: »Jetzt habe ich schon 95 Jahre hinter mir, jetzt werde ich die nächsten fünf Jahre auch noch schaffen, aber vielleicht nicht mehr ganz fünf Jahre. Bitte räumt zu Hause den Kühlschrank aus und verteilt alles Essbare, denn wir kommen eh nicht mehr nach Hause. Teilt auch die Weinflaschen unter euch auf, die ich noch im Keller gelagert habe.«

Liebe Mama!

Vormittags war ich mit Luca im Altersheim. Wir gingen bald wieder, weil es ihm dort viel zu langweilig war und er ständig an meiner Hose zupfte, um mich nach draußen zu zerren. Die Entscheidung, ob ich ihn nun zu seinen Urgroßeltern mitnehme oder nicht fällt mir jedes Mal wieder schwer. Klar, dass ihm dort schnell langweilig wurde, Oma und Opa konnten nicht mehr mit ihm spielen und ich hatte auch keine Zeit für ihn. Und allein spielen war nicht so sein Ding. Andererseits halte ich es für wichtig, dass Kinder ganz natürlich mit dem Älterwerden umgehen lernen, dass es für sie eine Selbstverständlichkeit wird, alte und kranke Menschen zu sehen, mit ihnen umzugehen und sie als einen normalen Bestandteil des Lebens zu erfahren. Doch was noch wichtiger war: Ich konnte Opa keine größere Freude machen, als ihn seinen geliebten Urenkel sehen zu lassen. Wie schwach oder müde er auch war, es war herrlich anzusehen, wie seine

Augen zu leuchten begannen und er sich im Bett aufrichtete, um Luca besser sehen zu können! Sein »Spatzi«, wie er immer sagte. Mit Oma war es schwieriger. Sie freute sich auch über den Kleinen. Aber vor allem war er ihr zu laut. Und zu unruhig. Wichtiger als ihre Freude war die immerwährende Angst, die anderen Bewohner zu stören, unangenehm aufzufallen, lästig zu sein. Schade. »Was sagen denn die anderen?« Wie oft habe ich diesen Satz schon von Omi gehört? Ich hoffe ehrlich, dass ich nicht so alt werden muss wie sie, um mir diese Frage nur noch selten zu stellen.

Katharina

Omas Füße waren neuerdings so geschwollen, dass sie nicht mehr in ihre Hausschuhe hineinpassten. Also brachte ich von zu Hause ihre Schuhe mit Klettverschluss mit und probierte sie ihr an. Sie passten noch.

Elisabeth war zur Abendessenszeit im Heim. Sie notierte mir: »Wir sind vom Bett zum Stuhl gegangen bzw. wir haben Oma unter die Arme gegriffen und sie Stück für Stück nach vorne geschoben. Die Schwester sagte, die neuen Hausschuhe seien nicht stabil genug. Außerdem geht Oma nicht mehr auf dem ganzen Fuß. Nur auf den Zehenspitzen. Sie hält die Arme fest und steif vor die Brust. Sie schaut teilnahmslos, wenn sie im Stuhl sitzt. Lässt alles über sich ergehen. Wenn man sich mit ihr unterhält, wird sie lebendiger.«

Komisch, ich hatte Angst, dass in den nächsten Wochen was passieren könnte. Mit Oma.

»Wir können doch eh nichts machen, wenn der Todesfall eintritt«, meinte Hans. Wieder dieses Wort. Der »Fall«.

»Sei froh. Unter diesen Umständen hättest du Oma eh nicht mehr zu Hause versorgen können.«

Für Opa war es sehr schlimm, das alles mit anzusehen.

Oma bekam ein neues Morphiumpflaster. Es wurde auf die Brust geklebt und mit dem aktuellen Datum versehen. In regelmäßigen Abständen gab es Morphium an den Körper ab. Angeblich sollten damit vor allem die Schmerzen gelindert werden, die durch das ständige Liegen und durch die Bewegungslosigkeit hervorgerufen wurden.

Oma hatte nun offiziell Pflegestufe 1. Im Fachjargon nannte sich das »erhebliche Pflegebedürftigkeit«. Diese begann, wenn täglich durchschnittlich mindestens 90 Minuten Hilfe geleistet werden musste und davon mindestens 46 Minuten auf mindestens zwei Verrichtungen der Grundpflege entfielen. So stand es im Infoblatt.

»Sie ist unser Sorgenkind!«, sagte eine Schwester. »Wissen Sie, ihre Mutter frühstückt vielleicht mal ein Toastbrot, wenn ich ihr die Rinde wegschneide. Mittags isst sie wenig und trinkt wenig. Kein Wunder, dass sie so dürr ist.« Und zeigte mit beiden Händen ihren Taillenumfang. »Das ist zu wenig. Können Sie uns nicht einen Tipp geben, wie wir ihr mehr Kalorien zuführen könnten? Wir wollen sie doch nicht verhungern lassen.«

Ich konnte ihr nicht wirklich weiterhelfen, außer ihr zu versichern, dass wir dieselben Probleme auch schon zu Hause gehabt hätten.

Wir sprachen mit Dr. Legnau, ob sie nicht eine kalorienreiche Zusatzkost bekommen könnte. Er verschrieb ihr Fresubin. Das bekam sie schon früher einmal, nach einer Operation am Darm. Wir nannten diese ballaststoffreiche Flüssigkeit, die mit allen lebenswichtigen Nährstoffen versetzt war, seitdem »Astronautennahrung«. Ein Tetrapack enthielt 200 ml. Zwei bis drei Packungen am Tag könnte sie zusätzlich trinken. Falls sie gar nichts mehr essen sollte, sieben bis acht Packungen.

Opa schaffte es heute früh nicht aus dem Bett. Er hatte wieder einen geistigen Durchhänger. Immerhin war vormittags der

Friseur bei ihm. Und nachmittags der Hausarzt. »Immer schlechter geht es mir!«, sagte Opa zu ihm.

Als ich um 15 Uhr kam, war Oma auf dem Klo und Opa las gerade einen Zeitungsartikel. Er zuckte zusammen, als ich auf einmal neben ihm stand. Hatte mich nicht kommen gehört. Er zeigte auf beide Ohren.

»Mielich?«, fragte ich ihn laut. So hieß sein Hörgerätetechniker.

»Ja!«, brüllte er beinahe zurück.

»Wie lange hörst du schon nicht mehr gut?«

»Zwei bis drei Tage.«

Zum Glück hatte ich das Fahrrad dabei. So konnte ich noch schnell zum Mielich fahren. Die Hörgeräte waren verstopft.

Mit Dr. Legnau in seiner Praxis über meine Eltern gesprochen. Anlass war das Thema »Essen« im Allgemeinen und die »Astronautennahrung« im Speziellen.

»In dem Alter braucht der Mensch nicht mehr so viel zum Essen«, sagte er. »Konzentrieren Sie sich jetzt mehr darauf, dass Sie einfach da sind, erzählen Sie, was so los ist, wie es Ihnen geht. Und lassen Sie sich erzählen. Händchen halten. Streicheln. Einfach da sein. Nicht immer nur daran denken, was sie zum Essen brauchen. Eher nebenbei mal fragen, ob sie wieder einen Schluck trinken möchten. Jetzt ist es wichtiger, wie sie auf das Jenseits vorbereitet werden. Es kann schnell gehen oder auch noch lange dauern, man weiß es nicht. Wir Angehörigen sollten uns alle schon mal auf das Ende vorbereiten.«

Ich teilte ihm danach meine Bedenken bezüglich des Personals mit. Dass sie meine Eltern oft wie Kinder behandelten, als ob sie sie entmündigen würden.

»Wissen Sie«, antwortete er, »das Personal ist oft nicht für solche Situationen geschult und die Bezahlung ist miserabel.

Da muss man schon innerlich sehr stark sein, um mit alten und kranken Leuten umgehen zu können. Es sind nur wenige Schwestern, die das können. So wird es für Ihre Eltern doppelt schwer, dass sie sich jetzt beispielsweise von fremden Leuten waschen lassen müssen – was sie über 90 Jahre lang selbst konnten. Stellen Sie sich einmal selbst vor, Sie müssten sich von beinahe wildfremden Menschen den Rock herunterziehen und im Intimbereich waschen lassen und könnten gerade mal noch über die Temperatur des Wassers mitbestimmen.«

In mir wehrte sich alles gegen dieses Gedankenspiel, aber ich versuchte es trotzdem. Oh je, und bei meinen Eltern war dies nicht nur Vorstellung, sondern Realität!

Dr. Legnau war toll. Ich bekam von ihm in kurzer Zeit einen Vortrag über Palliativmedizin einschließlich verschiedener Tipps, wie ich mich verhalten sollte. Er erklärte mir, dass es bei der palliativen Behandlung darum ginge, Beschwerden zu lindern, ohne den Patienten auf Biegen und Brechen heilen zu müssen. Ich dachte bisher, Palliation beträfe nur die Beseitigung von Schmerzen. Dr. Legnau sprach jedoch auch von den sozialen, psychischen und spirituellen Komponenten, für die dann wieder andere Berufsgruppen wie Sozialpädagogen, Therapeuten, Geistliche usw. zuständig seien. Seine Aufgabe als Arzt sei es, den körperlichen Zustand des Patienten zu stabilisieren und seine Schmerzen und sonstigen Beschwerden so weit wie möglich zu lindern.

Nach diesem Gespräch tat mir Mutti noch mehr leid. Zum ersten Mal seit langer Zeit konnte ich sie liebevoll berühren und streicheln. Das Zuhören fiel mir auf einmal viel leichter, das Essen war nebensächlicher geworden. Ich gab ihr etwas zu trinken (ganz nebenbei!), erzählte von zu Hause, vom Garten, was dort alles blühte, wo wir neue Rosenstöcke gepflanzt hatten und was die Enkelkinder so machten. Es war sehr schön.

»Komm bald wieder!«

»Ich komme bestimmt! Darauf kannst du dich verlassen!«

»Wie heißt du eigentlich?«

»Eva. Eva Wagner.«

»Ach ja. Auf Wiedersehen, Elisabeth.«

Simon schlug vor, dass wir uns alle mal zusammensetzen sollten und darüber reden, was wir mit Oma und Opa machen würden, wenn sie nichts mehr essen und trinken wollten oder einer plötzlich schwer krank würde. Ob er oder sie dann noch in ein Krankenhaus eingeliefert werden sollte? Simon war ein Befürworter von passiver Sterbehilfe. Im ersten Moment erschrak ich, als ich dieses Wort – Sterbehilfe – hörte. War es doch durch die Aufbereitung diesbezüglicher Skandale in der Presse viel zu negativ besetzt. Auch das Wörtchen »passiv« davor änderte daran nichts mehr. Simon erklärte mir, was mit diesen Worten überhaupt gemeint war. Man sollte besser von »Sterbenlassen« sprechen, schlug er vor. »Passive Sterbehilfe« oder »Sterbenlassen« bedeutete nie, den Patienten aufzugeben. Sie bedeutete vielmehr, unnötige, sinnlose oder vielleicht sogar schädigende Therapiemaßnahmen zu unterlassen oder abzubrechen. Also zum Beispiel auf künstliche Ernährung, Flüssigkeitszufuhr, Medikamentengabe, Beatmung, Dialyse oder Reanimation zu verzichten. Von passiver Sterbehilfe sprach man nur bei Personen oder Patienten, die selbst nicht mehr einwilligungsfähig waren oder bei denen keine Patientenverfügung vorlag. In allen anderen Fällen konnte der Patient selbst seinen Willen äußern oder hatte ihn schriftlich hinterlegt.

Nur die Tatsache, dass Sterben immer mit Leid, Abschied und Trauer verbunden war, konnte keine Art von Medizin ändern.

Hocherfreut über mein Kommen willigte Oma sofort ein, einen Ausflug in den Garten zu unternehmen. Anschließend beteten wir in der Kapelle ein Gesetz vom Rosenkranz. Sie betete sogar laut mit! Ein Pfleger brachte sie danach wieder in ihr Bett.

Opa im Rollstuhl zu schieben war deutlich mühsamer, wog er doch mindestens doppelt so viel wie seine Frau. Überhaupt musste ich erst lernen, wie man einen Rollstuhl richtig bediente. Aber es gab zurzeit Schlimmeres, als solche Dinge zu lernen.

Mühsamer war noch, ihn überhaupt zu einem Ausflug in den Garten zu motivieren. Ich konnte meist nicht auseinanderhalten, ob sein Sträuben an seiner depressiven Stimmung oder an seiner Bescheidenheit lag. Schwester Anne hatte mich neulich schon darauf angesprochen:

»Mir fällt immer wieder auf, dass ihr Vater kein Aufhebens um seine Bedürfnisse machen will, sich nicht vordrängen oder um etwas bitten will. Er ist sehr bescheiden. Er entschuldigt sich jedes Mal für die Belästigung, wenn er eine Bitte an uns gerichtet hat.«

Als er mitbekam, dass es mich und die Schwestern Mühe kostete, Oma ihr Essen einzugeben, bot er sich selbst an, seine Frau zu füttern. Es täte ihm bloß sehr leid, dass er dafür nicht mehr lange genug stehen könnte.

Die Bescheidenheit – ja, so war mein Vater schon immer. Beide Eltern eigentlich. Sie lebten sehr zurückgezogen und wollten nicht auffallen. Mein Vater war sehr gerecht zu allen Leuten, mit denen er zu tun hatte. Er wollte niemanden benachteiligen. Er kannte keine Vorurteile gegenüber anderen Menschen. Er sagte immer, man müsse erst mal in das Leben dieses Menschen schauen, dann wisse man erst, warum er so geworden sei! Bescheiden, gütig und dankbar, das war er.

Von der Steuerberaterin die Unterlagen fürs Finanzamt zurückbekommen. Alles war fertig, nur die Unterschrift meiner Eltern fehlte noch.

»Was soll ich machen, wenn diese nicht mehr leisten können?«

»Probieren Sie es erst mal. Wenn es nicht geht, wird das Finanzamt bestrebt sein, etwas wegen einer Betreuungsperson einzuleiten.«

Für Opa war es kein Problem. Oma schüttelte sofort den Kopf und sagte, sie könne das nicht. Ich klemmte ihr einen Kugelschreiber zwischen die Finger und hielt ihr das Formular darunter. Ein unleserliches Gekrakel, aber egal, ich hatte es geschafft, dass Oma – vielleicht das letzte Mal – eine Unterschrift geleistet hat.

Eine Postkarte von Schwester Bea lag auf dem Tisch. Aus Dresden. Wegen der vielen Arbeit hatte sie Lust, wegzufahren. Sie denke viel an meine Eltern und die Familie und sie habe gerne bei ihnen gearbeitet. Sie schrieb »Auf ein baldiges Wiedersehen«.

Als ich gehen wollte, rief mich Oma noch mal her: »Ich muss noch etwas Wichtiges mit dir besprechen!«

»Ja?«

»Kannst du mir noch die Fingernägel schneiden?«

Das war alles.

Mit Oma im Rollstuhl zweimal die große Runde im Garten gefahren. Große Runde, das hieß bei uns, einmal um das ganze Altersheim herum bis zum Grillplatz gegenüber vom Eingang, dann einen kurzen Abstecher zum Ententeich. Und heute eben zwei Mal das Ganze. Im Garten bewunderte sie diesmal vor allem die vielen Vögel, die unterwegs waren. Unter jedem Baum wollte sie stehen bleiben, um genau hinzuhören, welche Vogelstimme aus dem Geäst zu hören war. Anschließend wie üblich mit dem Aufzug hoch in die Kapelle zum Beten. Bis ihr das Sitzen wehtat, also nicht lange. Außerdem wollte sie Opa nicht warten lassen.

Mit ihm auch zweimal die große Runde. Bei Oma waren es die Vögel, bei ihm die Bäume, vor allem die riesige Kastanie neben dem Parkplatz, die ihn begeisterten. Ich fragte mich laut, warum nur so wenige Leute im Garten zu sehen waren, wo doch schönstes Wetter war.

»Ach weißt du«, seufzte Opa, »nur wenn Angehörige zu Besuch kommen, wird mal jemand in den Garten gefahren.«

Er bedankte sich überschwänglich für den Ausflug und wurde sofort darauf traurig. »Ich hätte nie gedacht, dass ich einmal auf einen Rollstuhl angewiesen sein würde«, sagte er.

Oma erinnerte mich wie jedes Mal, bevor ich ihr Zimmer verließ, daran, was sie noch alles brauchte. Der Klingelknopf musste so hängen, dass sie ihn ohne Mühe erreichen konnte. Die Uhr so auf dem Tisch stehen, dass sie die Zeit ablesen konnte. Die Tempotaschentücher mussten ordentlich gestapelt und ohne Verpackung auf dem Nachtkästchen liegen. Der Becher mit Mineralwasser musste gefüllt sein.

Auf dem Flur traf ich Schwester Anne. Zu ihr hatte ich sofort Vertrauen gefasst, obwohl sie erst seit einer Woche auf Station 1 arbeitete. Dennoch fiel es mir verdammt schwer, bei ihr meine Kritik an einem Pfleger anzubringen. Oma hatte dem betreffenden Pfleger vor zwei Tagen erzählt, dass sie mit dem Rollstuhl im Garten gewesen wäre und dass es ihr sehr gefallen hätte. Die Vögel und das schöne Grün. Der Pfleger reagierte darauf barsch und desinteressiert: »Ich weiß schon, dass es da schön ist.« Mit einer Stimme, die verletzend auf mich wirkte. Und auf Oma erst recht. Wenn Oma schon mal mit einem Lächeln und mit froher Stimme etwas berichtete! Meine Eltern seien doch noch »Persönlichkeiten« (und werden es immer sein!) und so sollten sie auch behandelt werden, sagte ich zu Anne. Außerdem hätten sie in ihrem Leben viel mehr mitgemacht als wir, allein die zwei Weltkriege. Da können wir sie doch nicht wie Kinder behandeln.

Das mit dem Baden erzählte ich ihr auch. Dass eine Schwester zu einer Kollegin in Omas Beisein gesagt hätte, dass Oma jetzt ihr »Pharao« sei. Weil sie wohl etwas zu viel Creme erwischt hatte und wie eine einbalsamierte Mumie aussah.

Schwester Anne versprach mir, die Vorfälle zu gegebener Zeit im Team zur Sprache zu bringen.

»Aber ich kann Ihnen nichts versprechen«, sagte sie. »Wissen Sie, ich bin auch erst seit einer Woche hier, der Wechsel an Personal ist enorm. Und ich bin die einzige Bayerin im Team. Wenn ein Personalwechsel stattfindet, kommen nur Ausländer. Ich tue mir schwer, wenn ich was einbringen will. Da braucht es viel Taktgefühl! – Und dabei ist Ihre Mutter so liebenswert! Sie erzählt so viel, von ihren Kindern und Enkelkindern, ganz freudig. Ihr Vater tut mir leid, wie er mit ansehen muss, wie seine Frau immer weniger wird. Aber das einzige Glück ist, dass sie beide noch zusammen sind!«

Ich war froh, dass Anne heute Oma das Essen eingeben wird. Fronleichnam.

Oma wollte gerne in den Garten, weil dort ein Altar aufgebaut worden war. Aber sie wurde erst um halb 11 Uhr angezogen. Leider. Sie hätte den Schwestern früher Bescheid geben müssen, dass sie zu dem Gottesdienst möchte. Als notdürftigen Ersatz schob ich sie im Rollstuhl in die Kapelle. Alle Heiligen, die ihr einfielen, flehte sie an: »Helft uns doch! Helft uns doch!«

Lange hielt sie es wieder nicht aus. »Jetzt fahren wir wieder heim! Opa soll nicht so lange allein sein«, sagte sie.

Als ich schon längst zu Hause war, passierte wieder was.

Oma wurde von einer Schwester im Rollstuhl auf den Balkon in die Sonne geschoben. Opa sollte später nach draußen nachkommen und Oma wieder reinholen. Die Schwester musste wieder weiter. Nach einiger Zeit ging Opa tatsächlich nach draußen. Dabei übersah er die Schwelle an der Balkontür, stürzte auf den Balkon hinaus und blieb liegen. Dort gab es allerdings keinen dieser roten Alarmknöpfe, wie sie sonst an allen möglichen Stellen angebracht waren. Abgesehen davon, dass er sowieso keinen hätte erreichen können. Oma schaffte es, durch Hilferufe einen Spaziergänger auf sich aufmerksam zu machen, der zufällig vorbeikam. Dieser alarmierte die Schwestern.

Als ich die Geschichte am Telefon erfuhr, hatte sich Opa bereits wieder erholt. Verletzt hatte er sich zum Glück nicht.

»Die Unterlagen für die Einkommenssteuer liegen links oben im Schrank. Ganz wichtig! Thomas soll sie durchschauen und wegschicken«, begrüßte mich Opa heute ganz geschäftig. Sein Geist wirkte fit und präsent wie lange nicht mehr. Aber… Seine linke Hand war verbunden und die linke Schläfe aufgeschlagen.

Schon wieder ein Sturz?

»Ach, der linke Ellenbogen ist auch geprellt, am linken Oberarm habe ich noch eine Schürfwunde und die linke Hand in Richtung Daumen ist ganz blau und rot unterlaufen«, kommentierte er ganz lapidar, als sei das für ihn schon allmählich Routine. Der Notarzt hatte bereits alles untersucht und die Wunden versorgt.

Oma bekam einen Einlauf, weil sie seit einer Woche keinen Stuhlgang mehr hatte. Die Bauchschmerzen quälten sie bereits seit Tagen. Nach dem Einlauf mussten ihr zwei Schwestern helfen, auf den Toilettenstuhl zu kommen. Diese 50 Zentimeter Weg waren eine Quälerei! Die Handtücher, die Hausschuhe, der Boden, alles war versaut, weil sie den Urin nicht mehr halten konnte.

Danach wurde sie wieder ins Bett gelegt, im Nachthemd, vollkommen erledigt. Ich erhaschte einen Blick auf ihre Beine. Von den Zehen aufwärts geschwollen, die Unterschenkel ganz blau von den Venen.

Besuchsalltag
(31.5.05-10.7.05)

»Wenn ich die Wand anschaue, sehe ich ganz andere Sachen«, erzählte Oma. Sie war durcheinander. »Als ich auf dem Toilettenstuhl saß, hat mich jemand angeschaut. Jetzt ist er wieder weg. Schrecklich. Was machen wir jetzt damit? Das liegt sicher an den neuen Pillen, die ich bekomme. Jemand geht weg und kommt wieder.«

Opa war heute auch verwirrt, aber sagte, dass Marja ein Engel sei. Schwester Marja kam aus Polen. Sie sprach meine Eltern mit ihrem Namen an, wenn sie etwas mit ihnen machte, erklärte ihnen im Voraus jede Tätigkeit, hörte ihnen zu, auch wenn sie es eilig haben müsste. Ich erzählte ihr, wie sich meine Eltern vor über 64 Jahren kennengelernt hatten. Und jetzt so etwas wie eine Symbiose bildeten, weil einer ohne den anderen nicht mehr konnte.

»So etwas wie Ihre Eltern, so eine lange Ehe und der liebevolle Umgang, das muss man heutzutage suchen. Ich habe ihre Eltern liebgewonnen.«

Dabei fing sie an zu weinen und rieb sich die Augen. Spontan umarmte ich sie.

Sie wischte sich die Tränen aus dem Gesicht:

»Ich muss ihnen noch eine Geschichte erzählen. Wissen sie, es ist eine absolute Ausnahme, dass ein Ehepaar gemeinsam seine letzten Jahre in einem Pflegeheim verbringt. Meistens sind es doch nur die Frauen, die hier landen. Vor einigen Jahren wohnte hier ein Pärchen wie ihre Eltern. Sie hatten sich auch während des Krieges kennengelernt, irgendwo im Osten. Als ihr erstes Kind gerade mal drei Jahre alt war, mussten sie bei Nacht und Nebel auf einem alten Holzkarren in Richtung Deutschland fliehen. Tagelang waren sie unterwegs, bei Eiseskälte und ohne Essen. Das Kind überlebte die Flucht nicht. Dieses schreckliche Erlebnis schweißte die beiden so sehr zusammen, dass ihre Liebe nie Schaden nahm.

Als ich eines Abends in ihr Zimmer kam, stand der alte Herr gedankenverloren am Fenster und starrte hinaus in die Dunkelheit. Ich fragte ihn, was in ihm vorginge. Er antwortete: ›Wenn meine Frau vor mir sterben sollte, dann springe ich hier hinaus. Ohne sie will ich keinen Tag leben!‹

Seine Frau starb vor ihm. Nur war er mittlerweile selbst an den Rollstuhl gefesselt und schaffte es nicht mehr, auf den Fenstersims zu klettern. Zwei Wochen später folgte er ihr nach.«

Ich war gerührt. Von der Geschichte und auch von der Menschlichkeit der Schwester. Es gab immer wieder einige, die auf die Bedürfnisse der Kranken eingingen wie z. B. Schwester Anne oder Marja.

Oma klebten neuerdings 2 Morphiumpflaster auf der Brust, jeweils mit derselben Dosis. Sie erzählte wieder von dem schwarzen Mann, der kam und ging. Manchmal führte sie ihre Halluzinationen auf das Morphium zurück, manchmal war sie sich nicht mehr sicher, ob es sich wirklich um Halluzinationen handelte. Sie kannte diesen schwarzen Mann, da er sie früher oft in ihren Träumen verfolgt hatte. Ob er nun gut oder böse war, konnte sie nicht sagen. Wenn ihre Angst zu groß wurde, versuchte sie, ihn zu bannen, indem sie ihn auf Papier zeichnete und das Papier dann zerknüllte oder in kleine Stücke riss.

Mit Hans führte ich heute eine anstrengende Diskussion darüber, ob kranke Menschen, die gläubig waren, ihr Leid besser annehmen konnten als »Gottlose« (wie Hans es ausdrückte) und so anderen ein Vorbild sein konnten. Er schimpfte darüber, dass meine Eltern unablässig mit ihrem Schicksal hadern würden und von ihnen kein Fünkchen an positiver Energie mehr ausgehen würde. Wie wollte er die Tiefe ihres Glaubens beurteilen? Ich weiß, dass beide sehr gläubig waren und es noch sind. Dass er den Begriff »Gottlosigkeit« verwendete, fand ich verletzend, aber ein Fünkchen Wahrheit fand sich in seiner Aussage dennoch. Andere Bewohner des Altenheims und sogar der Pflegestation gingen mit ihrem Schicksal (wenn es denn ein solches gab) völlig anders um. Mir fiel da zum Beispiel die Frau Blumenthal ein, eine winzig kleine, hutzelige Frau im Rollstuhl, die ganz vorne im Gang ihr Zimmerchen hatte. Bei ihr gab es kein »den ganzen Tag im Bett dahindämmern« und die Augen vor der Welt draußen verschließen. Als neulich ihre Tür offenstand, sah ich sie vor einem alten Schreibtisch sitzen und Fremdsprachen lernen. Einfach so! Nur, um ihren Verstand zu ölen, nicht, um die Sprachen jemals anzuwenden. Und in einer Zimmerecke standen eine Handvoll selbstgemalter Ölbilder herum! Es ging also auch anders. Aber ob die positiven Energien, die Frau Blumenthal ausstrahlte, etwas mit ihrer Gläubigkeit zu tun hatten, sei dahingestellt.

Opas Blutdruck war enorm hoch. Zweihundert zu irgendwas. Er hatte heute schon mehrmals ein blutdrucksenkendes Spray in den Mund bekommen. Deshalb durfte ich ihn trotz oder gerade wegen des strahlenden Frühlingstages nicht mit in den Garten nehmen. Zu heiß. Neben seinem Bett lag eine Liste, auf der die Flüssigkeitszufuhr eingetragen wurde. Regelmäßig forderte ihn das Pflegepersonal auf, mehr zu trinken. Opa war sichtlich genervt.

»Ich habe doch schon Kaffee getrunken. So viel kann ich nicht trinken, die Blase hält doch nicht!«, schimpfte er in Anwesenheit einer Schwester.

»Dafür können Sie ja dann aufs Klo gehen, dafür ist es doch da«, gab sie schnippisch zurück.

Die Batterien vom Hörgerät waren schon wieder leer. Vielleicht besser so, bei solchen Antworten. Nur Oma belastete es sehr, dass sie sich ihm gar nicht mehr verständlich machen konnte. Wenn er nicht zufällig zu ihr hinsah, konnte sie sagen, was sie wollte, er reagierte nicht. Elisabeth und ich überlegten gemeinsam, wie wir unseren Eltern beim »Kommunizieren« helfen könnten. Zum Beispiel, indem wir »Sprachrohr« spielten und Omas Sätze laut und deutlich direkt an Opas Ohr wiederholten.

Mit Oma kurz draußen. Ich genoss die warme Frühlingssonne, die frischen Farben, das Zwitschern der Vögel. Oma dachte nur daran, ob ihre Mütze auch richtig auf dem Kopf saß und ob sie sich so überhaupt vor fremden Leuten zeigen konnte.

Bei unserem heutigen Abstecher in die Kapelle rollte uns im Mittelgang zwischen den Sitzbänken schwungvoll ein älterer Herr im Rollstuhl entgegen. Seine Haare glänzten silbern und waren akkurat nach hinten gekämmt. Um seinen Hals war locker ein karierter Schal gelegt. Er begrüßte Oma mit einem herzlichen und kraftvollen Handschlag. Erst jetzt erkannte ich an seinem schwarzen, bodenlangen Gewand, dass es sich um einen Priester handeln musste.

»Grüß Gott, Pater Schönfeld«, sagte Oma. Sie schien ihn bereits zu kennen. »Wenn wir Besuch haben, kommen wir immer in der Kapelle vorbei, um ein paar Gebete zu sprechen.«

»Dann seien Sie dankbar, dass Sie noch aus dem Zimmer kommen. Im zweiten Stock liegen viele Leute, die das Bett nicht mehr verlassen können. Aber wenn Sie es wünschen, besuche ich natürlich auch Sie und Ihren Mann auf ihrem Zimmer.«

Er erzählte uns, dass er selbst Bewohner des Altenheims sei, aber seine Berufung als Priester dennoch nicht ablegen möchte. Der Schlaganfall, der ihn im Alter von 65 Jahren ereilt hatte, hatte ihn scheinbar nicht sonderlich aus der Bahn geworfen. Zum Abschied gab er Oma den Segen und wendete seinen

Rollstuhl in Richtung Aufzug. Er hatte noch eine Menge Besuchstermine bei anderen Bewohnern.

Oma sagte: »Es ist so schön, wenn ihr mit mir in den Garten und in die Kapelle geht. Auch wenn wir nur kurz dort sind, Gott weiß, dass wir da sind, und gibt uns Kraft.«

Ich erinnerte mich an ihre verzweifelten Tage vor einem halben Jahr. »Ich bete und Gott hilft mir nicht!«, kam ihr damals täglich mehrmals über die Lippen. Ich war froh, dass sie ihr altes Vertrauen ins Gebet wiedergefunden hatte. Das Beten spielte in ihrem Leben schon immer eine große Rolle. Wie oft hatte Oma mir früher gesagt:

»Du weißt gar nicht, wie oft ich schon den Rosenkranz für dich gebetet habe. Wenn ich nachts nicht schlafen kann, dann bete ich für euch.«

In diesem Punkt hatte Hans möglicherweise recht: Das Gebet half religiösen Menschen, sich mit dem Sterben abzufinden. Nicht zuletzt half es auch uns Angehörigen. Bei aller Hilflosigkeit gab es immer noch etwas, was wir tun konnten: Zusammen mit den Patienten oder auch allein für sie beten. Und bei aller Nutzlosigkeit und allem Ausgeliefertsein, das Kranke oder alte Menschen empfinden mögen, durch Beten für andere oder für sich blieb ihnen noch eine letzte Möglichkeit, aktiv etwas zu tun!

Ich wäre noch gerne eine Weile sitzen geblieben, um die Ruhe und die Kraft aufzusaugen, die ich in der halbdunklen Kapelle verspürte. Doch Oma drängte wie immer bald zum Aufbruch. Opa. Er brauchte sie doch. Als ich sie nur für ein paar Sekunden auf dem Flur stehen ließ, um die Tür zu öffnen, fragte mich Opa voller Sorge, wo ich denn Oma gelassen hätte! Für ihn wird es furchtbar sein, wenn Oma zuerst stirbt, so aufgeregt wie er war, wenn sie mal nicht da war. Oft waren es nur 10 Minuten, die wir im Garten oder in der Kapelle verbrachten. Als er noch besser laufen konnte, stand er dann auf und streifte durch die Gänge, um sie zu suchen. Er wollte seine Frau beschützen und für sie da sein, solange es nur ging.

Oma schwärmte mir von einer großen, stattlichen Frau vor. Irgendeinen Adelstitel hätte sie ihn ihrem Namen und trage ein Abzeichen am Kleid. Sie sei sehr nett und käme mittags jetzt öfters zum Esseneingeben vorbei. Ach ja, das war die Frau, die mir kürzlich mit einer Dame im Rollstuhl im Garten entgegerkam! Damals war sie mir schon bekannt vorgekommen, aber erst jetzt erinnerte ich mich, dass ich über ihre Familie neulich etwas im Regionalteil unserer Tageszeitung gelesen hatte. Ihr Mann und seine Verwandtschaft besaßen mehrere Schlösser über Deutschland verteilt. Sie selbst war Mitglied im Hospizverein, daher wohl das Abzeichen an ihrem Kleid. Ich dachte mir damals, wie bescheiden und nett Adlige sein können. Sie machte den alten Leuten eines der schönsten Geschenke, die es für sie noch geben konnte: Zeit.

Elisabeth teilte mir am Telefon mit, dass Oma jetzt in Pflegestufe III und Opa in Pflegestufe I wäre. Was, so schnell von Stufe I auf III? Ich hatte gar nicht mitbekommen, dass schon wieder ein Gutachter vom Medizinischen Dienst da gewesen war.

»Oh jemine, Eva, schau mal, was die mir heute verpasst haben!«

Opa klopfte sich mit beiden Händen auf seine Hüften. Es klang hohl.

»Darf ich mal schauen?«, fragte ich. Ich zog sein Hemd ein Stück nach oben. Ein Monstrum von Unterhose! Das hatte ich noch nie gesehen. Sie war rechts und links mit harten Schalen aus Kunststoff versehen. Opa sah aus, als wäre er in zwei Muschelschalen eingeklemmt. Die taten ihm weh, wenn er sich auf die Seite legen wollte. Schwester Anne kam herein, um Opa den Arm neu zu verbinden. Sie erklärte mir, dass es sich um

Hosen mit Hüftschutz handelte. Damit er sich bei einem Sturz nicht verletzte. Kosten: 79,95 Euro.

Anne bot Opa an, einen zweiten Rollstuhl zu besorgen, damit er zusammen mit seiner Frau in den Garten geschoben werden könnte.

Opa wollte nicht. Er war noch zu aufgeregt wegen der Hose.

»Wissen Sie, dass ich Ihre Eltern sehr gern habe«, flüsterte mir Anne zu. »Wir hatten letzte Woche viel Spaß miteinander. Besonders mit Ihrem Vater. Er hat mir einige lateinische Wörter genannt, die ich auch noch von früher kannte. Ich sage Ihren Eltern immer, sie sollen ruhig öfter läuten, wenn sie etwas brauchen. Aber das tun sie nicht. Besonders ihr Vater. Der will alles selbst machen.«

Ich werde ihr bald mal einen Strauß Blumen mitbringen.

Ich kaufte gleich zwei Blumensträuße. Für meine Eltern auch einen. Aber bei ihnen standen schon frische Margeriten im Zimmer. Also schenkte ich mein Mitbringsel kurz entschlossen dem jungen Pfleger Hakan, nachdem er mir geholfen hatte, Oma aus dem Bett zu heben.

»Sie sind ja wirklich schwer geworden.«, grinste er sie schelmisch an. »Wie gut, dass ich so stark bin.«

Oma musste lachen und tätschelte ihm wohlwollend die Hand. Für sein kleines Geschenk voller Lebensfreude waren die Blumen gerade recht.

Mir fiel eine Anekdote ein, die Opa früher gerne erzählt hatte. Es war vor etwa dreißig Jahren, Katharina war gerade mal vier Jahre alt, so alt wie Luca heute. Opa pflegte damals regelmäßig das Grab seiner Schwiegereltern. Er setzte im Frühling und Herbst neue Pflanzen, jätete Unkraut, stellte neue Grablichter auf. Katharina nahm er häufig mit. Dazu montierte er den Kindersitz an den Lenker seines alten schwarzen Fahrrads. Katharina liebte diese Ausflüge mit »ihrem« Opa. Auf einem dieser Ausflüge starrte sie scheinbar völlig weggetreten in die Erde des Familiengrabes.

»Kind, was hast du? Ist dir nicht gut?«, fragte Opa besorgt.

Katharina blickt entschlossen auf: »Opa, wenn du mal dort unten liegst, dann gieße ich dich!«

Oma schlief heute viel. Wenn sie wach war, hielt sie die Augen dennoch geschlossen.

»Ein dunkler Mann war gestern da und hat mich im Rollstuhl herumgeschoben. Wer war das?«, fragte sie.

War das wieder der dunkle Mann aus ihren Halluzinationen? Zum Glück nicht. Wir kamen bald darauf, dass es Thomas, Elisabeths Mann, gewesen sein musste.

Als ich mich gerade zur Tür wandte, sagte sie:

»Immer wenn du gehen willst, will ich dir noch so vieles sagen. Aber es fällt mir nicht mehr ein. Nicht mal mehr dein Name fällt mir ein.«

Ich schrieb ihr gleich alle Vor- und Nachnamen unserer Familie auf. Auch ihren eigenen. Der fiel ihr auch nicht mehr ein.

»Kannst du das überhaupt noch lesen?«

»Kaum.«

»Kommt der Augenarzt mal wieder?«

»Der war vor ein paar Wochen da. Er meinte, da könne man nichts mehr machen.«

Ich blieb zum Abendessen, schmierte Opa die Brote und schnitt sie ihm ihn kleine Würfel. Oma fütterte ich. Es gab Grießbrei mit Apfelmus. Drei Viertel der Menge aß sie auf.

Nach dem Abendessen kam Dr. Legnau vorbei. Er konnte seine Besuche erst machen, wenn die Praxis geschlossen war. Er maß bei Opa den Blutdruck und hörte die Lunge ab. Nach dem Schwächeanfall morgens wieder alles in Ordnung.

Als er Oma fragte, ob sie irgendwo Schmerzen hätte, überlegte sie lange.

»Eigentlich tut mir nichts weh.«

»Wenn Sie schon so lange brauchen, herauszufinden, was Ihnen wehtut, ist das ein gutes Zeichen!«

Später ging ich mit ihm vor die Tür. Erzählte ihm, dass meine Eltern vom Sterben gesprochen hätten.

»Ich weiß, es ist schwer für Sie«, sagte er. »Aber es ist eine Herausforderung, die Sie jetzt annehmen sollten. Sie dürfen jetzt den beiden auf keinen Fall das Gefühl geben, sie würden allein gelassen. Wenn wir unsere Eltern beim Sterben begleiten, können wir auch etwas für uns selbst lernen.«

»Ich tue mir sehr schwer mit der Sterbebegleitung!«

»Das kriegen Sie schon hin. Fragen Sie nach Erlebnissen aus der Jugendzeit ihrer Eltern, solange das noch geht. Denn ohne die Zwei wären sie nicht hier auf der Welt. Wenn Ihr Vater selbst vom Sterben spricht, dann antworten sie und erzählen, was sie darüber denken, aber nur dann. Wenn Sie mal meinen Rat brauchen, können Sie jederzeit zu mir kommen.«

Ich erzählte ihm davon, dass Elisabeth und ich überlegten, ob wir unsere Besuchsregelung nicht ändern könnten. Wir wechselten uns zwar mit den Besuchen im Altersheim ab, aber dennoch wurde es uns oft zu viel. Insgeheim wünschten wir uns, immer wieder mal mehrere Tage Abstand zwischen den Besuchen zu lassen. Dr. Legnau fragte daraufhin nur:

»Können Sie das aushalten, wenn Sie nicht so oft kommen?«

Gute Frage. Die ich mir noch nicht gestellt hatte. Eigentlich nicht, dachte ich. Ich konnte das nicht gut aushalten. Der innere Zwang war zu stark. »Komm zu uns, lass uns nicht allein, wir brauchen dich doch!«, rief es unaufhörlich in mir. Riefen meine Eltern in mir. War es so? Dr. Legnau machte mich auf eine alternative Sichtweise aufmerksam:

»Kann es nicht sein, dass die Zeit erträglicher ist, wenn Sie bei Ihren Eltern sind? Es ist zwar verdammt schwierig mit anzusehen, wie es ihnen immer schlechter geht, aber solange Sie bei ihnen sind, kann ihre Fantasie wenigstens nicht mit ihnen durchgehen und Sie mit Sorgen überschütten. Auch wenn Sie hier oft nur hilflos herumsitzen, Sie tun zumindest nichts Falsches.«

Mir wurde bewusst, wie viel ich noch zu lernen und zu reifen hatte. Ich bewunderte Dr. Legnau. Ihm konnte ich vertrauen, er war wie ein Engel für mich.

»Komm bald wieder und lass uns nicht allein!«, rief Opa zum Abschied. Diesmal war es nicht meine innere Stimme, die das rief.

»Ich komme ganz bestimmt wieder und lasse euch nicht allein!«

Bei Oma wurde Blut im Urin entdeckt. Sie ins Krankenhaus bringen, machte das jetzt noch Sinn? Der Doktor wollte es erst einmal mit Antibiotika versuchen.

Um 15 Uhr fuhr ich mit dem Bus ins Heim.

»Gut, dass du kommst!«, freute sich Oma. »Ich will raus!«

Ich warf einen fragenden Blick zu Opa. Doch er ermunterte uns. »Fahr du lieber mit Mutti raus, die kommt sonst nirgends mehr hin. Ich kann mich wenigstens noch im Zimmer bewegen.«

»Sind meine Haare noch schön?«, versicherte sich Oma. »Muss ich wirklich nicht zum Friseur?«

»Nein, sicher nicht.«

Die Fingernägel schnitt ich ihr auch noch. Erst dann war sie bereit für den Ausflug. Lange beobachteten wir den Kampf eines großen Kolkraben mit einer Walnuss. Unermüdlich versuchte er, sich die Nuss in den Schnabel zu klemmen und ins Gebüsch zu transportieren. Doch jedes Mal sprang sie ihm wieder wie ein Gummiball davon, bis sie schließlich unter ein parkendes Auto rollte. Der Rabe legte seinen Kopf schief, warf einen suchenden Blick unter das Auto und flog davon. Es machte mich glücklich, dass Oma an so kleinen Dingen Gefallen finden konnte.

Auf dem Rückweg begegneten wir Herrn Schönfeld, dem Priester im Rollstuhl. In der Zeit seit unserem ersten Zusammentreffen in der Kapelle war er häufig bei meinen Eltern im Zimmer gewesen. Mit einem Strahlen in den Augen schwärmte er von der Harmonie, die ihn in ihrem Zimmer empfing. Die innige Verbindung zwischen diesen zwei Menschen wäre spürbar, obwohl sie kaum mehr Worte austauschen könnten, sagte er.

Mehr noch als fromme Worte war es für ihn ein Gebet, wenn er mit den Leuten einfach nur redete, auch mit den Sterbenden. Ich dankte ihm dafür, dass er ab und zu bei meinen Eltern vorbeischaute, sie hätten seelischen Beistand so nötig.

Er unterhielt sich eine Weile mit Oma. Bei ihr hätte er mehr den Eindruck, dass sie für »seelischen Beistand« empfänglich sei, sagte er mir später. Opa zeigt sich ihm gegenüber eher verschlossen.

Abends waren wir ins Theater eingeladen. So waren wir etwas in Eile, als Hans und ich am späten Nachmittag im Altersheim vorbeischauten. Es passte uns gar nicht in den Kram, dass uns gerade jetzt eine Schwester gleich wieder vor die Tür setzte, weil sie Opa erst noch »fertigmachen« müssten, das würde noch ungefähr zehn Minuten dauern. »Opa fertigmachen«, so ein blöder Ausdruck. Aber das sagten hier viele. Und meinten damit die Bewohner umziehen, wickeln, ihr Bett aufschütteln und so weiter.

»Ihre Mutter liegt im Bett«, sagte die Schwester. »Sie hatte die ganze Nacht schlimmen Durchfall.«

Als ich das von dem Durchfall hörte, musste ich sofort an das Blut im Urin denken. Da konnte ich nicht wieder so kurz vor der Tür umdrehen? Wenn es etwas Schlimmeres war? Vielleicht gar Krebs? Ich muss unbedingt noch mal bei Dr. Legnau nachfragen, was die Untersuchungen ergeben hatten! Hatte er nicht gesagt, in diesem Alter könnte der Krebs nicht mehr so viel anrichten? Hoffentlich hatte er damit recht.

Opa saß zusammengesunken und blass auf einem Stuhl. Er sah aus, als wäre er mindestens zehn Zentimeter geschrumpft. Wenn der Stuhl keine Armlehnen gehabt hätte, wäre er hinuntergefallen.

Opa wollte etwas zu Oma sagen. Er sprach langsam und leise. Nicht mal Oma, der sonst kein Geräusch entging, verstand ihn.

Es war mir nicht geheuer mit ihm.

Ich erzählte Opa, dass ich nachher noch auf einem Geburtstag eingeladen sei und morgen nicht kommen könnte, weil ich Erdbeermarmelade einkochen würde. Das erste Jahr allein, ohne Oma.

»Das ist doch schön, wenn du noch etwas vorhast!«, sagte er. Dieser Satz hörte sich gleichzeitig erfreut und traurig an. Er gönnte mir die Abwechslung. Freute sich für mich. Ganz tief dahinter versteckt ahnte ich die Trauer, die Resignation darüber, dass er selbst nichts mehr unternehmen konnte. Dass es für ihn keine Perspektiven gab. Außer auf den nächsten Besuch oder die nächste Mahlzeit zu warten. Darauf zu warten, dass das Warten ein Ende hat.

»Weiß Oma eigentlich noch, dass du und Elisabeth ein Bindeglied zur lebenden Welt und zur Familie seid?«, fragte mich Opa. »Eure Aufgabe ist es, den Faden zwischen uns und der Welt draußen nicht abreißen zu lassen. Meine einzige Lebensaufgabe ist es jetzt, überhaupt den Kontakt mit dem Leben aufrecht zu erhalten.«

»Auf Eva ist Verlass«, murmelte Oma dazwischen.

»Warst du in letzter Zeit mal auf dem Friedhof?«, fragte mich Opa.

»Nein, schon länger nicht mehr. Aber Elisabeth hat die Schale neu bepflanzt.«

»Es wird nicht mehr lange dauern, dann könnt ihr eine »Dauerschale« begießen!«

Als Hans und ich nach dem Sommerfest der Pfarrei Oma und Opa in ihrem Zimmer besuchten, kamen wir kaum zu den Betten durch. Luca saß am Boden und hatte mit seiner Holzeisenbahn ein Schienennetz durch das ganze Zimmer gebaut. Der Bahnhof war neben Opas Pantoffeln, das Abstellgleis führte unter Omas Bett. Mit schnaubenden Geräuschen ließ er eine alte Holzlokomotive im Kreis herumfahren. Opa war wie ausgewechselt. Ordentlich angezogen saß er auf der Bettkante. Sogar die Hosenträger waren richtig herum befestigt und seine Gesichtsfarbe war rosig.

»Ich habe gerade an euch gedacht«, sagte er. »Es ist nämlich ein Sonnenstrahl zum Zimmer hereingekommen, da dachte ich, jetzt könnten sie kommen. Und schon seid ihr da.«

Hans half Oma aus dem Bett und setzte sie in den Rollstuhl. Wir breiteten die gelbe Fleecedecke über ihren Beinen aus. Trotz der Hitze draußen wollte sie auf den Kopf noch eine Mütze. Dann ging es eine Runde in den Garten. Natürlich erst, nachdem wir trotz Lucas lautstarkem Protest ein paar Schienen zur Seite geräumt hatten.

Für mich war es heute so erhebend schön bei Oma und Opa wie selten. Opa war gut drauf und Oma wollte so gerne hinaus in die frische Luft. Und danach sogar im Stuhl sitzen bleiben, bis das Essen kam. Sie aß super. Mindestens die Hälfte vom Brei. Ich fütterte sie mit einem kleinen Teelöffel. Es war mittlerweile schön mühsam. Wegen der Steifheit, die auch die Gesichtsmuskulatur betraf, konnte sie den Mund gar nicht mehr weit öffnen. Ich füllte sowieso nur die vordere Hälfte des Löffels mit Brei und führte ihn trotzdem stets zweimal zum Mund, bis er geleert war.

Danach musste Oma aufs Klo. Auf mein Klingeln hin kam sofort eine Schwester mit einer Praktikantin im Schlepptau. Die Praktikantin schaffte es, Oma exakt in den wenigen Sekunden, in denen sie von der Schwester vom Bett zum Klostuhl gedreht wurde, die Hosen herunterzuziehen. So musste Oma nicht stehen. Beziehungsweise die Schwester nicht so lange halten. Stehen wäre übertrieben. Omas Füße waren schon in einer Position erstarrt, als wollte sie auf Zehenspitzen laufen. Obwohl sie ihr im Bett immer diese Polster unter die Fußsohlen steckten, damit sie keine Spitzfüße bekam. Wenn man sie auf die Fußsohlen gestellt hätte, wäre sie einfach nach hinten umgekippt. Ich bewunderte die Schwestern, mit welcher Mühelosigkeit sie Oma hin und her bewegten. Auch wenn sie nicht mehr schwer war, kam es mir jedes Mal vor, als würde ich mir einen Bruch heben, wenn ich es selbst versuchte.

Den Toilettenstuhl schoben sie ins Bad und verließen den Raum. Ein letzter Rest Intimsphäre. Ich wartete neben Oma und sollte die Schwestern wieder rufen, wenn sie fertig war. Sonst legten sie die rote Schnur mit der Alarmklingel immer auf die Armlehne des Toilettenstuhls, damit Oma selbst jemanden zum Po abwischen und ins Bett bringen anfordern konnte. Ich hatte schon oft mitbekommen, dass sie dann auch mal zehn Minuten oder länger auf dem Klostuhl warten musste, bis jemand kam. Mit heruntergezogenen Hosen. Aber was soll man machen? Manchmal – oder meistens – waren eben alle Schwestern und Pfleger gleichzeitig irgendwo beschäftigt. Heute leistete wenigstens ich Oma Gesellschaft. Und war nervös, denn da war ja noch die alte Geschichte mit dem dunklen Urin, der vor ein paar Tagen aufgetreten war. Ich wartete also gespannt – und war richtig erfreut, als ich das Ergebnis sah:

Der Urin war wieder hell und es waren sogar ein Paar Kugeln Stuhlgang gekommen. Super!

Heute kamen die Schwestern sofort. Eine legte Omas Arme um ihre Hüften, die andere wischte den Po ab, zog ihr die Unterhose und die schwarze Hose wieder hoch. Ich sah den kreisrunden blutunterlaufenen Abdruck, den das Loch des Toilettenstuhls auf Omas Hintern hinterlassen hatte. Die schwarze Hose schlotterte Oma nur so um die Hüften. Wir hatten schon einen Gummizug in den Hosenbund eingenäht, damit sie überhaupt noch hielt. Früher war ihr die Größe 40/42 gerade recht.

Um Oma ins Bett zu heben, nahm eine Schwester sie unter den Armen und unter den Knien und legte sie hinüber. Dabei stolperte sie über die Fußstütze des Klostuhls und wäre beinahe auf Oma draufgefallen.

»Jetzt wären wir beinahe zusammen im Bett gelandet, das wäre was gewesen!«, schmunzelte sie.

Ein Grinsen breitete sich über Omas Gesicht aus, so richtig von einer Backe zur anderen. So lächeln sah ich Oma schon lange nicht mehr, vielleicht früher, als sie noch gesund war, aber auch da nur selten. Ein besonderer Moment!

Hans unterhielt sich in der Zwischenzeit mit Opa. Er kündigte ihm an, dass er nächste Woche die Rechnung von der Dachrinnensanierung mitbringen würde, um sie von ihm überprüfen zu lassen.

»Ich glaube dir schon, Hans, dass du alles recht machst und sorgsam mit dem Geld umgehst«, wehrte Opa ab.

»Aber dann weißt du wenigstens, wo dein Geld hinkommt!«

Das war Opa im Moment völlig egal. Ihn plagte gerade mehr der Gedanke, dass am Montag schon wieder ein Gutachter vom Medizinischen Dienst vorbeikommen würde, um ihm eine Menge Fragen zu stellen. Um ihn eventuell von Pflegestufe I auf Stufe II hinaufzusetzen. Stufe II – das würde ihn mit dem

Stempel »schwerstpflegebedürftig« versehen. Mindestens drei Mal fing Opa mit dem Thema an.

»Diese Prozedur kennst du doch schon!«, versuchte Hans ihn zu beruhigen. »Das kannst du ganz entspannt angehen.«

»Ja schon, die fragen mich, wie gut ich sehe, wie gut ich höre, was ich noch allein machen kann, eine Menge Fragen eben. Aber ich habe doch gar keine Anweisung dafür gegeben«, empörte sich Opa. Schlimmer als die Sache mit der Pflegebedürftigkeit war für ihn wohl, dass mit ihm etwas passieren sollte, ohne dass er vorher ein Mitspracherecht gehabt hätte.

Verwirrungen
(12.7.05 –8.8.05)

Als ich mit Oma aus dem Garten kam, schob ich sie an den Tisch, um sie dort zu füttern. Eigentlich war sie heute bisher gut gelaunt und vor allem klar im Kopf gewesen. Doch plötzlich sagte sie:

»Neben mir fühle ich einen Mann. Neben mir steht ein Mann. Ist das Opa?«

»Nein. Opa liegt im Bett.«

»Doch, neben mir steht ein Mann.«

»Aber dass ich vor dir sitze, das siehst du?«

»Ja, du sitzt vor mir, das weiß ich. Hinter mir fühle ich eine schwarze Hand, die näher kommt und mich berühren möchte! Es ist unheimlich!«

Ich sprach später mit Elisabeth darüber.

»Sind das wieder solche Halluzinationen wie im Krankenhaus nach der Vollnarkose?«, überlegte sie.

»Es könnten aber auch schon Vorahnungen oder Vorzeichen sein, du weißt schon…«

»Der schwarze Mann wird doch nicht schon der Boandlkramer sein. Beim Sterben sieht man doch angeblich einen schwarzen Tunnel.«

Hans meinte auch, es könnten Vorahnungen auf ein baldiges Ende sein. Ich muss das mal mit jemandem besprechen, der schon einen lieben Menschen verloren hat; wie das so ist, ob die Leute vorher etwas ahnen oder sagen. Simon sagte, aus medizinischer Sicht könnte es sich um optische Halluzinationen handeln, wie sie bei einer Demenzerkrankung auftreten können. Es sei typisch für diese Halluzinationen, dass die Demenzkranken dabei nicht anwesende Personen im Raum sähen, mit denen sie bisweilen sogar Gespräche führten. Im Anfangsstadium wüssten die Leute noch, dass diese Vorstellungen nicht real seien. Oma war sich da nicht mehr so sicher. Aber medizinische Erklärung hin oder her, es könnte trotzdem eine symbolische Bedeutung haben, welchen Inhalt diese wahnhaften Vorstellungen hatten. Mir persönlich erschien so etwas plausibel. Aber dieses Wort – Demenz. Ich glaube, es war das erste Mal, dass es so unausweichlich vor unseren Augen erschien.

Wir bekamen mal wieder Vorwürfe. Von Mareike am Telefon.

»Gestern war ich im Altersheim. Oma hat einen ganzen Becher voll Wasser getrunken. Als ich ihr den Becher zum Trinken hinhielt, fasste ich ihre Hände an. Sie waren eiskalt. Ihr Zustand hat sich dermaßen verschlechtert in den drei Wochen, in denen ich nicht da war. Warum lasst ihr nicht den Arzt kommen? Was sagt der denn zu ihrem Zustand?«

Zunächst versuchte ich noch, mich zu rechtfertigen:

»Doch, er kommt sogar jede Woche vorbei. Trotzdem kann in den drei Wochen, in denen ihr nicht da wart, eine Veränderung stattgefunden haben. Oma ist viel steifer geworden.«

»Und woher kommt das dann, dass sie so kalte Hände hat? Könnt ihr nicht schauen, dass sie besser zugedeckt ist?«

Ich sagte nichts mehr darauf. Das schien sowieso nicht weiter aufzufallen. Mareike sprach weiter:

»Und Opa klagte auch, ihm gehe es ganz mies. Und Oma dämmert nur so vor sich hin. Und dieses triste Zimmer. Hätte ihr sie zu Hause pflegen lassen, hätte Opa nicht so schnell abgebaut. Oma reagiert nicht mehr auf meine Fragen, obwohl ihre Augen offen sind…«

Und so weiter.

Oma hatte Husten. Und nicht mehr genug Kraft, richtig abzuhusten. Das sei schon seit einer Woche so, sagte Schwester Anne. Hans nahm sie gut eingepackt trotzdem mit in den Park. Als sie gerade wieder zurückkamen, klingelte völlig unerwartet das Telefon! Eine Seltenheit. Ich hatte gar nicht mehr daran gedacht, dass der Apparat überhaupt noch angeschlossen war. Eine Frau Füchsle war am Apparat, Opas frühere Sekretärin aus Rosenheim, wo er das Baureferat leitete! Sie war mittlerweile selbst schon 80 Jahre alt.

Nachdem Opa ein paar Worte mit ihr gewechselt hatte (sie musste schreien, dass er sie am Telefon verstehen konnte und er schrie zurück), fragt er sie:

»Was haben wir denn verbrochen, dass wir so alt werden müssen?«

»Es ist furchtbar zurzeit«, jammerte Oma. »Opa versteht mich nicht mehr! Was hat der Mann nur? Ich bin doch so lieb zu ihm! Er ist jetzt sogar nachts schon eine Zeit lang weggewesen. Und das nicht allein. Ich weiß nicht, was los ist, aber sie ziehen ihn abends aus und dann kann er sich nicht mehr anziehen. Und zu mir hat er gesagt, er will sich scheiden lassen. Darum werde ich mich aber nicht mehr kümmern. Ich bin sehr traurig darüber. Das ist die Krankheit, ich weiß, aber die ist immer da.«

Sie holte kurz Luft. »Wie kann ich denn da leben? So kann ich doch nicht weiterleben. Und dann habe ich auch noch gehört, dass Simon gestorben sei.«

Mir blieb kurz fast das Herz stehen. Wo hat sie denn das her?

»Nein, sorge dich nicht, er lebt noch ganz gut!«

Schwester Anne musste ich gleich noch mit beruhigen. Sie hatte Oma das mit Simon geglaubt und war zutiefst erschüttert.

»Warum schlafen beide noch?«, fragte ich eine Schwester. Es war 11 Uhr.

»Ich bin gerade erst dazu gekommen, sie zu waschen. Das hat beide dermaßen angestrengt, dass sie danach gleich eingeschlafen sind.«

Ich setzte mich leise auf einen Stuhl und las in der Abendzeitung, die immer noch für Opa abonniert war, obwohl er selbst schon lange kein Interesse mehr daran hatte.

Opa wachte als Erster auf und entdeckte mich sofort. Ich hielt mir den Zeigefinger vor den Mund, um ihm zu bedeuten, dass Oma noch schlief.

Obwohl wir beide mucksmäuschenstill waren, sagte Oma: »Ich höre jemand, wer ist denn da? Ich schlafe nämlich gar nicht. Ich weiß deinen Beruf gar nicht mehr, Opa.«

Ich leitete die Frage weiter. Er gab keine Antwort, aber die wartete sie sowieso nicht ab.

»Oh, das ist ein Wunder, dass du gekommen bist! Wie schön! Können wir jetzt noch etwas rausgehen?«

Da es draußen windig und feucht war, fuhr ich sie nur im Haus herum und wir besuchten die Kapelle. Auf dem Flur kam uns eine aufgeregte Schwester entgegen, die eine andere um Rat fragte – wegen einer Bewohnerin, die über 41 Grad Fieber hätte. In der Kapelle fing Oma von den 41 Grad Fieber an zu sprechen. Schon erstaunlich, dass sie das doch noch registriert und sich auch gemerkt hatte. Ich setzte mich neben Omas Rollstuhl auf eine Holzbank und wir plauderten im Flüsterton über gemeinsame Erinnerungen.

»Die Muttergottes schaut so lieb«, sagte Oma. »Das Jesuskind schaut aus wie unser kleiner Bub. Und der Jesus am Kreuz? Schau ihn dir an, seine Beine sind genauso krumm wie meine.«

Mein Blick wanderte aus dem Fenster. Große graue Wolken zogen über den Himmel, als hätten sie es eilig. Nur einige Hundert Meter entfernt konnte ich die Kuppel des Friedhofsgebäudes erkennen.

Zurück im Zimmer fiel mein Blick auf den Kalender.

»Stellt euch mal vor! Am 30. Juli habt ihr Hochzeitstag! Ihr seid dann 65 Jahre miteinander verheiratet!«

»Das weiß ich ja gar nicht mehr!«, antwortete Oma. »Der Zahnarzt soll sich lieber mein Gebiss anschauen, das wackelt ständig herum.«

Mittags fragte Oma, wann sie endlich ihr Frühstück bekäme. Sie konnte sich immer öfter nicht an Dinge erinnern, die am selben Tag waren. Vielleicht brachte sie die Tageszeiten auch so durcheinander, weil sie tagsüber so viel schlief. Oder es ging wirklich los mit einer Demenz. Ich hatte gelesen, dass der Anteil Demenzkranker bei allen über 90-Jährigen bei fast 35 Prozent lag! Über ein Drittel! Wir werden sehen.

»Auf Wiedersehen, Spatz!«, sagte sie zu mir. Spatz. So was hatte ich schon lange nicht mehr gehört. Ich freute mich!

Oma schaute mich lange an. »Spatz, du schaust wie Opa aus im Gesicht!«

»Ja, als kleines Kind auf den Fotos, auf denen ich mit Vati zusammen drauf bin, hatte ich genauso ein breites und langes Gesicht wie er. ›Ganz der Vater‹ hat es oft geheißen. Aber jetzt gerate ich im Gesicht mehr nach dir.«

Opa. Sein Blutdruck fuhr wieder Achterbahn. Erst war er bei 200 zu irgendwas. Auch wenn Opa was von 160 zu 110 sagte. Dank des Sprays auf die Zunge nach kurzer Zeit wieder 105/80. War das nicht schon wieder zu niedrig? Außerdem fühlte er sich schlecht, weil Elisabeth jetzt eineinhalb Wochen im Urlaub sein würde. Ich versicherte ihm, dass sie ihn sofort besuchen würde, wenn sie wieder zurück sei.

Anruf von Schwester Lisa aus dem Altenheim. Das bedeutete nie etwas Gutes.

Oma war gestern aus dem Rollstuhl gefallen.

»Gestern war ein junger Herr zu Besuch, ein Verwandter, ich glaube, Michael heißt er. Er ist mit ihrer Mutter spazieren gefahren, hat sie anschließend mit dem Rollstuhl ins Zimmer gestellt und ist dann gegangen. Uns hat er nicht Bescheid gesagt. Wir hatten vorne im Gang gerade mit dem Essen zu tun oder mit anderen Sachen. Ihr Vater ging auf die Toilette. Als er wieder herauskam, lag seine Frau schon auf dem Boden, eingeklemmt zwischen den beiden Fußstützen mit dem Kopf nach vorne. Ihr Vater hat sofort nach uns geklingelt. Die Bremsen waren wohl nicht festgestellt worden. Vielleicht hat der junge Mann das vergessen. Oma hat trotz des Vorfalls in der Nacht gut geschlafen, aber heute Morgen klagte sie über Schmerzen im Knie. Jetzt warten wir gerade auf den Bereitschaftsdienst. Wir möchten ihre Mutter ins Krankenhaus zum Röntgen schicken.«

»Meine Mutter wird aber doch wohl nicht im Krankenhaus bleiben müssen?«

»Das müssen natürlich die Ärzte entscheiden.«

Soll ich meine Schwester von dem Vorfall benachrichtigen? Sie ist doch gerade im Urlaub.

Schwester Gabi erzählte später noch, dass der Rollstuhl wohl nach hinten gerutscht sei und von einem Schränkchen aufgehalten wurde. Oma habe gerufen »Helfen Sie mir doch!«, aber es sei niemand gekommen. Opa lief dann auf den Gang hinaus, um die Schwestern zu benachrichtigen.

Jedenfalls war Oma dann vom 7. bis einschließlich 10. August im Krankenhaus, zum Röntgen und zur Beobachtung, wie die Ärzte so sagen. Sie lag in einem Zweibettzimmer. Ob sie dort gefüttert wurde, weiß ich gar nicht. Ganz armselig lag sie da, wirkte beinahe durchsichtig.

»Wer ist denn Konrad?«, fragte mich ihre Zimmernachbarin. »Ihre Mutter hat die ganze Nacht nach ihm gerufen.«

Also fuhr ich diese drei Tage lang zuerst immer ins Krankenhaus und dann noch ins Altersheim zu Opa. Aber es ging
schon. Oder es musste gehen.

Zunächst bestand Verdacht auf einen kleinen Bruch am
Steißbein oder eine Beckenrandfraktur, was sich beides nicht
bestätigte. Könnte man eh nicht behandeln. Oma bekam
Schmerzmittel, noch mehr als sonst.

Opa muss ins Krankenhaus
(9.8.05-7.9.05)

Morgen wird Oma entlassen.

Heute Vormittag stürzte Opa. Mal wieder. Sagte Schwester Gabi. Sie hatte mit den Schwestern auf den anderen Stationen gesprochen, bei denen fallen die Leute zurzeit auch reihenweise um. Sie wisse auch nicht, warum das passiert, sagte sie kopfschüttelnd.

Oma hatte den Krankenschwestern erzählt, dass sie 91 Jahre alt sei und ihr Mann schon 95 Jahre. Sie verstand erst nicht, warum er nicht im Bett nebenan lag. Oder sie nicht wenigstens besuchen kam. Bis ihr dann einfiel, dass er ja in einem anderen Krankenhaus untergebracht war. Krankenhaus, Pflegeheim, fast das gleiche.

Und Geld bräuchte sie noch, Trinkgeld für die Pfleger und Krankenschwestern.

Gute Nachricht: Opa war wach und lebendig. Hans unterhielt sich mit ihm über frühere Zeiten und Angelegenheiten. Opa war sehr aufmerksam und interessiert bei der Sache. Hans maß auch Opas Blutdruck, 140 zu 90, das war in Ordnung. Da hatte sogar Hans höhere Werte.

Dagegen hatte Opa vor zwei Tagen wieder einen dieser Schwächeanfälle. Er dachte, sein letztes Stündlein hätte geschlagen und sprach vor allem von seiner Erleichterung darüber, dass ihm »diese Sache« nicht zu Hause passiert sei, da er uns sonst damit zu viel aufgebürdet hätte. Schwester Marja erlebte einen solchen Anfall bei ihm zum ersten Mal und war ganz entsetzt über die verdrehten, glasigen und abwesenden Augen.

Oma und Opa lagen im Bett, als ich um halb vier kam. Trotzdem war es anders als sonst. Sie unterhielten sich laut miteinander!

»Wie geht es euch?«, fragte ich.

»Das siehst du doch. Wir leben noch.« Opa stand auf, zog sich seine braune Hose an und ging mit dem Gehwagen los.

»Wo willst du hin?«, fragte ich ihn. »Auf die Toilette?«

»Ja.«

Er schlurfte in Zeitlupe in Richtung Toilette. Obwohl ich ihn noch zusätzlich stützte, war er nach wenigen Schritten bereits so erschöpft, dass wir zum Bett zurückmussten. Für die Toilette war es eh schon zu spät.

»Opa, du stinkst aber, da muss man lüften«, sagte Oma.

Allerdings. Die Hose war nass, auch das Bettlaken. Trotz Windel. Die war auch voll. Wenn jemand den Stuhlgang nicht mehr halten konnte, wurde es langsam unangenehm. Das ganze Zimmer stank.

Die Schwester kam, zog Opa die neue braune Hose aus und die verfilzte graue an. Das Bett musste neu bezogen werden. Es war nur noch eine Hose im Schrank übrig. Vielleicht sollten wir ihm noch eine Garnitur Hemden und Hosen kaufen.

Opa sah blass und geschafft aus, nachdem er »ausgemistet« (wieder so ein Wort von den Schwestern) wurde. Deshalb blieb ich noch eine Weile bei ihm.

Oma erzählte mir stolz, sie hätte jetzt 6 Euro zugenommen.

24. August und schon wieder ein Sturz. Diesmal bei Opa.

Eine Schwester hatte schon den Notarzt bestellt. »Ich werde ihrer Mutter genau erklären, was mit ihrem Mann jetzt passiert. Ich will ihren Vater nur zur Vorsorge in die Klinik zum Röntgen schicken. Vielleicht ist er morgen schon wieder draußen. Ich möchte bloß nichts versäumen. Sie können in der Klinik anrufen und sich dort nach ihrem Vater erkundigen.«

»Wir haben unserem Vater doch diese gepolsterte Hose gekauft, damit er sich keinen Oberschenkelhalsbruch zuzieht, wenn er stürzt. Aber er zieht sie ja nicht an.«

»Das glaube ich ihnen gerne. Aber machen Sie sich keine zu großen Sorgen, er sitzt jetzt gerade am Tisch und isst Abendbrot. Vielleicht ist es nicht so schlimm.«

Ich rief gleich meine Schwester an. Sie wusste schon, was passiert war. Und sie wollten ab morgen für zwei Wochen in Urlaub fahren!

Elisabeth telefonierte mit dem Krankenhaus. Es war doch etwas gebrochen, diesmal der rechte Oberschenkelhals, Operation an einem der kommenden Tage. Elisabeth hatte ihren Urlaub sofort verschoben. Opa müsse bestimmt mindestens zwei Wochen in der Klinik bleiben. Ich soll ihm morgen die nötigsten Kleidungsstücke ins Krankenhaus bringen. Außer dem »Engelsgewand« – so nannte sie das Flügelhemd – hatte er nichts bei sich.

Elisabeth glaubte nicht daran, dass Opa wieder auf die Beine kommen würde: »Was ist dann, wenn er die Operation übersteht? Dann haben wir zwei Leute, die bettlägerig sind.«

Oh je, er hat sich doch jetzt schon so schwergetan, die Schwestern um Hilfe zu bitten!

Morgen gehe ich also in die Klinik, um für Opa die Anmeldungen zu erledigen und Kleidung zu bringen. Und dann zu Oma ins Heim. Dieser Ablauf kam mir bekannt vor. Nur war es letztes Mal umgekehrt.

Hans meinte zu der neuen Situation nur: »Ich sage dir doch, das ist der Fluch der Medizin. Und bei Opa der Anfang vom Ende.«

»Ja Hans, es gibt halt jeden Tag was Neues im Altersheim, auch wenn oft alles so gleichförmig scheint.«

»Bis dann das ganz Neue da ist – der Tod.«

Opa wurde noch heute Nachmittag operiert! Die Ärzte wollten keine Zeit verlieren. Als ich in der Klinik anrief, wurde ich gleich mit einer freundlichen Schwester im Aufwachraum verbunden. Sie sagte mir, Opa ginge es gut. Er würde noch eine Nacht unten auf der Überwachungsstation bleiben und dann auf Station kommen. Mehr Auskünfte dürfte sie mir nicht erteilen.

Ich benachrichtigte Katharina, Simon, Rosemarie, Adi und Mareike. Sie schimpfte gleich wieder los.

»Opa wäre sicher nicht so deprimiert geworden, wenn er in seinen eigenen vier Wänden geblieben wäre! Da hätte er wenigstens mehr Bewegungsfreiheit gehabt. Darüber hat er sich bei uns auch einmal beklagt! Da wäre er auch körperlich nicht so heruntergekommen. Ihr habt doch so viel Platz im Haus. Warum habt ihr euch keine Pflegerin geholt?«

Mir fiel nichts anderes ein als zu sagen, dass er im Haus genauso hätte umfallen können. Und dass Opa ja unbedingt mit Oma mitgehen wollte. Ein leidiges Thema. Mareike wiederholte noch mal ihre Worte vom letzten Mal.

»Jetzt sind sie schon ein halbes Jahr in einem so kleinen Kammerl! Wenn sie bloß in eine Wohngemeinschaft gezogen wären, in ´Betreutes Wohnen´ oder etwas Ähnliches. Aber so ist die Situation doch so deprimierend!«

Ich ließ sie einfach ausreden. Ihre Gedanken und Ideen waren ja gar nicht schlecht, aber ich war froh, dass Elisabeth und ich unsere eigenen Zweifel mittlerweile ganz gut verdrängt hatten. Jetzt sollte keiner mehr darin herumwühlen.

9 Uhr morgens, bei Opa in der Klinik. Er hatte gerade geschlafen und öffnete nur kurz die Augen. Ich streichelte ihn und sagte ihm, dass seine Tochter Eva zu Besuch sei. Ich ging bald wieder, weil er gleich wieder eingeschlafen war.

Abends telefonierte ich mit der Station. Opa bekam zwar noch eine Infusion, aber es wurde bereits mit krankengymnastischen Übungen und Gehversuchen angefangen! Ein paar Schrittchen machte er schon. Ungefähr zwei Wochen wird er bleiben müssen. Der operierende Arzt meinte, die OP sei gut verlaufen. Beim Abendessen wollte Opa schon selbst essen und den Löffel zum Mund führen.

»Aber der Löffel kam erst über Starnberg zum Mund!«, sagte er.

Opa war zunehmend verwirrt. Er wusste nicht mehr, was passiert war und wo er war.

»Ich brauche Geld! Wer bezahlt das hier jetzt?« Das wiederholte er immer wieder ganz aufgeregt.

Wir versuchten, ihn zu beruhigen: »Du brauchst hier gar kein Geld. Für den Aufenthalt wird eine Rechnung gestellt und Thomas wird sie an deine Versicherung weiterleiten.«

Als wir gehen wollten, wollte er unbedingt mit uns gehen. Eine Schwester sagte uns, dass sie deshalb auch das Bett an die Wand geschoben und irgendwelche Stützen an den Seiten hochgestellt hätten, weil er immer selbst aus dem Bett aufstehen und weggehen wollte.

»Kommt, jetzt gehen wir nach Hause! Nach München möchte ich. Dort ist mein Standort«, sagte er wieder. Und: »Oh, ich kann ja gar nicht gehen.«

Opa war heute schon wacher und weniger verwirrt als die letzten Tage. Er unterhielt sich mit den Schwestern und erzählte ihnen, dass er Architekt war und mitgeholfen hatte, das Klinikum Großhadern zu bauen. Er lobte die Betreuung in der Klinik.

Die Physiotherapeutin kam, um mit Opa Übungen zu machen.

Er redete oft von seiner Maria. Leider konnte sie nicht ans Telefon gehen.

Hatte ich weniger verwirrt geschrieben? Nicht wirklich. Später nämlich erzählte er noch etwas von Augsburg. Er sei dort durch die Räume gegangen. Mehrere Operationssäle hätte es dort gegeben und auch mehrere Ärzte, die operieren. Und zum Frühstück gab es Eier, Marmelade, Kaffee, Honig und Obst. Die Nachbarschaftshilfe kann das doch gar nicht alles machen. Und das Altersheim auch nicht.

»Genau, deshalb bist du auch in der Klinik, wo auch operiert wird.«

»Ich dachte, ich bin in einem Erholungsheim.«

Er wollte mir auch immer wieder erklären, wie der Sturz passiert sei, brachte aber immer nur raus: »Ich habe kein Geld. Ich brauche ein Filmmagazin. Es ist komisch. Am Sonntag will ich mit euch gehen. Was soll ich sonst hier diesen Umweg machen. So ist die Situation, wenn man vorbeikommt. Eine Möglichkeit. Viele sogar, amputierten Maßstab haben. Andere Maßstäbe: Eine Vollbelegung der Klinik soll angestrebt werden. Trotzdem darf ich euch bitten, mich mitzunehmen?«

Gestern Abend musste sich Oma übergeben. Die Schwestern hätten das ganz Bett abziehen müssen. Nach dem Brei mit Apfelmus. Sie hatte doch so gut gegessen!

»Das ist ganz schlimm mit mir!«, seufzte Oma. »Ich sehe vor mir jetzt zwei Leute. Eine Frau und einen Mann. Und ich habe gerade gemeint, du sitzt neben mir am Boden. Wie sieht denn Opa jetzt aus? Wie liegt der Arme denn da?«

Ich erzählte Oma, dass er noch einige Tage im Krankenhaus verbringen müsste.

»Schön ist das, das tut ihm mal gut!«, erwiderte sie.

Opa lag aufgedeckt im Bett. »Wo kommst du denn her?«, empfing er mich. Er reckte seine Arme verzweifelt in die Höhe und flehte: »Hast du nicht 50 Mark oder zumindest 20 Mark für mich?«

»Ich habe schon was dabei, aber für was brauchst du es?«

»Da war ein Mann da, vom Fahrdienst, der kommt gleich wieder und will das Geld haben. Ich wollte jetzt gerade in den Landtag gehen, um mir das Geld zu borgen, weil ich keines habe. Ich borge mir 50 Mark, dann kann mir der Mann auf 20 Mark rausgeben.«

»Du brauchst doch gar kein Geld hier!«

»Wenn du Geld hast, dann gib es mir!« Dazu fuchtelte er nervös in der Luft herum. Die Bettdecke rutschte noch weiter herunter, sodass seine nackten Beine und die Windeln zu sehen waren. Ich wusste nicht, wie ich reagieren sollte. Ich deckte ihn wieder zu und ging erst mal aus dem Zimmer, um mich mit den Schwestern zu beratschlagen. Ich erfuhr, dass mich der Arzt, der Opa operiert hatte, sowieso sprechen wollte. Es ging aber nicht um die Verwirrtheit. Er wollte mir nur sagen, dass die Operation gut verlaufen sei. Und er erkundigte sich, wie gut Opa vor dem Unfall noch gelaufen sei, um die Reha-Maßnahmen entsprechend zu planen.

»Ihr Vater muss wieder auf die Beine kommen! Er ist noch schön wackelig, wenn er im Zimmer herumgeht. Es wäre gut, wenn Sie seinen Rollator ins Krankenhaus bringen könnten, dann hat er noch mehr Anreiz zum Laufen.«

Ein bisschen müsste er hier schon noch laufen lernen, bevor sie ihn wieder ins Altersheim zurückschicken. Er versicherte sich auch, ob im Altersheim die Pflege gewährleistet sei und ob es dort eine gute Krankengymnastin gäbe.

Mittwoch, 31. August 2005

Opa schlug wieder verzweifelt die Hände über dem Kopf zusammen.

»Jetzt überlege ich schon die ganze Zeit hin und her, wie wir das bloß mit dem Heimtransport machen sollen! Früher habe ich alles allein organisieren können, jetzt mach du das alles, bitte! Da musst du den Krankentransport anrufen. Er muss mich abholen und nach Augsburg bringen.«

»Du bist hier in München, Vati!«

»Ach ja, hier ist ja die Klinik, jetzt weiß ich es wieder. Bei mir im Hirn ist nicht alles in Ordnung. Da muss man mich mit dem Aufzug hinunterbringen, denn Laufen kann ich ja nicht.«

»Wann du entlassen wirst, das bestimmt auf jeden Fall der Arzt, das können wir nicht entscheiden!«

»Hast du überhaupt schon die Zugfahrkarte nach Augsburg«, fing Opa wieder damit an. »Und wo ist überhaupt der Hans?«

»Der hat mich und den Gehwagen vor der Klinik abgesetzt und ist mit dem Auto wieder nach Hause gefahren. Wir wohnen nur ein paar Straßen entfernt.«

Auf seinem Nachtkästchen entdeckte ich ein paar beschriftete Zettel. Auf einem stand mein Name mit Adresse und Telefonnummer, auf einem anderen der von Hans mit der gleichen Adresse und auf dem dritten: »Morgen Abholung 7 Uhr 30«.

»Hast du das geschrieben, Vati?«

»Ja, damit ich es nicht vergesse. Gehe jetzt bitte zur Schwester und organisiere den Heimtransport! Dann ist bald alles endgültig ausgestanden und zu Ende!«

Ich ging tatsächlich zum Stationszimmer und erzählte von den verwirrten Aussagen meines Vaters. Sie waren etwas belustigt und meinten, nein, soweit sei es noch nicht, dass er entlassen werden könnte. Sie wusste auch, dass er manchmal von seinem Beruf redet, immer wieder seit der Operation. Und dass er heimgehen will und glaubt, dass er laufen kann. Sie fragte sich laut, was das Wort »Heimgehen« für ihn wohl jetzt bedeutete. Ob er seine frühere Wohnung oder das Altersheim meint. Und beruhigte mich, dass sie das schon »einordnen« können, was er da sage.

Nachdem Simon bei Opa war, erzählte er mir: »Mir fiel auch auf, dass Opi auf einmal viel verwirrter war als früher. Ich besuchte ihn gestern abends nach der Arbeit im Krankenhaus. Es war bereits 20 Uhr. Spontan schaltete ich den Fernseher ein, Zeit für die Tagesschau. Es war fast wie früher. Kindheitserinnerungen: Opi saß auf seinem Fernsehsessel, Omi auf dem Sofa. Es roch nach dem Meerrettich vom Abendessen. Jeden Abend gab es Meerrettich. Wenn unsere Eltern nichts dagegen hatten, ging ich oft mit Katharina hoch und wir setzten uns dazu. Als wir noch klein waren, auch zu Opi auf den Schoß. Einer rechts und einer links. Heute noch steigt mir der Duft von Meerrettich in die Nase, wenn ich nur die Erkennungsmelodie der Tagesschau höre!

Also, ich schaltete den Fernseher ein und verfolgte die Nachrichten. Opi starrte jedoch die ganze Zeit auf einen Kunstdruck einer toskanischen Landschaft, der an der Wand hing. Nach 10 Minuten schüttelte er den Kopf und seufzte: ›So ein Jammer mit dem Fernsehen. Jetzt bringen sie schon wieder immer nur dasselbe!‹«

»Gut, dass du kommst!« Opa fuchtelte aufgeregt in der Luft herum. »Heute ist allerhand los! Ich habe eine Aufforderung vom Amtsgericht bekommen. Eine Anklage wegen zu viel Blut im Blut. Ich wurde aufgefordert, zu erscheinen. Von der Stube zum Marienplatz. Bin seit morgens um 2 Uhr durch die Gegend gerast. Zu viel Blut im Zucker. Ist aber keine Straftat. Ich bekomme noch Bescheid. Da muss ich dagegen protestieren.«

Dann fragte er nach dem Essen und den Auswirkungen. Und ob das Krankenhaus umgebaut wurde. Und dann:

»Es ist weit entfernt von einer Heilung. Vom Arbeitsamt werde ich auch nicht behandelt. Nur keine Illusionen. Aber sie haben sich Mühe gegeben, die Ärzte. Morgen bringen sie das Essen! Was hast du gedacht, als ich nicht mehr hier war? Du bleibst doch mittags hier, oder?«

»Leider nein, ich muss zu Mutti ins Altersheim und ihr das Essen eingeben.«

»Wenn man nicht richtig behandelt wird, merkt man, dass etwas fehlt. Noch eine Bitte: Ich habe keinerlei Geld hier! Sonst muss ich in eine Anstalt. Wenn ihr mir das ersparen wollt? Und die Uhr muss ich dir geben, die Feder ist nicht in Ordnung.«

Seine Uhr lief mit Batterie!

Ich wusste nicht, wie ich darauf reagieren sollte. Stattdessen fragte ich ihn, ob er mit dem Gehwagen schon etwas gelaufen sei.

»Nein, nein! Das Wagerl gehört uns doch gar nicht! Ich bin nicht gelaufen.«

Da frage ich dann besser mal bei der Schwester nach.

Opa bemerkte, dass ich mir manchmal Notizen machte. Auf lauter lose Zettel. Er empfahl mir, ich soll mir einen Schreibblock kaufen. Dafür würde unser Geld wohl noch reichen. Er reckte wieder die Arme gen Himmel:

»Ach je, jetzt wird es bald zu Ende gehen! Hole mir doch bitte einen Anzug aus dem Schrank.«

»Wozu brauchst du jetzt einen Anzug?«

»Damit ich ihn anziehen kann. Damit ich ein normaler Mensch bin.«

Das wurde mir alles zu viel. Wie soll ich damit umgehen? Soll ich voll in seine Wahrnehmungswelt einsteigen? Oder versuchen, ihn wieder an unsere Realität heranzuführen? Aber würde das für ihn nicht bedeuten, dass wir seine Wahrnehmung immer wieder als »falsch« beurteilten, ihn nicht ernst nahmen? Ihn nicht für voll nahmen? Wenn ich genauer über seine Worte nachdachte, wurde mir klar, dass seine Wahrnehmung oder seine Welt gar keine andere war, sondern dass er nur einen neuen Wortschatz verwendete, um seine Sorgen und seine Gefühle auszudrücken.

In meiner Hilflosigkeit wählte ich für heute einen Mittelweg. Ich sagte, ich müsse jetzt nach Hause gehen, weil der Uhrmacher um 12 Uhr zumacht und ich doch seine Uhr hinbringen muss. Und danach noch zu Oma, zum Esseneingeben.

»Komm, nimm mich doch mit!«, flehte er und begann, sich aus seiner Bettdecke zu schälen.

»Es tut mir so leid, aber das geht wirklich noch nicht! Aber bald kannst du wieder bei Oma sein, ich verspreche es dir!«

Opa erzählte mir, dass heute der Professor zur Visite da war. Er habe bei ihm die Hand aufgelegt, also die Muskeln an den Armen angefasst und gesagt:

»So wie es aussieht, müssen wir noch weiterarbeiten.«

Er erzählte auch begeistert davon, dass gestern alle seine drei Enkelkinder, einer nach dem anderen, zu Besuch gewesen waren. Dann sprach er wieder vom Geld. Dass ich noch mal nach Hause gehen solle und nachsehen, ob der Tresor auch zu wäre. Den es aber gar nicht gab.

Dennoch verstand ich Opa bereits ein bisschen besser. Waren dieses ständige Reden über Geld und die Bitte um Geld nicht nur Symbole? Symbole für Macht? Für Einfluss haben? Für »etwas bewirken können«? Für »das Leben noch in der Hand haben« und mitbestimmen dürfen? Für einen Rest an Selbstständigkeit? Ist es nicht ein Ausdruck von Freiheit, wenn man eigenes Geld in der Tasche hat, noch selbst entscheiden kann, was man damit macht, was man sich kauft? Vielleicht war es nur diese Freiheit, diese Macht, diese Autonomie, die sich Opa wieder zurückwünschte?

Omas Bett war leer, als ich um 11 Uhr kam. Die Physiotherapeutin Frau Winter hatte sie mit in den Garten genommen, wo sie mit anderen alten Damen im Rollstuhl Musik hörte und dazu Hand- und Fußbewegungen machte, quasi Tanzen für Rollstuhlfahrer. Es hatte sie einiges an Überzeugungskraft gekostet, Oma aus ihrem Schneckenhäuschen herauszulocken und ihre Sorgen zu zerstreuen. Lang und breit musste Frau Winter darlegen, dass es überhaupt nichts ausmachte, wenn Oma nicht an den Spielen teilnehmen wollte oder konnte. Dass es den anderen Damen egal sei, ob ihre Frisur richtig liegt. Dass es vor allem darum ginge, mal wieder unter Leuten zu sein. Oma kam danach tatsächlich fröhlich gestimmt ins Zimmer zurück und erzählte mir beinahe schon enthusiastisch von den Liedern, die sie draußen gesungen hätten. Beim Mittagessen zeigte sie richtig Appetit.

Eine Schwester sagte mir, dass Oma jetzt nur noch 35 kg wiege.

Im Krankenhaus traf ich Frau Winter schon wieder, diesmal in der Funktion einer Art Bindeglied zwischen Altersheim und Krankenhaus. Im Krankenhaus ergaben sich häufig Missverständnisse oder gar Fehlentscheidungen dadurch, dass die Krankenschwestern, Ärzte und Physiotherapeuten dort nicht genau genug darüber informiert waren, wie mobil die Patienten vor ihrem Unfall noch gewesen sind. Vor allem, wenn die alten Menschen sich nicht mehr selbst zu diesem Thema äußern konnten. Aus diesem Grund passierte es, dass viel zu hohe oder niedrige Therapieziele für die Krankengymnastik festgelegt wurden. Da sie nach seiner Rückkehr ins Altersheim wieder für die Krankengymnastik von Opa zuständig sein würde, ergriff sie lieber gleich die Initiative für einen effektiven Informationsaustausch.

Gestern bekam Opa eine Blutkonserve, weil sein Blutdruck gefährlich niedrig war. Als ich heute kam, musste ich vor der Tür stehen bleiben, weil er gerade gewaschen wurde. Durch den geöffneten Türspalt konnte ich sehen, dass er mitten im Zimmer auf einem Toilettenstuhl saß. Es kam wohl nichts und eine Schwester forderte ihn auf, fester zu drücken. Aber es ging einfach nicht.

»Das Klassenziel ist nicht erreicht«, sagte Opa.

Ich musste schmunzeln. Seit ich die Idee mit dem neuen Wortschatz hatte, verstand ich besser, was er sagen wollte, und die Sätze kamen mir fast gar nicht mehr wirr vor. Als Opa wieder im Bett lag, hielt mich die Schwester noch kurz vor der Tür auf.

»Heute ist er schon ganz gut gestanden«, erzählte sie. »Als er aber einen Schritt vorwärts machen wollte, kippte er nach hinten zurück. Aus der Operationswunde läuft immer noch Sekret, deshalb müssen wir die Drainage noch belassen. Unter diesen Umständen kann man ihn auch noch nicht entlassen. Es geht alles sehr mühsam voran.«

Sie entschuldigte sich dafür, dass Opa so unrasiert aussehe. Sie wollte ihn heute Morgen rasieren, aber er wehrte sich dagegen:

»Das brauchen Sie doch nicht machen!«

»Wieso nicht? Sie haben doch eine Frau und da muss man schon rasiert sein!«

»Ach was! Wir sind doch schon so alt!«

Ich fuhr weiter zu Oma. Wir hatten viel Zeit miteinander. Ich tat etwas, was ich nur selten mit ihr machte: Ich las ihr vor. Sie hörte mit viel Freude und Interesse zu. Wenn ich am Sonntag wiederkomme und Opa noch nicht da ist, kann ich ihr wieder vorlesen.

»Wo ist Opa denn?«, fragte sie mich.

»Der ist noch in der Klinik. Wie du auch wurde er am Oberschenkelhals operiert.«

»Den lass ich hier aber nicht mehr rein!«

Ich gab ihr von der Suppe und dem Bananenquark zu essen. Was mich besonders freute, war, dass sie innerhalb einer dreiviertel Stunde mit meiner Hilfe den ganzen Becher »Astronautennahrung« trank. Und dass ich mir ziemlich sicher war, dass sie dies aus eigenem Antrieb tat. Ein paar Mal gelang es ihr sogar, den Becher mit ihren eigenen Händen zu umfassen und zu trinken.

Als wir nachmittags zur Klinik kamen, lief uns schon Simon entgegen. Er war mit dem Fahrrad die weite Strecke aus Schwabing hergefahren, um Opa zu besuchen. Jetzt würde er noch zu Oma weiterradeln und dann Katharina und Luca auf einem Spielplatz treffen. Er hatte den Eindruck, Opa sei heute verwirrter gewesen als bei seinem letzten Besuch. Da die Batterien seiner Hörgeräte leer waren, schrie er, statt zu reden, und Simon schrie zurück. Opa wollte aus der Klinik verschwinden, mit der U-Bahn nach Großhadern fahren und dort unter dem Krankenhaus eine neue U-Bahn bauen. Von diesen Plänen hatte er den Krankenschwestern auch schon erzählt. Sie waren so nett und gaben ihm Papier, Bleistift und Radiergummi, damit er seine Pläne wenigstens aufzeichnen könnte. An der Planung des Klinikums Großhadern war er in seinen letzten Berufsjahren tatsächlich noch beteiligt gewesen, am U-Bahn-Bau aber nicht mehr.

Im Altersheim traf ich Simon wieder. Ich nahm ihn beiseite und fragte ihn, wie er als Arzt Omas Zustand beurteile.

»Ich möchte nicht als Arzt beurteilen, wie es Oma geht, sondern als Mensch. Und das kannst du ganz genauso. Ich denke, sie baut sich hier gerade eine Scheinwelt auf, in der einige Personen vorkommen, die wir aber nicht sehen können. Stell dir einmal vor, du verbringst monatelang immer in dem gleichen Zimmer und siehst immer nur die weiße Wand vor dir. Ich glaube, wir würden auch bald denken, das sieht wie Schnee aus. Und Oma und Opa denken das halt dann wirklich.«

Oma empfing mich vorwurfsvoll. »Jetzt bist du erst da? Ich habe die ganze Zeit schon mit dir geredet und du hast mir nicht geantwortet! Und mit Simon rede ich auch oft und er antwortet mir auch nicht. Außerdem kommt immer wieder ein kleiner 5-jähriger Junge, etwas größer als Luca, zu mir ins Zimmer. Er legt sich dann zu mir ins Bett, manchmal auch in das leere Bett nebenan. Anfangs wollte ich das gar nicht, aber jetzt macht es mir nichts mehr aus.«

Dann klagte sie über Kopfschmerzen und Schwindel. Beruhigte sich aber damit, dass der Vati ja da sei.

»Oma, der Vati ist doch noch im Krankenhaus.«

»Oh je, da wird er aber lange brauchen, bis er zu Fuß von der Klinik bis zum Altersheim gegangen ist. Er kann doch nicht mehr so gut laufen!«

Nach dem Abendessen schaute Oma auf den Boden. »Da bist du ja wieder, kleiner Bub! Hast du wenigstens auch etwas zu essen bekommen?«

»Redet der Bub denn auch mit dir?«, fragten wir sie.

»Nein, der sagt nichts zu mir. Der steht nur immer neben mir. Ich sage dann auch nichts zu ihm. Wir schauen uns nur an. Er soll als Erster sprechen.«

Die Krankenschwestern hatten Opas Vorrat an Zeichenpapier und Bleistiften mittlerweile aufgestockt und ihm noch einen Dosenspitzer dazugestellt. Er wollte für eine Jubiläumszeitung etwas zeichnen. Auf einem Bild konnte ich ein großes, lang gestrecktes Rechteck mit ein paar Details erkennen. Es sollte das Klinikum Großhadern von oben darstellen. Opa war eifrig bei der Sache.

»Ich muss noch mehr Zeichnungen erstellen. Was ich zeichne, ist aber nicht echt, nur Fantasie. Es ist mir auch wurscht, wie es aussieht.«

Der Arzt hatte ihm zugesichert, dass er am Samstag entlassen werden könne, wenn es so weitergeht.

»Wie geht das Laufen?«, fragte ich Opa.

Er kniff die Augen zusammen und verzog das Gesicht.

»Gar nicht gut. Ich zweifle daran, ob es jemals wieder richtig geht.«

Oma wunderte sich heute darüber, dass »diese Frau das Kind bei mir gelassen hat. Es geht vielleicht in die 1. Klasse oder auch noch nicht.«

»Hast du den kleinen Buben wieder gesehen?«

»Ja. Gestern war richtig viel los. Das Kind kam wieder an mein Bett und die vielen Männer mit den schwarzen Hüten. Es waren alte Herren. Aber jetzt ist alles schon wieder vorbei. Jetzt sind so wenig Leute hier.«

»Wir sind jetzt nur zu zweit im Zimmer«, sagte ich.

»Ja, im Moment, aber ich dachte, Opa wäre da gewesen und wir sind zusammen spazieren gegangen. Opa sagte mir, dass er jetzt nach Hause geht, aber er hat ein ganz komisches Gesicht dabei gemacht und hat gesagt, er gehe jetzt hier nicht mit. Ich habe ihn überall gesucht. Ich suchte und wartete auf Opa. Komm doch mit, leg dich ins Bett, du kannst nicht richtig laufen. Aber plötzlich war er wieder weg und jetzt ist er wieder da. Wo wohl die Elisabeth ist?«

Ich rief nachmittags Opas behandelnden Arzt in der Klinik an und hakte wegen der Entlassung nach. Freitag oder Samstag könnte es gehen, meinte er. Ich solle doch mal im Altersheim nachfragen, welcher Termin ihnen dort passen würde.

»Oh je!«, meinte Schwester Gabi. »Gerade Freitag oder Samstag? Wo wir doch an diesen Tagen hier so unterbesetzt sind? Uns wäre es lieber, ihr Vater könnte über das Wochenende noch in der Klinik bleiben. Am Wochenende sind die Ärzte für uns auch schwerer zu erreichen als sonst, falls es ihrem Vater doch noch nicht so gut ginge.«

Ich radelte gleich zur Klinik zurück und sprach noch mal mit dem Arzt.

»Kein Problem«, meinte er, »dann bleibt er eben bis Montag,« Opa war auch Privatpatient …

Um die Mittagszeit brachte ich Opa seine Uhr zurück. Schon vor der Pforte begrüßte mich eine Krankenschwester mit Namen und sagte:

»Ihr Vater hat gerade nach Ihnen gefragt, Frau Wagner.«

Es war schon eigenartig und zugleich schön, wenn einen die Schwestern im Krankenhaus schon alle kannten. Im Altersheim war es genauso.

Zu Oma kam ich gerade noch rechtzeitig, um mit ihr vor dem Essen noch eine Runde im Park zu drehen.

Anschließend, beim Esseneingeben sagte sie: »Jetzt ist mein Freund wieder da. Sprich mal mit ihm. Die Leute, die mit mir im Zimmer sind, sind alle still, aber sie sind bei mir.«

»Du hast kalte Hände, Oma.«

Ich wusste nicht, was ich sonst sagen sollte. Sie bat mich, mit Rosemarie zu telefonieren und ihr zu sagen, dass sie zurzeit nicht besucht werden möchte. Es tue ihr leid, aber sie könne jetzt nicht. Weil Opa operiert wurde und sie selbst Kopfweh und Halsweh hat. Mich wunderte, dass Oma diese Sätze so noch völlig klar formuliert hat. Denn übergangslos erzählte sie mir, dass nach dem Baden eine fremde Frau in ihrem Bett gelegen sei.

»Bist du sicher, dass es nicht wieder das kleine Kind war?«, fragte ich.

»Nein, es war nicht das kleine Kind. Es war eine Frau oder ein Mann. Und auch noch andere Frauen oder Männer waren im Zimmer. Das war mir sehr unangenehm.«

»Was hatte die Frau denn an?«

»Das weiß ich nicht. Vielleicht einen hellgelben Pullover und eine dunkle Hose.«

»Warst das vielleicht du selbst, die du im Bett gesehen hast?«

Die Beschreibung der Kleidungsstücke hätte gepasst!

Oma antwortete aber nur, dass die Leute wieder verschwunden seien, als sie auf die Toilette gebracht wurde. Ich solle einen schönen Gruß ausrichten, an irgendjemanden, er solle nicht so schnell verschwinden. Und im Klo hinge ein goldenes Armband, das habe derjenige angehabt und jetzt verloren.

»Ja, ich werde die Grüße ausrichten.«

Puh. Ich bin auf ihre Vorstellungen eingegangen. Kam mir erst blöd vor, aber war dann gar nicht so schwierig. Oma fühlte sich dadurch, glaube ich, am besten verstanden. Alles andere wäre wieder nur ein Streit darüber gewesen, wessen Wahrnehmung nun die Richtige sei. Dass dies nur alle Beteiligten unglücklich und Oma bisweilen sogar aggressiv machte, hatte ich bereits erfahren.

Zurück im Pflegeheim
(9.10.05 – 24.12.05)

Opa war zurück.

Oma heulte, weil ihr Opa so leidtat.

»Wenn du jetzt heimgehst, kommst du doch gewiss an der Kirche vorbei?«, fragte sie mich.

»Ja, warum?«

»Die Kirche ist für mich so heimatlich. Du könntest dort für Opa und mich eine Kerze anzünden.«

»Gerne, Mutti, das mache ich!«

Das »Kerzen anzünden« hatte sich als Familientradition gehalten. Wenn Elisabeth oder ich in der Schule eine Probearbeit schrieben, zündete unsere Mutter in der Zwischenzeit für uns eine Kerze in der Kirche an. Wenn Katharina mit Luca in einer Kirche war, zünden sie auch jedes Mal eine Kerze für seine Urgroßeltern an. Auch wenn es Luca vor allem toll fand, weil das Geldstück so schön klimperte, das er in den Opferstock werfen durfte.

Mittwoch, 12. Oktober 2005

Omas Geburtstag! Dass mir auch genau heute dieser winzige gelbe Zettel in die Hand fiel! Ich räumte gerade ein wenig in ihrer alten, verlassenen Wohnung auf. Da stieß ich in einer Schublade des Nachtkästchens auf diesen Zettel. Mit zittriger, gerade noch lesbarer Handschrift muss sie Ende letzten Jahres diese Stichpunkte verfasst haben:

»M.O., geb. 12.10.1913 in Frankfurt am Main. Bis 6 Jahre in Bühlertal im Schwarzwald. Erster Weltkrieg. Mit Mutter bei Großeltern. Opa Sägewerksbesitzer. Ab 1919 Umzug nach München, Nähe Englischer Garten. 1929 wieder Umzug, nach P., Vater Kaufmann, hat … und Bahnbeamter, Schwester…«

Die Schrift wurde unleserlich. «Mutti, das hast du sicher geschrieben, kurz bevor ihr ins Altersheim umgezogen seid. Mitten in der Nacht, so wie ich dich kenne. In deinen so häufigen schlaflosen Stunden. Damit du nicht vergisst, wer du bist? Woher du kommst? Damit wir es nicht vergessen?«

Oma klagte: »Sieh mal Opa an, wie er leidet, weil er nichts versteht. Aber ich kann auch nichts dazu tun. Wir beide sind jetzt nur beieinander und können nichts füreinander tun. Das müssen wir jetzt ausstehen. Wie alt ist er denn jetzt?«

»In zwei Monaten wird er 96 Jahre alt!«

Opa muss das verstanden haben, dann er antwortete:

»Siehst du Oma, hier ist dein alter Knacker.«

»Und hier ist deine alte Frau«, gab sie zurück.

Beim Essen saßen sich Oma und Opa am Tisch gegenüber, fast wie früher. Zwischen ihnen stand ein großer, schöner Christstern, den Elisabeth mitgebracht hatte.

Oma sagte: »Eva, siehst du unsere Elisabeth, wie sie schlecht aussieht? Die ist krank!«

»Elisabeth ist nicht hier, Oma!«, verbesserte ich sie. Diesmal musste ich ihr die Geschichte ausreden. Ich konnte doch nicht in Opas Beisein so tun, als wäre er wirklich die Tochter seiner Frau.

»Aber schau doch!« Sie zeigte auf Opa. »Da sitzt doch unsere Elisabeth.«

Opa war von Omas Aufregung angesteckt und fragte, was los sei. Ich erzählte ihm, was Oma gesagt hatte, und sie klärte ich auf, dass ihr Mann mit am Tisch saß. Kam mir vor wie ein Dolmetscher.

»Ach so, ja«, entgegnete sie. Es klang fast ein wenig beschämt.

Dann beschwerte sie sich, dass die Schwestern im Gang immer etwas über sie reden würden und dabei lachen.

»Die behandeln mich, als wäre ich gar nicht hier. Die sprechen mit mir kein Wort. Ich bin für sie nur ein Dreck!«

Umso verwirrter meine Eltern wurden, umso schwerer wurde es für uns, solche Aussagen zu beurteilen. Welchen Anklagen sollen wir nun Glauben schenken und nachgehen – und hinter welchen stand nur eine Art Wahn?

»Schön, dass Sie wieder da sind«, sagte Schwester Marja auf dem Flur zu mir. »Ich habe Sie jetzt länger nicht mehr gesehen. Waren Sie im Urlaub?«

»Nein, aber ich musste auch mal wieder Abstand gewinnen.«

»Ja, das glaube ich Ihnen gerne.«

Und wenn ich irgendwelche Kleidungsstücke, insbesondere den weißen Schal, vermissen sollte, die sind alle in der Wäsche. Es grassiere so ein Magen-Darm-Infekt im Heim. Drei Leute musste sie in den letzten Tagen sauber machen, das sei schlimm gewesen. Leise fügte sie noch hinzu: »Ihre Mutter ist ja ganz lieb. Aber neuerdings redet sie ununterbrochen und so wirres Zeug, sogar die ganze Nacht hindurch, dass es mir manchmal zu viel wird.«

Ich hatte auch den Eindruck, dass hier alle jetzt etwas genervt waren von der vielen Rederei.

Opa lag immer noch völlig geschwächt im Bett. Er konnte kaum mehr stehen. Seine Augen machte er immer wieder zu. Eine Schwester zeigte mir, wie man ihn trotzdem zum Trinken bringen konnte. Nicht erst fragen »Willst du etwas?«, sondern einfach den Becher an die Lippen halten und sagen »Schluck jetzt« oder so ähnlich. Es sei schlimm, wenn die alten Leute nicht trinken, meinte sie, dann müssten sie eine Infusion bekommen. Wenn sie wieder etwas trinken, können sie oft auch wieder besser laufen.

»Das ist ja menschenverachtend! Dass man zum Trinken gezwungen wird!«, sagte Opa.

Oma meldete sich fast belustigt aus ihrem Bett: »Jetzt sind wir halt wie zwei kleine Kinder, die wieder aus der Flasche trinken müssen.«

»Omi, wo bist du?«, rief Opa.

»Jetzt freue ich mich aber, dass er wieder mit mir spricht! Heute früh war es grausam, als er eine Zeit lang gar nicht mehr sprechen konnte. Es ist so furchtbar, dass ich nicht mehr laufen und ihm nicht mehr helfen kann.«

Ich rief im Altersheim an, um mich nach Opas Zustand zu erkundigen. Schwester Erika war am Apparat. Opa hätte sie gestern gar nicht erkannt, als sie ins Zimmer kam. Er konnte nicht gut sprechen und nicht gut sehen. Heute ginge es ihm etwas besser, aber das Laufen funktionierte noch nicht wie vorher.

»War Dr. Legnau denn da?«

»Ja, den haben wir geholt. Er hat die Medikamente etwas reduziert. Am Donnerstag kommt er wieder. ›Ja mei, das Alter‹, hat er gesagt.«

»Infusionen bitte nur im Notfall«, erinnerte ich sie.

Schwester Erika schrieb sich diese Äußerung sofort auf, damit sie sich darauf berufen könnten. Zu Hause fiel mir dann ein, dass meine Eltern selbst verfügt hatten, dass sie keine lebensverlängernden Maßnahmen wünschten, eben außer im Notfall. Nur was genau ein Notfall ist, hatten sie nicht definiert. Das musste ich der Erika noch mitteilen. Bestimmt kannten die Schwestern nicht die Inhalte sämtlicher Patientenverfügungen auswendig. Wäre auch etwas zu viel verlangt.

Schwester Josefine empfing mich heute ganz aufgeregt: »So kenne ich Ihre Mutter gar nicht! Sie sprach davon, dass Ihr Neffe Michael erstochen worden sei. Er wäre doch Arzt. Oder er sei erschossen worden. Sie hätte ihn blutüberströmt im Garten liegen gesehen. Sie sprach mit Elisabeth, obwohl diese gar nicht im Zimmer war. Ein Wasserfall würde im Zimmer hinunterfallen und auch das kleine Kind komme jetzt wieder zu ihr ins Bett. Das Bild würde runterfallen. Und was wäre, wenn Opa jetzt geht, dann wäre sie ja ganz allein. Vom Sterben haben sie beide gesprochen. Das wäre sehr schwer. Ihre Mutter möchte jetzt alles zusammenpacken und nach Hause gehen.«

Als ich zu Oma ins Zimmer kam, sagte sie gerade zu ihrem Mann: »Schau mal, Opa, da oben war gerade so ein alter Mann mit Schnurrbart, das war mein Vater. Der dort an der Wand auf der alten Fotografie zu sehen ist. Und das andere war Wasserstoff.« Oma lag aufgeregt in ihrem Bett, öffnete die Knöpfe des Bettbezuges und zog das Federbett heraus.

»Darunter wird das alles aufgetragen«, sagte sie.

Opa ging es heute besser.

Oma sagte zu ihm: »Schau mal, das hier ist deine Tochter, die Eva. Die ist jetzt schon 64 Jahre alt!«

»Das ist aber schon lange her!«, erwiderte er und lächelte mich dabei an.

»Jetzt müssen wir durchhalten!«, sagte Oma. »Vielleicht bis zum Tod. Vielleicht kommt er auch bald. Opa geht es nicht so gut! Wir sind so einsam hier. Bring uns doch mal Fotoalben mit. Und für Opa Schokoladenstückchen und Butterkekse.

Liebe Mama,

Ich sehe, wie du sie Opa immer noch hinlegst: Schokostückchen und Butterkekse! Ich finde es wunderschön, dass dieses viele, viele Jahre alte Ritual weitergeht. Ich erinnere mich, dass wir schon als kleine Kinder im Dunkeln den Weg zum Schränkchen fanden, in dem Omi und Opi immer ihre Süßigkeiten aufbewahrten. Auch wenn es bei euch selten etwas Süßes gab, bei Omi und Opi gab es immer etwas. In dem Schränkchen befand sich immer ein kleines Porzellanschälchen mit Schokolade. Opa entfernte nach dem Einkauf immer sofort die Verpackung und zerbrach die Schokoladentafel in einzelne Stückchen. Die legte er dann in dieses Porzellanschälchen. In einem

anderen Schälchen waren Butterkekse. Die brachte Opa abends im-
mer zu Oma rüber an den Wohnzimmertisch. Und wir bekamen na-
türlich auch immer etwas. Als dann Luca auf der Welt war, bekam er
bei jedem Besuch davon ab. Ein Keks, auf das Opa ein Schokoladen-
stückchen legte. Luca mag keine Schokolade, die durfte dann ich es-
sen. Ein kleines Stück warme Erinnerung an die eigene Kindheit.
Echt schön, dass diese Gewohnheit den Umzug ins Altersheim über-
lebte, wenn auch in abgewandelter Form. Den Keks mit der Schokola-
de darauf gab es jetzt eben für Opa selbst, jeden Nachmittag zum
Kaffee. Und wenn wir zu Besuch kamen, schenkte er uns etwas von
seinen Vorräten. Für ihn war es immer immens wichtig, uns irgend-
ein kleines Geschenk machen zu können.

Katharina

Heute war ich wohl ein bisschen forsch zu Oma. Weil sie immer wieder mit dem gleichen Thema anfing. Sie will eine neue
Bluse anziehen, weil sie auf ihre jetzige etwas verschüttet hätte.
Ich sah aber nichts. Sie beharrte auf ihrem Wunsch. Wieder
und wieder. Da riss mir der Geduldsfaden und ich wurde laut.

»Hör mal, Eva!«, fuhr sie mich entschieden an. »So, wie du
jetzt bist, kenne ich dich gar nicht. Du warst doch früher immer
so lieb. Und das, wo es mir heute Nacht so schlecht ging. Die
Schwestern waren heute Nacht bei mir und mussten mir eine
Spritze geben. Mein Blutdruck war viel zu hoch und ich konnte
kaum mehr atmen. Furchtbar ist es, wenn man sprechen will,
und hat keinen Menschen! Ich habe mich heute Nacht mindestens vier Mal sooo weit übergeben müssen.« Sie zeigte mir mit
den Händen, wie weit. »Mir war so elend. Und gestern habe
ich doch gar nichts zu essen gehabt.«

Danach folgte das leidige Thema Geld. Ein Kuvert mit 20 Euro müsse hergerichtet werden, für Weihnachten, damit es ja
nicht zu spät sei.

Dann ihr Verfolgungswahn: »Jeder Satz, den wir sagen, wird
dort draußen abgehört. Auch wenn die Tür zum Gang ge-

schlossen ist. Die Leute hier können auch durch die Wände hören! Du weißt gar nicht, was ich hier alles durchmache. Es gibt schon gute Schwestern hier, aber andere sind so, dass sie einen an die Wand schmeißen, bis man blaue Flecken bekommt.«

Über Opas Verhalten macht sie sich auch immer mehr Sorgen: »Abends geht er immer fort. Er geht zu seinen Weibern und trinkt Wein. Opa will sich von mir scheiden lassen.«

In diesem Fall fand ich es mal wieder besser, sie auf die Realität aufmerksam zu machen: »Schau her, er ist immer hier bei dir. Er ist gar nicht mehr in der Lage, nachts allein wegzugehen.«

»Du denkst, dass ich mir das alles nur einbilde? Und was ist mit den Soldaten, die dort oben an der Decke sind?«

»Ich sehe dort keine Soldaten. Dort oben ist nur die Lampe.«

»Ach ja. Jetzt sehe ich, wie schön das Zimmer geweißelt wurde. Und den Himmel haben sie auch so schön angemalt dort oben.«

Ich ärgerte mich zu Hause darüber, dass es mir schon wieder nicht gelungen war, ihre Äußerungen ernst zu nehmen. Wie hätte ich denn reagieren können? Welche Gefühle steckten hinter Omas Aussagen? Sie macht sich Sorgen. Um Opa, darüber, dass er weggeht, sie allein lässt. Über gute und schlechte Schwestern. Über Menschen, die ihre Gedanken lesen können, die ihre Intimsphäre stören. Ja, so hätte ich sie ernst nehmen können. Aber mach das mal, so mitten in der Situation. Da bräuchte man ein richtiggehendes Training dafür.

Elisabeth war heute mit ihrem Mann im Altersheim. Sie erzählte mir danach am Telefon, wie es gewesen war. Fürchterlich. Auch Thomas ging ganz deprimiert nach Hause. Oma muss sich schrecklich aufgeführt haben. Sie redete ununterbrochen auf Opa ein: »Ich kann nichts essen. Ich will nichts essen. Du sollst auch nichts essen, Opa. Die vergiften uns hier! Und ein Kind wurde mir auch weggenommen!«

Thomas erinnerte sich daran, dass Oma zwischen den Geburten von Eva und Elisabeth eine Fehlgeburt hatte. Vielleicht verarbeitete sie diese gerade.

»Ja, ich glaube auch, dass in ihrem scheinbaren Verfolgungswahn die ganze Vergangenheit hochkommt«, sagte ich. »In ihrem Leben hat sie doch immer alles geschluckt und man durfte in ihrer Gegenwart nichts Negatives sagen. Sie wollte immer Frieden und Harmonie. Auch wenn es oft nur gespielt war. Gestritten wurde auch nicht.«

Katharina:

Diese Botschaft wurde uns Enkeln sogar als ungeschriebene Lebensregel weitergegeben. Immer friedlich und freundlich, kein Streit, keine Aggressionen, lieber alles hinunterschlucken. Dennoch hatte ich mit meiner Omi relativ oft Streit, als ich schon in der Pubertät war. Es endete oft so, dass ich mich danach in mein Zimmer einsperrte und nicht mehr hinauskam. Ihr gingen diese Missstimmungen so nahe, dass sie dann die ganze Nacht wach lag. Ich erinnere mich noch, dass sie oft einen Entschuldigungsbrief verfasst hat, den sie dann mitten in der Nacht unter meiner Zimmertür hindurch schob. »Bitte, sind wir wieder gut miteinander!« So endeten die Briefe immer.

»Was hast du gegen mich, Eva? Wo ich doch jeden Moment sterben kann!«, empfing mich Oma. »Es geht doch um Leben und Tod! Jetzt habe ich eine Tochter und die geht weg von mir?«

Die ganze Zeit hielt sie die Notklingel fest umklammert. Die müsse sie jetzt IMMER festhalten. Dürfe nicht loslassen. Eine Schwester hätte ihr gesagt, sie hätten auf der Station einen Todesfall gehabt. Und immer, wenn sie die Klingel loslasse, würde der Nächste sterben. Sie halte das Ding jetzt schon eine halbe Stunde fest. Man sah, wie ihre Hand verkrampft war und ihr wohl schon alles wehtat von der festen Umklammerung. Sie heulte vor Verzweiflung. »Mir geht es ja so schlecht!«

Ginge es mir auch mit solchen Vorstellungen.

Ich solle einer Schwester mitteilen, dass wir doch keine Feinde seien. Aber nur einer Schwester, die zu uns hält. Ich fand Schwester Janica und erzählte ihr von Omas Zwangsvorstellung mit der Glocke. Sie ging gleich mit mir mit, um die Dinge klar zu stellen.

Sie trat entschlossen auf Oma zu und sagte: »Meine Liebe, Sie brauchen die Glocke nicht mehr halten, wir haben jetzt herausgefunden, dass die Todesfälle damit nichts zu tun haben! Aber es ist sehr nett von Ihnen, dass Sie so engagiert mitgeholfen haben.«

Oma war sichtlich erleichtert.

»Heute Morgen hat ihre Mutter mir gedroht, mich zu erschießen«, flüsterte mir Janica zu. »Wir wissen zwar, dass es die Verwirrtheit der alten Leute ist. Aber innerlich macht uns dies doch ganz schön zu schaffen.«

Schwester Janica und ich sprachen nur ganz leise miteinander, aber Oma bekam es trotzdem mit und meckerte sofort wieder:

»Jetzt redet ihr schon wieder hinter meinem Rücken über mich. Ich will wissen, was los ist. Ich bin ein erwachsener Mensch, kein Dreck! Ich darf hören, was über mich gesprochen wird. Und auch wenn ich nicht mehr so gut sehe, höre ich umso besser! Haben die denn gar keine Bildung?«

Wahn hin oder her, mit ihrem Vorwurf hatte sie natürlich recht. Und was ihr Gehör anbelangte – es war wirklich verblüffend. Manchmal schien es mir, als hätte sie so feine Ohren wie ein Hund. Schwester Janica gelang es, die Lage wieder etwas zu entspannen:

»Ja, natürlich sind Sie ein erwachsener Mensch, da haben sie recht. Wir haben uns nur darüber unterhalten, was wir tun können, damit es Ihnen besser geht.«

Dr. Legnau war heute hier und änderte die Dosierung der Medikamente, für den Fall, dass die Psychose eine Nebenwirkung der Medikamente sei. Eine Änderung des Befindens könne aber erst zwei Wochen nach der Medikamentenänderung eintreten, sagte er. Na toll.

Mittags gab ich Oma das Essen ein. Sie aß lediglich etwas Brühe und zwei Teelöffel Kartoffelbrei. Im Nachtisch waren winzig kleine Obststückchen drin, die mochte sie nicht. Stück für Stück musste ich sie ihr wieder aus dem Mund herauspulen. Dabei starrte Oma die Wand an, an der die alten Fotografien hingen. Ihre Eltern, ihre Schwiegereltern und das eigene Hochzeitsbild. Opa trug darauf eine Soldatenuniform. Daneben hing ein Bild der Muttergottes mit Jesuskind.

»Dieses Jesuskind, das will ich nicht, das läuft immer weg, das ist böse!«

»Ich sterbe gerne!«, sagte Oma. »Ich bin ein Depp! Du darfst hinter meinem Rücken nichts über mich sagen. Was ist das für ein Leben. Ich kann nicht mehr. Und sehen kann ich auch kaum mehr etwas, weil mir die Schwester immer etwas Salbe in die Augen haut.«

Opa saß am Bettrand und starrte auf seine Füße. Oma lag im Bett, hatte die Augen geschlossen, starrte also nirgendwohin. Sie sprach mit ihrem Mann. Irgendetwas über einen Handwerker, der ins Zimmer gekommen sei, um den Boden frisch zu waschen.

»Kann es sein, dass das die Putzfrau war?«, fragte ich dazwischen.

»Nein, bestimmt nicht, die war gerade im Zimmer nebenan, das habe ich durch die Wand gehört. Sie hat dort drüben mit einer anderen Frau gesprochen, über was, konnte ich nicht verstehen, wahrscheinlich über mich.«

Opa antwortete gar nicht, sondern forderte mich eindringlich auf, mir die 50 DM Weihnachtsgeld an Unbekannt quittieren zu lassen. Es sei immens wichtig, dass wir uns das bestätigen ließen! Vielleicht hatte ihn das Gespräch über die Putzfrau darauf gebracht. Denn bis vor wenigen Jahren hatten sie eine Putzhilfe, Martha, die alle vierzehn Tage für einige Stunden im Haushalt zur Hand ging. Martha gehörte schon fast zur Familie, aß mittags mit am Tisch und brachte den Enkelkindern Geschenke mit. Und bekam auch Weihnachtsgeld, 50 DM. Das war exakt der Betrag, von dem Opa sprach.

»Wann ist denn überhaupt Weihnachten?«, fragte Oma.

»In zwei Wochen schon!«

Da fing sie zu Weinen an. »Vielleicht leben wir da gar nicht mehr. Aber ich kann eh nichts mehr tun. Nicht mehr laufen. Opa nicht mehr helfen, wenn er hinfällt. Der Mund tut mir weh. Ich würde so gerne sterben, aber das Sterben geht nicht so schnell. Und dann auch noch das: Stell dir vor, Opa hat mich angeklagt! Ich muss vor den Richter treten. Jeden Moment kann er hereinkommen und mich verurteilen. Ich weiß nicht, was ich falsch gemacht habe!«

Jüngstes Gericht?

Da öffnete sich die Tür und eine tiefe Stimme begrüßte uns. Oma zuckte zusammen. Aber es war natürlich kein Richter, sondern Milenka, eine neue Schwester. Opa zwinkerte mir zu, winkte mich an sein Bett und fragte mich im Flüsterton, ob diese Person nun ein Mann oder eine Frau sei.

»Opa! Du siehst doch, dass sie eine Frau ist! Nur die Stimme ist so tief!«

»Dann ist es eben ein Zwitter«, sagte Opa bestimmt.

Wichtig: Schwester Janica bitten, Opas Bettgitter nachts nicht hochzuschieben! Er wolle das nicht, fände es zu einschränkend. Sei mit Elisabeth bereits besprochen. Wir versuchten zwar, Opa zu überzeugen, dass das Gitter (eigentlich waren es runde Holzstäbe) nur zu seiner eigenen Sicherheit da sei, aber letztendlich sollte es seine eigene Entscheidung sein.

Vor einigen Tagen war ein Nervenarzt bei Oma und verschrieb ihr Medikamente gegen Depressionen und Halluzinationen, unter anderem, um die Beschimpfungen gegen Opa einzudämmen. Schwester Emma war mit seiner Diagnose nicht einverstanden und schlug noch einen besseren Neurologen vor, der sich mit den Patienten hier auskenne. Dieser verschrieb Oma wieder andere Medikamente, die sie ab heute Abend einnehmen sollte. Jetzt sei Dr. Legnau sauer auf Schwester Emma, berichtete mir Elisabeth, weil sie so eigenmächtig gehandelt hätte.

»Das müssen die beiden unter sich selbst ausmachen«, sagte sie müde. »Ich habe keine Kraft mehr, mich damit auch noch auseinanderzusetzen.«

Meine Schwester gab heute die Lebkuchen und das Weihnachtsgeld für die Station ab. Das Geschenk für die Putzfrau hatte ich gestern schon mitgebracht.

Elisabeth wirkte heute schön deprimiert auf mich.

Ich erinnerte mich daran, wie Hans vor einigen Monaten sagte: »Jetzt geht's ja noch. Aber bald kommt es knüppeldick auf uns zu.«

Er meinte bestimmt, wenn jemand von den beiden stirbt. Die Organisation der Beerdigung geht noch, aber dann – Elisabeth und Thomas und das Haus und das Testament. Dieses verdammte Haus – es wurde im Testament nicht konkret genug erwähnt und wir würden den Ärger damit haben, uns über die Aufteilung zu einigen.

»Uns könnte so etwas doch nie passieren, wir haben uns doch immer gut verstanden«, sagte ich immer, wenn sich im Bekanntenkreis wieder einmal eine Familie über die Erbschaft zerstritten hatte. Heute lache ich über meine Unbekümmertheit. Wir stecken schon mittendrin – und müssen früher oder später durch.

»Oh Gott, daran möchte ich jetzt noch gar nicht denken!«, seufzte meine Schwester.

»Ich muss gestehen, dass ich wirklich froh bin, dass sie aus dem Haus sind«, sagte ich.

»Wie würde es sein, wenn die Eltern noch zu Hause wären? Wie würden sie bzw. die Mutti uns drangsalieren und herumkommandieren ...«

»Das Essen wäre sicher das Hauptproblem. So muss sie das essen, was es im Heim gibt und kann nicht herummeckern.«

»So sehe ich das auch. Ich meine, Oma hat sich selbst in eine Zwangslage gebracht. Um nicht anzuecken und so angepasst zu sein wie in ihrem ganzen bisherigen Leben, hat sie sich selbst auferlegt, das zu trinken und zu essen, was die Schwestern von ihr verlangen. Nur damit sie nicht geschimpft wird.«

»Ich bin vor allem froh, dass es mir nun im Großen und Ganzen besser gelingt, abzuschalten. Aber morgen ist wieder Heimtag. Und Ruckzuck ist es wieder da, dieses ›ich muss, ich muss, ich muss‹. Sogar das Tagebuch schreiben wird mir dann zum Muss. Geht es dir auch so?«

»Ja, meistens schon. Mich zerreißt es meistens zwischen einem aufrichtigen Gefühl von Liebe und Fürsorge auf der einen Seite und einem Gefühl von Müssen auf der anderen Seite, dass nur Widerwillen hervorruft.«

»Es tut gut, das von dir so zu hören. Ich bin jedes Mal froh, unsere Eltern gesehen zu haben, berührt zu haben, ein paar Worte mit ihnen gewechselt zu haben, aber ebenso groß ist die Erleichterung, die ich jedes Mal verspüre, wenn ich dort die Tür wieder hinter mir zu machen kann.«

»Ich trinke nichts mehr! Alles ist vergiftet! Das habe ich im Radio gehört!«

Natürlich waren das Omas Worte. Ich versuchte, sie abzulenken: »Sieh mal, die Sonne kommt gerade raus. Ist das nicht schön?«

»Ja, das mag ja sein. Aber das ist nicht gut für mich, da wird das Gesicht so aufgebläht. – Und mich schmeißt ihr einfach in die Ecke, da leb ich ja dann nicht mehr an Weihnachten. Es ist schon recht so. Ich weiß gar nicht, was ich mache. Zum Glück ist der Vati da. Schau doch mal zur Truhe, ob da Schuhe von mir drin sind.«

»Trink doch etwas, Oma«, bat ich sie eindringlich.

»Nein!!« Sie wehrte sich lautstark. »Ich trinke gar nichts mehr! Das ist alles vergiftet! Ich habe auch Hunger und Durst. Ich bin auch noch ein Mensch. Im Radio habe ich von dieser schweren Krankheit gehört, die gerade grassiert. Und wenn ich krank bin, dann ist es keine Einbildung. Siehst du denn nicht, wie krank ich bin? Da muss man ja sterben mit dem Zeug, das man da trinkt. Man wird manchmal bösartig davon. Trink nicht aus meinen Gläsern. Es ist alles so wirr. Die einen sagen, ich soll verschwinden. Das kann ich doch auch nicht gleich. Der Vati kümmert sich da gar nicht drum. Der ist nicht so wie ich. Er ist geduldig. Aber ich habe ihm geholfen, wo ich nur konnte. Er wird hier verwöhnt und ich bin immer die Böse! – Ich esse alles. Aber ob ich das jetzt trinke oder nicht, dann bin ich halt weg. Ist auch gleich. – Da stimmt was nicht mit meinem Gehirn. Macht nicht so viele Geheimnisse vor mir! Das ist doch furchtbar.«

Bei aller Verwirrtheit: Als ich ihr sagte, dass Opa jetzt 96 Jahre alt wird und sie 92 Jahre alt sei, rechnete sie aus, dass sie dann ja nur vier Jahre auseinander wären!

Simon stellte die alte Weihnachtskrippe von Oma und Opa im Heim auf. Mit dem echten Moos darin und den alten geschnitzten Krippenfiguren, die Oma schon unzählige Male mit Knetmasse wieder zusammengeflickt hatte. Am 24. Dezember kamen dann stets noch Maria und Josef dazu und natürlich das Jesuskind. Simon holte Oma eigens aus dem Bett und schob sie im Rollstuhl vor die Krippe, dass sie sich alles genau ansehen konnte. Soweit es ging, ließ er sie sogar mithelfen, die Figuren aufzustellen. Oma strahlte wie ein kleines Kind an Weihnachten und ihre gute Laune hielt sich noch lange.

Zum Abschied bat sie mich: »Gib mir ein Bussi!«

Ohne zu zögern, drückte ich ihr eines auf die Backe. Das wunderte mich selbst!

Heiliger Abend. Fest der Familie? Fest der Liebe?

»Tut, was ihr wollt! Ich kann nicht mehr leben.«

Heilig Abend für Oma.

Zunehmend verwirrt
(1.1.06-6.4.06)

Neujahrstag. Oma lag auf dem Rücken, die Augen waren geschlossen und die Hände wie zum Gebet gefaltet. Mein erster Gedanke war: Jetzt geht's aber bald zu Ende mit ihr. Jetzt wird sie bald vom lieben Gott geholt. Ich streichelte ihr zärtlich die Hände. Sie waren warm.

Hans begleitete mich heute. Oma und Opa freuten sich sehr über unseren Besuch. Ich beschäftigte mich vor allem mit Oma, beantwortete ihre Fragen, so gut es ging und nannte sie oft »Schätzchen«. Da ihr das Schlucken sehr schwerfiel und ihr Hals brannte, gab ich ihr nur jeweils zwei Teelöffel von der Suppe, vom Kartoffelbrei und vom Himbeerjoghurt. Und nach dem Essen eine Salbeitablette zum Lutschen. Sie war heute außergewöhnlich dankbar für alles. Als Hans ging, blieb ich auf Omas Bitte noch und las aus ihrem Lieblingsbuch über Engel vor. Dazu setzte ich mich zwischen die Betten meiner Eltern auf einen alten gepolsterten Hocker, der zu Hause am Fußende ihres Bettes gestanden hatte. Oma bat mich, besonders laut zu lesen, damit Opa auch zuhören könne.

Opa bekam zum Abschied ein Bussi.

Zu Oma sagte ich »Auf Wiedersehen, Schätzchen.«

Sie zu mir »Auf Wiedersehen, Spätzchen.«

Opa saß im Stuhl, Oma lag wie immer im Bett. Mit geschlossenen Augen. Die öffnete sie seit Kurzem gar nicht mehr. Den Schwestern war das auch schon aufgefallen. Bloß nichts mehr von der Welt sehen?

Ich wollte Opa in den Rollstuhl setzen, um mit ihm spazieren zu gehen. Aber er weigerte sich. Er sei viel zu schwach dafür.

»Dann komm doch zu mir her, Eva, ich habe dich an der Stimme erkannt.«

Oma begann, ihre Geschichten zu erzählen.

»Wo Vaters Bett stand, da haben sie jetzt ein anderes Bett hingestellt. Ich war nicht in der Partei. Und leide auch nicht mehr unter Zwangsvorstellungen. Elisabeth soll mit Schwester Emma darüber sprechen: Ich war wirklich nicht in der Partei, aber bin trotzdem dort eingeschrieben. Und sie behandeln uns hier so, wie es vor 30 Jahren war. Ob ich noch einmal mein altes Bett bekomme? Ich bezweifle es. Ich habe an der Stelle geschlafen, an der mein Vater war. Ich wollte das Licht anmachen, über dem Bett, da ist ein Schalter. Aber es war brüchig. Das ist was für Hans zum Reparieren. Ich merke jetzt jeden Tag, dass ich 97 Jahre alt werde.«

Opa sagte müde: »Die Oma dürfen sie so nicht behandeln, die war nicht in der Partei. Ich kann das bestätigen. Sie sollen sie wieder entlassen, damit ihre Zwangsvorstellungen aufhören und sie wieder ist wie früher.«

»Ach Vater, ich habe so viel zu sagen und er versteht mich nicht«, gab Oma zurück.

Katharina:

Liebe Mama!

Immer stärker bin ich davon überzeugt, dass es kein wirklich »wirres Gerede« gibt. Ich glaube, dass sich viele Aussage meiner Großeltern aus ihrem Lebenslauf und ihren Erfahrungen her erklären lassen und nur für Außenstehende wirr erscheinen mögen, weil sie keinen Bezug zur gegenwärtigen Realität aufweisen. Ich behaupte, dass die in der »Verwirrtheit« gemachten Äußerungen ähnlichen Gesetzen folgen wie die Träume, die unser Gehirn im Schlaf produziert: Sie kennen keine Chronologie der Ereignisse, auch noch so entfernt scheinende Ereignisse werden in eine Geschichte zusammengebracht. aktuelle Ereignisse mischen sich hinein, bestimmte Personen können durch andere ersetzt werden, Teile des Ichs werden durch verschiede-

ne Figuren repräsentiert... Denn nicht schlecht staunte ich, als ich fast die gleichen Worte, die zwischen Oma und Opa fielen (die mit der »Partei«, du hast mir am Telefon davon erzählt), in einem Lebenslauf Opas wiederfand, den du mir neulich in die Hand gedrückt hast: »1945 bis 1946 ... weil der Name oder Titel ›Regierungsrat und Major‹ im Ausweis stand, bin ich von den Amerikanern interniert worden. Die Amis meinten, diese Titel hätten etwas mit der Tätigkeit in der Partei zu tun. Ich war aber nie in der Partei ...«

Ist es nicht nahe liegend, dass Oma ihre damaligen Ängste um den kriegsgefangenen Mann jetzt aufarbeitet, indem sie in ihren scheinbaren Fantasien selbst vor dem Richter steht, weil ihr die Parteizugehörigkeit vorgeworfen wird?

Das war's für heute,
Liebe Grüße
Katharina

Vati war kaum ansprechbar. Er lag apathisch im Bett und klagte über Schmerzen in seinem gebrochenen Daumen. Man musste ihn aufwecken, als das Essen kam. Er schlug nur kurz die Augen auf. Die Schwestern drängten ihn trotzdem dazu, allein zu essen. Es sah mehr so aus, als würde Opa die Bettdecke füttern.

Die Patientenverfügung der Eltern war jetzt auf der Station deponiert. Als ich mir die ganzen Unterlagen noch einmal durchsah, dauerte es etwas, bis ich da durchblickte. Vor fünf oder sechs Jahren hatten Oma und Opa zum ersten Mal ein solches Formular ausgefüllt und sich gegenseitig als Vertreter/-in eingesetzt. Als Anfang letzten Jahres klar wurde, dass Oma möglicherweise gar nicht in der Lage sein würde, Opa zu vertreten, und umgekehrt, füllten sie schleunigst eine neue Vollmacht aus, in der meine Schwester und ich als Vertrauenspersonen eingesetzt wurden.

Meine Eltern wünschten sich im Folgenden vor allem lindernde medizinische und pflegerische Maßnahmen, KEINE lebensverlängernden Maßnahmen, KEINE Wiederbelebung, KEINE künstliche Ernährung.

Die Patientenverfügungen waren erstmals Ende 2000 unterschrieben und Anfang 2005 noch ein zweites Mal. Diese regelmäßige Bestätigung der Verfügung durch erneute Unterschrift wurde auf dem Formular auch ausdrücklich empfohlen.

Dazu kam dann noch eine weitere Vollmacht, die nur Elisabeth und mich betraf, nämlich die Bankvollmacht, die uns ermächtigte, über Opas Konto zu verfügen. Aber die hatte im Altersheim nun wirklich nichts zu suchen.

Puh, so viele Verfügungen – und in ebenso vielen Situationen halfen sie gar nicht wirklich weiter, weil die Texte so kompliziert formuliert waren, dass uns die Entscheidungen auch nicht leichter fielen. War das Vollstopfen mit Brei nicht auch ein bisschen wie künstliche Ernährung? Wann bewegte sich das Leben unwiderruflich auf den Tod zu? Wenn das Thema nicht zu ernst wäre, würde ich sagen: Das Leben hat immer einen tödlichen Ausgang!

Opa bat Hans: »Sieh doch mal in Baden-Baden nach, dort ist das Klo nicht mehr in Ordnung. Von Januar an war ich nicht mehr dort.«

Wenn Hans es nicht selbst reparieren könne, solle er einen Installateur beauftragen. Denn wenn man das Klo nicht mehr benutzt, ginge die Spülung irgendwann nicht mehr.

In Baden-Baden hatte Opa als Kind gewohnt. Aus Baden-Baden kam heute ein kleines Päckchen. Eine selbst gebackene Linzertorte war darin! Heimat. Als Opa noch ein kleiner Junge war, buk ihm seine Mutter jedes Jahr zu Weihnachten eine Linzertorte. Als er bereits Opa war, buk ich ihm eine Torte nach dem Rezept seiner Mutter, jedes Jahr zum Geburtstag. Diese Linzertorte war von Rosemarie. Die mochte Opa so gerne. Die

Linzertorte, und die Rosemarie auch. Ich werde sie gleich anrufen und mich bedanken!

»Elisabeths Mann ist gestorben!«

»Da bringst du etwas durcheinander, Mutti. Thomas lebt noch und ihm geht es sehr gut. Aber der Mann deiner Nichte, der ist tatsächlich gestorben.«

»Wie heißt denn meine Nichte?«.

Ich nannte ihr den Namen.

»Ach, die kenne ich ja gar nicht mehr. Das muss ich mir alles notieren. Schreibe du alles auf!«.

Dafür erinnerte sie sich überraschenderweise daran, dass gestern Rosemaries Tochter, die in München studierte, zu Besuch war. Und vorgestern Katharina mit Luca. Es lagen ein paar Fotos von seinem vierten Geburtstag auf Omas Nachtkästchen, Fotos voller Luftschlangen, Smartieskuchen und fröhlichen Kindergesichtern. Wieder und wieder schauten wir sie gemeinsam an, Oma konnte sich gar nicht sattsehen.

Donnerstag, 2. Februar 2006

»Und meine festen Schuhe sind auch weg. So kann ich doch nicht in den Speisesaal gehen.«

Die Socken zog ich ihm an, einen Speisesaal gab es nicht. Aber Opa war beruhigt. »So ist es gut! Liegt Oma zwei Betten weiter?«

»Nein, im Bett nebenan«, antwortete ich. »Sie schläft.«

»Das kann man im Zweiten Weltkrieg doch nicht machen! Wir brauchen dringend die Essensmarken, sonst gibt es nichts!« Gestern verabreichte der Pfarrer meinen Eltern die Krankensalbung.

Oma stöhnte, dass es ihr heute nicht so gut wie sonst gehe. So gut wie sonst?

Opa lag ruhig da. Ein Auge war geöffnet, das andere nur zur Hälfte sichtbar. Er war sehr schlapp. Ob er irgendwas bekommen hat? Ich meine, einen kleinen Schlaganfall oder so? Sein Gesicht gefiel mir gar nicht. Das eine Augenlid, das so schlaff herunterhing. Nur einen Spalt geöffnet. Und das leise Raunzen, statt zu reden. Und ab und zu Gestöhne. Ich streichelte ihm liebevoll die Hand. Ob er mich erkannt hat, weiß ich nicht. Heute musste ich ihn füttern, aber viel wollte er eh nicht.

Elisabeth hatte mir einen Zettel mit Notizen über ihren gestrigen Besuch hinterlegt. Opas Äußerungen fand sie interessant. Das Arbeitsministerium hätte bei ihm angerufen. Sie wollten ihn wieder reaktivieren. Opa sollte dabei eine Beraterfunktion übernehmen. Er hatte Zweifel, weil er doch schon so lange aus dem Geschäft heraus sei. Er könne das nicht mehr. Es wäre die Hochzeit eines Prinzen in Afrika, und da müsste er jetzt hinfliegen. Denn alle anderen Berater seien abgesprungen. Elisabeth meinte, da kämen Ängste von früher ans Tageslicht. Er sagte explizit, dass er vor lauter Ängsten gar nicht mehr wisse, was er tun solle. Zu Katharinas Gemälde an der Wand äußerte er sich auch. Er konnte sich nicht erklären, wie das Bild ins ZDF gekommen wäre. Er hätte es sicher im Fernsehen gesehen.

Bei meinem heutigen Besuch war die Verwirrtheit noch nicht weg. Er erzählte mir gleich zu Beginn von einer Durchsage. Sie hätten ihn an die Pforte bestellt! Über die Lautsprecher! Und ich solle für ihn den Gang unternehmen und ausrichten lassen, dass er nicht mehr persönlich erscheinen könne, da er einen festen Verband hätte.

Ich ging also kurz aus dem Zimmer, aber natürlich nicht zur Pforte, sondern nur kurz den Gang auf und ab. Und flunkerte Opa dann vor, dass die an der Pforte jetzt Bescheid wüssten. War das »Flunkern«? Lügen? Oder einfach nur in Ordnung, weil seine Sorgen damit vom Tisch waren?

Was war denn heute nur los? Jetzt schaltete sich Opa wieder ein. Fragte mich, wie denn die Fahrt nach Ingolstadt gewesen wäre. Ich war schon ewig nicht mehr in Ingolstadt! Da flunkerte ich ihm jetzt auch nichts mehr vor.

Er ging auf meine Berichtigung ein: »Also bist du gar nicht weg gewesen?«

»Nein, schon länger nicht mehr. Aber Simon und seine Freundin, die unternehmen bald eine große Reise, nach Neuseeland!«

»Was? Fliegt denn Oma mit?«.

Manchmal fiel mir nicht mehr ein, was ich noch sagen sollte. Aber wie verwirrt er auch war, an seine Frau dachte er dabei immer noch.

Auf dem Gang kamen mir Schwester Janica und der Pfleger Hakan entgegen. Sie wedelten mit einem Zettel. Eine Unterschrift bräuchten sie. Das mit Opas Bettgitter sei jetzt eine ärztliche Verordnung oder eine Art Attest, die ich nur noch unterzeichnen müsste. Oder eben noch mit meiner Schwester Rücksprache halten. Aber in Dr. Legnau hatte ich volles Vertrauen. Also unterschrieb ich gleich. Ich konnte seine Freiheitswünsche mehr als nachvollziehen, aber wenn er aus dem Bett fallen würde, wäre alles langfristig noch schlimmer...

Simon machte gerade Urlaub in Neuseeland, mit seiner Freundin. Als ich Opa die Postkarte vorlas, die Simon geschickt hatte, schien es, Opa würde vor Freude von neuer Energie durchströmt. Er fragte nach, ob Simon und Vera dort schon ein Quartier hätten und wie lange der Flug gedauert hätte. Ansonsten kam mir Opa heute »komisch« vor, wie er mit seinen halb geschlossenen Augen vor sich hin brabbelte. Schlapp und unmotiviert.

»Unmotiviert nannte ihn die Ergotherapeutin«, sagte mir später Elisabeth am Telefon. Frau Huber gelang es angeblich nur unter Einsatz all ihrer Tricks, Opa morgens zum Aufstehen zu bewegen und ihn anzuleiten, sich selbst zu waschen. Geschweige denn, irgendwelche anderen alltäglichen Tätigkeiten wieder neu zu erlernen, wie zum Beispiel Zähne putzen, Anziehen, Rasieren, Essen schneiden… Frau Huber hätte jetzt mit Frau Winter vereinbart, dass diese sich darum kümmert, Opa zu mobilisieren, sodass er zumindest Arme und Beine weiterhin bewegen kann. Scheinbar sah sie keinen großen Sinn mehr darin, ihm wieder größere Selbstständigkeit beizubringen.

Elisabeth hatte eine gute Idee – sie fragte Schwester Emma, ob man nicht die Betten von Mutti und Vati in der Mitte etwas näher zusammenschieben könnte. Denn besonders Opa möchte Oma doch immer wieder zumindest ansehen! Ich hoffe, die Schwestern machen das!

Zwei neue Listen lagen auf dem Tisch. »Nachweis freiheitsbeschränkender Maßnahmen« nannte sich die eine. Klang grässlich. Pflegestuhl, Vollfixierung, Bauchgurt, Bettgitter rechts, Fixierung linker Arm, rechter Arm und so weiter. Für alles gab es Abkürzungen und Kästchen dahinter. Eingetragen werden mussten die ärztliche Anordnung, der Zeitraum, das Datum, Beginn und Ende der Maßnahme und das Handzeichen der durchführenden Schwester.

»Heute Morgen hatte er beide Beine über das Bettgitter heraushängen. Wohlgemerkt war das Gitter oben. Sollen wir es nun nachts hoch machen oder nicht?«, erkundigte sich Emma.

»Meine Schwester und ich sind dafür, dass das Gitter oben bleibt. Wir haben dafür doch kürzlich etwas unterschrieben, wenn auch auf Widerruf.«

»Ja, das weiß ich schon«, sagte Schwester Emma. »Aber wenn ihr Vater drüber klettert und hinunterfällt, dann ist er tot.«

»Dann ist es halt so«, rutschte es mir heraus.

»Dann lassen wir das Gitter also oben.«

Als ich Opa fütterte, schaute ich mir nebenbei sein Bett und die Matratze noch mal genau an. Die Matratze war höher als gewöhnliche Matratzen, eine sogenannte Dekubitus-Matratze, die das Wundliegen verhindern sollte. Deshalb war der Abstand zwischen der Matratze und dem oberen Gitterrand nur minimal, auch wenn das Gitter hochgezogen war. Ich könnte da ohne Probleme noch aussteigen! Und Opa vielleicht auch. Emma versuchte, meine Befürchtungen zu zerstreuen. Dabei war sie es, die heute Morgen seine Beine über das Bettgitter hängen hat sehen!

»Oh, stimmt ja. Aber das Aussteigen kann er wirklich nicht mehr schaffen!«

»Da wäre ich mir aber nicht so sicher! Wer weiß, welche ungeahnten Kräfte solche alten Menschen auf einmal noch entwickeln können!«

»Da haben sie recht, das kommt vor«, lenkte Emma ein. »Wissen Sie was, ich lege ihrem Vater jetzt nachts noch die alte Matratze vors Bett auf den Boden, dann kann nichts passieren, falls er doch mal rausfällt. Und am Montag frage ich Dr. Legnau, ob ich ihrem Vater für die Nacht ein leichtes Beruhigungsmittel geben darf, weil er gar so unruhig ist.«

Mit dieser Lösung war ich zufrieden.

Die Betten waren zusammengestellt! Schwester Emma hatte daran gedacht. So gefiel es mir gleich besser im Zimmer! Als mich Opa diesmal fragte: »Wo ist Oma?«, konnte ich ihm schon viel besser helfen!

»Dreh deinen Kopf ein bisschen zur Seite, dann kannst du sie sehen! Dort liegt sie.«

Opa winkte seiner Frau und Oma antwortete laut: »Hier bin ich!« Und holte mit Mühe ihre Hand unter der Bettdecke hervor und winkte zurück. Schön!

Schwester Anne auf dem Gang getroffen. Opa wäre die letzten Tage gar nicht gut drauf. Er würde immer wieder nach Oma rufen. Er hätte gehört, dass Oma gestorben sei! Immer wieder lässt Anne deshalb Oma ihre Hand herausnehmen und Opa zuwinken. Als ich mit Hans an sein Bett trat, fingerte er nervös an seinem Nachthemd herum. Erleichtert sagte er:

»Da seid ihr ja wieder! Ich dachte schon, ihr kommt gar nicht mehr. Es war schlimm. Ich dachte, mein letztes Stündchen hätte geschlagen.«

Ab da konnte man sich nicht mehr richtig mit ihm unterhalten. Nur noch undeutliche Laute brachte er heraus. Seine Hände waren eiskalt und lagen schwach zusammengefaltet vor ihm auf der Bettdecke. Wenn er etwas sagte, sah er nicht uns an, sondern sein Blick war in weite Ferne gerichtet.

Auf einmal konnten wir ihn wieder verstehen. Er fragte:

»Woher wisst ihr denn, dass ich hier liege? Es ist sehr wichtig, dass ihr die Adresse von hier aufschreibt.«

Dann wurde seine Stimme wieder leiser und schwächer. Ich berührte ihn am Kopf und beugte mich weit zu ihm hinunter, um zu verstehen, was er sagte. Doch er wirkte so schwach und die Augen gingen immer mehr zu. Mir wurde ganz anders. Er wird doch jetzt nicht in meinen Armen sterben…

Als ich heute ins Heim kam, nahm Opa meine Hände ganz fest in seine und fragte mich: »Wo kommst du jetzt her? Woher weißt du, dass wir hier sind?«

Heute war er der Meinung, ich sei aus Bad Reichenhall gekommen und war beeindruckt, dass ich so einen weiten Weg auf mich genommen hatte. Ich erklärte ihm, dass ich etwa eine halbe Stunde von zu Hause hierher benötigt hätte.

Opa blickte mich skeptisch an: »Das glaube ich dir nicht! Von Bad Reichenhall bis hierher dauert es mindestens zwei Stunden! In welchem Krankenhaus sind wir denn hier?«

»Es ist ein Altenheim und heißt St. Gertrud.«

Hans sprach mich abends darauf an, ob ich mit Elisabeth nicht allmählich beginnen wolle, die Wohnung von Oma und Opa auszuräumen. Zurückkommen würden sie nicht mehr. Dann wäre wenigstens schon etwas getan, wenn mal der »Ernstfall« einträte. Da käme eh noch genug Arbeit auf uns zu.

Simon rief aus Neuseeland an und ließ liebe Grüße ausrichten, auch an Oma und Opa. Hoffentlich halten sie noch so lange durch, bis er wieder in Deutschland ist.

Opa zeigte ich wieder alle Bilder und Fotos, die an der Wand hingen. Schon lange hatte er sie nicht mehr richtig angeschaut. Ein richtiges Lächeln huschte über sein Gesicht, als er das Hochzeitsbild seiner Eltern betrachtete!

Wie wichtig doch Fotos von früher für die alten Leute waren! Fotos aus der Vergangenheit wurden immer wichtiger, je mehr sich die Gegenwart nur noch um Essen oder Nicht-Essen, um Stuhlgang oder Medikamente dreht. Die Gegenwart, in der die Persönlichkeit der Menschen häufig ignoriert wurde, wenn die Schwestern und Pfleger ihre Fragen mit diesem dummen »wir« begannen. Haben wir heute gut geschlafen? Hatten wir heute schon Stuhlgang? Opa ist nicht »wir«. Opa ist ein Mensch, ein Individuum. Die Fotos an der Wand zeugten von seiner Herkunft und somit von seiner Einmaligkeit. Fotos aus dem Leben waren ein Zeugnis dafür, dass es eine Vergangenheit gab, in der der alte Mensch zu dem wurde, was er jetzt ist. Alle alten Menschen, vor allem die, die nichts mehr über sich erzählen konnten, sollten Fotos aus ihrem Leben an den Wänden hängen haben. Dann würde jeder, der das Zimmer betrat, etwas mehr über den Menschen wissen, sich besser auf ihn einstellen können und Ausgangspunkte für ein Gespräch finden.

Ich radelte heute direkt von der Frühmesse ins Altersheim und besuchte dort gleich noch einen Gottesdienst. In der Kapelle

138

waren 19(!!) Leute im Rollstuhl anwesend! Als ich meinen Eltern davon erzählte, wünschten sie sich, auch mal wieder in die Kirche zu gehen. Wieso hatte ich bisher nicht nachdrücklicher bei den Schwestern durchgesetzt, dass Oma und Opa öfter im Rollstuhl zur Messe hochgeschoben werden? Ich gebe zu, ich hatte es auch vergessen, weil Oma in ihrer ersten Zeit im Altersheim ihr Zimmer sowieso nicht verlassen wollte, aus Scheu vor den unbekannten Menschen und dem, was diese über sie denken könnten. Wenigstens kamen Pater Schönfeld und der polnische Pfarrer, der für das Altenheim zuständig war, regelmäßig zu meinen Eltern ins Zimmer.

Opa ging jeden Sonntag in die Kirche. Bis zu seinem 91. Lebensjahr. Dann ging es mit den Beinen nicht mehr so gut. Ab diesem Zeitpunkt sahen sich meine Eltern jeden Sonntag einen Gottesdienst im Fernsehen an. Sie feierten mit, innerlich ergriffen. Über ihre erste Zeit mit ihrem Mann erzählte mir Oma dazu: »Bei einem unserer ersten Treffen in München sagte ich zu ihm, dass ich gerne in die Kirche gehen würde. Es war gerade Sonntag. Und er ging mit! Er drückte mir sogar ein Zehn-Pfennig-Stück in die Hand, als Spende für den Klingelbeutel. Da wusste ich und spürte ich, dass er katholisch ist! Das war etwas Verbindliches!«

Später kam Katharina mit Luca noch vorbei. Sie kamen direkt vom Schlittenfahren auf der Firstalm. Der Schnee dort läge noch drei Meter hoch, erzählte sie. Opa freute sich am meisten über seinen kleinen »Spatzi«, den Luca. Besonders, als er seine kleine Hand durch das Bettgitter hindurch steckte und in Opas Hand legte. Opa streckte immer wieder seine Hand nach ihm aus, um ihm über die zarte Haut auf seiner Wange zu streicheln oder mit einem Augenzwinkern die Hand zu drücken.

Ich erzählte Katharina von unseren Plänen, mit dem Ausräumen der Wohnung bereits in Kürze zu beginnen, zumindest ein bisschen. Sie zeigte sich nicht gerade begeistert davon, die Wohnung schon aufzulösen, bevor beide gestorben seien. Ich bat sie trotzdem, mal nachzusehen, was sie von den Sachen brauchen könnte. Eventuell etwas Geschirr, sagte sie, vielleicht eine Auflaufform. Aber in erster Linie möchte sie die beiden in ihrer Erinnerung behalten, im Herzen, dafür bräuchte es keinen Nippes, der nur herumsteht.

Für Katharina, Simon und Michael wird es ein herber Verlust sein, wenn die geliebten Großeltern sterben!

Eisig kalt und windig war es draußen. Ich wärmte meine Hände unter Omas Bettdecke und erzählte den beiden von zu Hause, von den Renovierungsarbeiten im Keller und der geplanten Sanierung der Grundmauern. Oma erinnerte sich noch daran, dass an den Kellerwänden der Putz runterbröckelte.

Im Heim begegnete mir eine unbekannte Schwester. Ich fragte sie, ob sie neu hier sei. Ja, sie käme aus Dresden. Hier absolviere sie ein dreimonatiges Praktikum. Sie hätte früher in einer Druckerei gearbeitet und dort Mitarbeiter ausgebildet. Nach der Hochzeit sei sie mit ihrem Mann nach München gezogen und habe wegen der Kinder zu arbeiten aufgehört. Jetzt seien ihre »Kleinen«, wie sie sie immer noch nannte, aus dem Haus. Aber in einer Druckerei fände sie mit über 50 keine Stelle mehr. Also mache sie bei der Caritas eine Umschulung zur Altenpflegerin.

»Da haben Sie sich aber keinen einfachen Beruf ausgesucht.«

»Ich weiß, ich weiß«, seufzte sie, »die Beine, das Kreuz, die Muskeln werden da ganz schön strapaziert. Mein Kreuz ist eh schon kaputt. Aber hier gibt es wenigstens genug freie Arbeitsplätze. Und bei ihrer Mutter ist die Arbeit nicht so schlimm, die ist ja so leicht.«

Sie fragte mich noch, ob die jüngere, etwas schmälere Frau mit der burschikosen Frisur, meine Schwester sei. Auch für die

Vergangenheit meiner Mutter interessierte sie sich. Denn Oma hatte ihr erzählt, dass sie früher Kinderkrankenschwester gewesen sei. Und dass es damals immer wieder vorgekommen wäre, dass Säuglinge anonym vor der Tür des Kinderkrankenhauses abgelegt wurden. Heute wäre das anders, wegen der Abtreibung. Diese Arbeit könnte sie heute nicht mehr tun, hatte Oma dazugesagt.

Meine Mutter war tatsächlich Säuglingskrankenschwester. Vor dem Krieg, da war sie etwa 20 Jahre alt, versorgte sie kleine Kinder und Babys in ihren Familien. Im Alter von 23 Jahren arbeitete sie als Sprechstundenhilfe bei einem Arzt für Magen- und Darmkrankheiten in der Maximilianstraße.

Die Praktikantin fragte mich, wie meine Mutter war, als es ihr noch besser ging.

»Eine sehr dominante Frau war sie«, erzählte ich. »Meine Mutter musste uns zwei Kinder ja während des Krieges mehr oder weniger allein aufziehen. Und daneben noch ihre kranke Mutter und ihren Vater versorgen.«

»Das hat ihre Mutter geprägt, das merkt man«, antwortete die Praktikantin.

Ich erzählte ihr auch noch, wie sich meine Eltern kurz vor Kriegsbeginn kennengelernt und nach kurzer Zeit geheiratet hatten. Und jetzt schon seit 65 Jahren zusammen und – außer im Krieg – fast nie getrennt waren.

Die Praktikantin war gerührt. »Wenn ich zu ihren Eltern reinkomme, dann steigen mir manchmal die Tränen in die Augen, weil sie mir in der kurzen Zeit, in der ich erst hier bin, bereits so ans Herz gewachsen sind. Ihr Vater ist so ein grundguter Mensch, das spürt man einfach.«

Opa bat Hans, bei der »Kurdirektorin« anzurufen, um eine kleine Zusammenkunft zu bitten, ganz schlicht und ohne Aufwand. Es sei kein offizieller Empfang, da das Heeresbauamt nicht zuständig sei. Opa sprach dann noch vom Finanzministerium und von Bad Steben. Opa war während seiner Zeit bei der Obersten Baubehörde unter anderem für Kurbäder zuständig. Bad Steben, Bad Kissingen, Bad Brückenau, um nur einige zu nennen. Opa hielt Hans für die Bauleitung hier. In Sätzen, die immer mehr zu Fragmenten wurden, fragte er ihn noch nach seiner Frau und ob er mit den Kollegen des Heeresbauamtes denn schon eine Stammwirtschaft ausgesucht hätte. Hans ging darauf ein, als wäre es die natürlichste Sache der Welt, über 60 Jahre nach dem Zweiten Weltkrieg über das Heeresbauamt zu reden.

Omas Gerede wurde von Tag zu Tag immer wirrer. Wo es bisher wenigstens noch zusammenhängende Geschichten waren, denen man mit ein bisschen gutem Willen folgen konnte, bestanden ihre Monologe nun mehr aus einer Aneinanderreihung von Fragen und Sätzen. Fragmente, die sie von außen aufschnappte, baute sie ein. Manchmal sprach sie mich noch mit Namen an, manchmal klang es so, als würde sie sich mit einer oder mehreren anderen Menschen unterhalten, deren Stimmen für uns jedoch verborgen blieben.

Reden wie ein Wasserfall
(7.4.06-6.7.06)

Anruf vom Altenheim. Eine dringende Angelegenheit wegen meiner Mutter!

»Ihre Mutter ist verwirrt und desorientiert«, sagte Schwester Milenka.

Das war nun wirklich nichts Neues!

Was sie mir dann erzählte, erschien mir jedoch weniger verwirrt als eine wundervolle Bildersprache zu sein. Oma hatte nämlich davon gesprochen, dass sie auf eine Reise gehen wollte. Aber »dort« wollten sie sie noch nicht aufnehmen. Wohl weil sie in ihrem Leben noch zu wenig gebetet hätte. Und den Schlüssel für »dort« bräuchte sie noch.

»Meine Liebe, wenn es so weit sein sollte, dass sie gehen müssen, dann brauchen sie keinen Schlüssel mehr«, hatte Milenka geantwortet.

Zu mir sagte sie: »Ich merke, dass ihre Mutter eine gläubige Frau ist. Sie bat mich später auch noch um einen Pfarrer, um mit ihm zu beten. Ihr Vater sprach gestern auch etwas von einer Reise. Und dass er den Zug noch erwischen muss. Heute ist er wieder ruhiger.«

Angerufen hatte sie mich vor allem, um zu fragen, ob sie tatsächlich den Pfarrer benachrichtigen sollen.

»Ja, auf jeden Fall! Meine Eltern haben schon vor einiger Zeit darum gebeten. Er war schon einmal da, um ihnen die Krankensalbung zu geben.«

Eigentlich wollte ich heute nicht ins Heim, fuhr aber nachmittags doch kurz hin. Es ließ mir keine Ruhe – die Todesahnung in Omas Worten? Milenka war froh, mich noch zu sehen.

»Es schaut nicht gut aus mit ihrer Mutter. Bei uns sterben immer viel um Ostern und um Weihnachten herum. Auch das

Wetter wirkt sich oft auf die Sterberate aus. Es ist gut zu wissen, dass beide schon die Krankensalbung erhalten haben. Ich glaube, dass beide fast gleichzeitig oder zumindest kurz hintereinander sterben werden.«

Nach dem kurzen Gespräch ging ich zu Oma. Die Zimmertür stand offen, denn ich hörte sie schon von Weitem rufen: »Ich muss sterben! Ich muss sterben!« Immer wieder und wieder. Ich ging ins Zimmer und streichelte Oma sanft.

»Ich bin da!«.

»Wer ist »ich«?«.

»Eva.«

»Wie hast du DAS erfahren?«

Wir stimmten ohne Worte darin überein, was mit »das« gemeint war.

»Schwester Milenka hat mich zu Hause angerufen.«

»Ich will nicht mehr!«, rief Oma. »In drei Jahren bin ich hinüber! Ich kann es nicht mehr ertragen! Nehmen wir es so, wie es kommt. Einmal muss es sein. Aber ich freue mich, wenn die Kinder kommen.«

Oma war sehr unruhig und redete fast ununterbrochen. Vom Doktor bekam sie als Bedarfsmedikament ein Beruhigungsmittel.

Opa aß das Frühstück heute allein, ohne Hilfe! Ihm ging es besser als gestern.

Simon war gestern im Heim und erzählte mir danach, Oma hätte in einem fort »gequasselt«. Man sei selbst gar nicht zu Wort gekommen. Und sich daneben mit Opa zu unterhalten wäre dadurch schier unmöglich. Dieser Geräuschpegel bei einem Schwerhörigen im Zimmer…

Oma erzählte mir von Simons Besuch. Ein fescher Kerl sei er und so ein tüchtiger Arzt! Ich könne stolz auf meinen Sohn sein! Sie fragte, ob er denn eine Freundin hätte und schon verheiratet sei. Dass Simons Freundin Vera sie bereits öfter besucht hatte, wusste sie nicht mehr. Es waren schöne Minuten mit ihr heute, bis sie ganz aufgeregt fragte:

»Was steckt denn die Kinder an? Wir sitzen hier und suchen im Heim den Kimmel!«

Die Worte wurden allmählich unverständlicher. Zeitweise konnte ich nur noch »Mutter! Mutter! Mutter!« verstehen. Und »Meine Mutter geht nicht mehr her... Vater, Vater... die sind ja schon tot!« Mittendrin fing sie zu beten an: »Heiliger Josef, hilf mir, halte Haus...«. Und fuhr fort mit: »Ich verlasse mich ganz auf euch. Ich möchte da gerne Sturm fahren. Vielleicht kann ich morgen Auto fahren. Ich will wieder in mein Haus! Ich bitte, dass sie wieder kommen darf. Ich bitte, dass ich wieder heim darf. Ich halte jetzt den Mund.«

»Wenn du heimkommst, dann wird die Wohnung, in die du kommst, ganz herrlich für dich eingerichtet sein.«

Ich meinte damit die himmlische Wohnung, ihr endgültiges Zuhause. Vielleicht bedeutete für sie das »nach Hause kommen« oder in die Heimat zurückkehren wirklich, an einen Ort der Geborgenheit zu gelangen, an einen Ort zu kommen, dem sie sich zugehörig fühlen, an dem sie der Mensch sein durfte, der sie war?

Oma sprach weiter. Sie möchte heiraten, aber einen jungen Mann, einen, den sie gar nicht kenne.

»Du bist doch schon verheiratet! Und das schon ziemlich lange, seit 65 Jahren, mit Opa. Und er liegt in dem Bett neben dir!«

»Oh ja, da bin ich aber froh!« Oma atmete auf. »Mit Opa? Ach, es ist alles so durcheinander. Ich weiß nicht, wo ich bin, wo ich hingehöre. Oh Mutter!«

Opa stierte in der Zwischenzeit an die Decke. Seine Augen waren weit geöffnet. Seine Hände beschrieben seltsame Bewegungen in der Luft, so, als wollte er nach etwas greifen. Dann führte er eine Hand zum Mund und streckte sie wieder aus, so, als wollte er mir weit in der Ferne etwas zeigen, könnte aber keine Worte dafür finden. Er musste jetzt auch gefüttert werden, aß aber wenigstens noch mit Appetit. Jedes Mal, wenn ich ihm die Hände hielt, streichelte und auf die Stirn küsste und dann in die Augen schaute, dachte ich: »Wenn er jetzt die Augen schließt! Er wird doch nicht in meinen Armen sterben?«

Jedes Mal drückte er mir dann fest die Hände und fühlte sich lebendiger an. Doch wenn sie wieder schlaff wurden, drängte sich erneut meine Angst nach vorne.

Telefonat mit Elisabeth:

Sie hatte am Donnerstag mit der Urlaubsvertretung von Dr. Legnau telefoniert. Er hatte Oma ein neues Medikament verordnet, gegen die Parkinson'sche Krankheit. Sie hätte nicht das »richtige« Parkinson, das ja meist schon viel früher einsetzt, sondern es gäbe noch das »Altersparkinson«, bei dem die Glieder und Gelenke immer steifer wurden. Die Tabletten sollen die Muskeln und Gelenke wieder lockerer machen.

Außerdem wollte Oma letzten Montag mit ihr Englisch lernen! Elisabeth ging darauf ein und nannte ihr einige englische Wörter. Yes, father, light. Oma konnte sie sogar noch buchstabieren und alle deutschen Wörter, die ihr Elisabeth nannte, ins Englische übersetzen.

Und: Opa belaste das viele »Gequassel« von Oma bestimmt. Ob es nicht besser wäre, ihm von Zeit zu Zeit das Hörgerät heraus zu nehmen? Ich weiß nicht so recht, was ich davon halten soll.

»Wie gehst du denn damit um, wenn Oma dauernd redet und du mit Opa ein paar Worte wechseln willst?«, fragte ich sie.

»Das macht mir nichts aus«, antwortete sie. »Ich antworte ihr dann schon, wenn sie etwas von mir wissen will. Sonst rede ich mit Opa weiter – oder versuche es zumindest. Oft passt das, was ich zu ihr sage, nicht zu dem, was sie vorher sagte oder umgekehrt, aber das macht mir nichts aus.«

Ich konnte das nicht. Mich regte das ständige Gerede im Hintergrund auf, wenn ich mich mit Opa beschäftigen wollte.

Als ich abends vom Heim nach Hause kam, war ich so geschafft, dass ich ein Herzmittel nehmen musste, um wieder auf die Beine zu kommen.

Karwoche. Elisabeth übernahm die Besuche. Ich war zu fertig. Hatte ihr erzählt von den Schmerzen in der Herzgegend. Und dass Hans meinte, sie, Elisabeth, sei eben abgeklärter als ich, nicht so empfindlich, feinfühlig und sensibel.

»Das kann man nicht gerade sagen«, erwiderte sie. »Das ist alles nur eine Maske. Vielleicht wirke ich manchmal etwas forsch, aber das brauche ich, um mein Innerstes zu schützen.«

Ich wusste, dass sich Elisabeth durchaus Gedanken über den Tod machte. Kürzlich, als wir in Omas Wohnung Kleider ausmisteten, weinte sie plötzlich und umarmte mich. »Wenn die Leute nicht mehr essen und trinken«, sagte sie, »dann geht es wirklich dem Ende, dem Tod entgegen. – Ich weiß ja, dass Oma sterben muss. – Aber so plötzlich?«

Sie seufzte. »Wie oft liege ich nachts stundenlang wach. Wie oft schnürt es mir den Hals zu, wenn ich wieder ins Altersheim gehen muss. Wie oft kann ich nicht einmal unsere Kurzurlaube genießen, weil ich viel zu unruhig bin. Weißt du, Eva, seit du mich im Urlaub angerufen hast, damals, vor 1 ½ Jahren, und mich von dem Oberschenkelhalsbruch in Kenntnis gesetzt hast, seitdem bin ich fast ständig unter Stress.«

Mich überraschte, dass Elisabeth von einem »plötzlichen Tod« sprach. Warteten wir nicht schon lange darauf? Was war nun besser? Wenn die Eltern vom lieben Gott plötzlich abberufen werden? Oder die Angehörigen viel Zeit haben, sich zu verabschieden? Wir hatten viel Zeit. Und trotzdem fiel es uns schwer. Beiden Seiten fiel es schwer. Unseren Eltern das Gehen. Uns das Abschiednehmen. Und bei allem Warten schien der Tod trotz allem ein »plötzliches« Ereignis zu sein. Scheibchenweise konnten wir jetzt – schmerzlich - lernen, von unseren alten Gewohnheiten abzulassen, scheibchenweise loszulassen.

Ostermontag. Simon und Vera waren heute bei uns eingeladen. Wir sprachen über die Patientenverfügung. Vera empfahl uns, noch zusätzlich per Unterschrift und ärztlicher Verordnung festzulegen, dass die beiden bei Vorkommnissen wie einer Blasenentzündung oder Ähnlichem nicht gleich ins Krankenhaus gebracht werden sollen.

Mit Schwester Janica sprach ich heute über all diese Dinge. Sie versprach mir, unsere Wünsche im Team in Erinnerung zu rufen und entsprechend in den Akten zu notieren.

Oma hatte mit der Post ein kleines Päckchen bekommen! Eine Postkarte und ein winziger Kuchen befanden sich darin. Ostergrüße von Rosemarie aus dem Schwarzwald. Und dass Opa sich den Linzerkuchen schmecken lassen soll.

Mir gelang es nicht, Oma zu füttern. Sie wollte nicht richtig aufwachen. Also kümmerte ich mich um Opa.

Schwester Milenka versuchte ihr Glück bei Oma. Indem sie ununterbrochen auf sie einredete, gelang es ihr, Oma wach zu halten. Oma stöhnte aber nur die ganze Zeit. »Oh, oh, oh je!« Ich hatte den Eindruck, sie wollte nichts mehr essen. Aber Milenka machte trotzdem immer weiter. Die ganz Suppe und dann noch weiter. Oma fing schon zu würgen an. Höchste Zeit für mich, einzuschreiten:

»Sie, ich glaube, es ist jetzt genug. Meine Mutter will gar nichts mehr! Lassen Sie es doch jetzt!«

Aber es half nichts. Sie machte weiter. Redete auf Oma ein:

»Sie haben so abgenommen. Und schauen Sie, ihr Mann möchte doch auch, dass sie wieder essen.«

Oma stöhnte weiter dabei. Es war furchtbar. Als Milenka endlich das Essen wegstellte und den Raum verließ, streichelte ich meine Mutter lange übers Gesicht und beruhigte sie:

»Schau, Ömchen, jetzt musst du nichts mehr essen. Das Essen wurde weggebracht.«

»Ich bin doch kein kleines Kind mehr! Ich bin doch erwachsen!«, sagte Oma.

Mal ganz abgesehen davon, dass man mit einem kleinen Kind auch nicht so umspringen sollte, dachte ich.

Opa fragte mich, mit wem denn Oma telefonieren würde, weil sie immer so viel redete.

Eine andere Schwester räumte die Tabletts ab und fragte, ob auch gut gegessen wurde. Da bat ich sie vor die Tür. »Bitte zwingen sie meiner Mutter das Essen nicht so rein, wenn sie nicht mehr will.«

»Das machen wir nie!«, wehrte sie empört ab. »Wenn sie nicht essen will, geben wir ihr zu trinken, aber wir zwingen doch keinen, etwas zu essen!«

War nichts zu machen. Erst mal. Aber ich werde dranbleiben.

»Ich möchte zum Essen aufstehen«, sagte Oma zu Milenka.

»Sie sind dafür zu schwach«, wandte Milenka ein.

»Schwarz?«

»Nein, zu schwach, sagte ich«, verbesserte sie Milenka.

»Ach, zu schwach, um aufzustehen.«

Oma tat, als hätte sie verstanden. Als die Schwester das Zimmer verlassen hatte, wetterte sie los:

»Ich will aufstehen und ich kann aufstehen. Gestern wollte ich mich ein bisschen hinlegen und jetzt bin ich wieder aufgewacht. Habt ihr den Vogel rausgelassen? Jetzt stehe ich auf. Ich muss aufstehen für jemanden!«

»Du hast aber noch dein Nachthemd an«, sagte ich.

»Ein Nachthemd? Das ist ja furchtbar!« Oma war empört. »Dann stehe ich jetzt auf und ziehe es aus. Weil jetzt bin ich aufgewacht. Haben wir schon etwas gegessen?«

»Nein, das Mittagessen kommt erst noch.«

Während Oma eine Stunde lang ununterbrochen redete, fragte Opa immer wieder besorgt, was denn mit ihr los sei.

Das Essen konnte – wie gewöhnlich – ihren Redefluss nicht unterbrechen. Sie weigerte sich gegen jeden Löffel, den ich ihr anbot.

»Ich will nichts essen! Das ist nicht gut für mich! Davon bekomme ich Rückenschmerzen! Ich werde dir ins Gesicht spucken! Ich spuck dir ins Gesicht! Mir ist so schlecht!«

Mit so heftigen Worten hatte ich ihren Widerstand noch nicht erlebt. Ich ging auf den Gang hinaus, um mich mit einer Schwester zu beratschlagen. Schwester Milenka startete auch noch einen Versuch, aber Oma begann schon beim Anblick des Löffels zu würgen und das Essen kam sofort wieder hoch. Da gab sogar die Schwester auf. Dann aß sie heute eben nichts. Halb so schlimm. Es wurde in die Liste eingetragen. Eine Null in der Spalte »Einfuhr«. Stattdessen wird es eine Extraportion Astronautennahrung geben.

Sie war so steif. Versteifte immer mehr. Der Kopf nach hinten gebogen, als würde sie etwas hinter sich an der Zimmerdecke suchen. Das war bestimmt nicht gut für die Wirbelsäule. Der Kopf nach hinten, der Mund offen. Gar nicht gut sah Oma aus. Der Grund: Die Tabletten gegen Parkinson waren wieder abgesetzt worden. Wir, die Schwestern, der Arzt standen vor der Wahl: weniger Gequassel, dafür mehr Steifheit. Oder entspanntere Muskeln kombiniert mit ständigem Gerede. Ich empfand das nicht als Wahlmöglichkeit, sondern eher als Zwickmühle.

Eine Schwester äußerte lakonisch, das viele Reden sei gar nicht so schlecht, da bekäme man wenigstens etwas Essen in ihren Mund hinein.

Hans erzählte Opa, dass wir am Wochenende eine Fahrt in den Südschwarzwald unternehmen würden. Nach Badenweiler, zum Titisee, vielleicht noch nach Freiburg und nach St. Blasien. Da lebte Opa auf! Seine Heimat! Wir sollen liebe Grüße an den Schwarzwald von ihm ausrichten. Ganz wichtig!

Die Heimat, ja, die war wichtig für ihn – und tragisch. Beide Eltern starben ihm weg, da war er kaum volljährig. Ich vermute, dass es wohl auch diese gemeinsame Heimat gewesen war, die meine Eltern zu Beginn ihrer Beziehung verbunden hat. Als der »einsame junge Herr« meine Mutter im Zug reden hörte – da wusste jemand etwas von seiner geliebten Heimat!

Oma redete wieder. Und bekam wieder diese Tabletten gegen die Starrheit. Ich verstand nicht viel, nur immer wieder »Mutter, Mutter, Mutter« und »Mutter Gottes, Jesus und Heiliger Josef«. Immer wieder, sogar während des Essens. Aber heute gelang es mir, mich nicht aufzuregen. Ich versicherte ihr, dass die dort oben, die sie anruft, bestimmt zuhören und irgendwann ihr Rufen erhören werden.

»So mein Schätzchen, jetzt gibt es Suppe.« So redete ich heute mit ihr. Klingt vielleicht blöd, aber fühlte sich liebevoll an. »Gut hast du gegessen, Omilein.« Die Schwestern hatten auch oft so eine Art zu reden: »So, Schätzchen, jetzt werde ich sie frisch machen. Und jetzt einen kleinen Dreher nach links, damit ich sie sauber machen kann… Nun, mein Schätzchen, jetzt sind Sie fertig! Jetzt können Sie wieder gut schlafen!« Die Sprache war vielleicht nicht ideal, aber Oma lächelte dabei. Das war die Hauptsache.

Es war richtig gut heute im Heim. War stolz, dass ich mich nicht aufgeregt hatte. Ich war vorher in der Kapelle, aber viel zu müde, um für irgendetwas zu beten. Aber es half offensichtlich trotzdem.

»Stell dir vor, Oma hat gesagt, dass sie sich von mir scheiden lassen will!«, entrüstete sich Opa.

»So, so« versuchte ich meine Amüsiertheit zu verbergen, »scheiden lassen will Oma sich von dir? Das gibt's doch gar nicht!«

»Das ist doch Quatsch!«, wehrte Oma ab.

Katharina

Das Thema mit der Scheidung hörte ich von Oma tatsächlich öfter mal, aber nur dann, wenn sie nicht ganz klar im Kopf war. Oder dann, wenn wir meinen, dass sie nicht ganz klar im Kopf war, man weiß ja nie... Dann kamen so Geschichten wie die vom jungen, unbekannten Mann, den sie heiraten möchte. Und die Eifersucht auf Opa, der nachts ohne sie ausgeht... Einmal vertraute sie mir in einer solchen Phase an, dass sie sich mit ihrem Mann eine Zeit lang nicht mehr viel zu sagen gehabt hätte, aber dass es jetzt ein Schmarrn für ihn sei, noch so ein junges Ding zu heiraten. Also hätten sie beschlossen, sich zu arrangieren und bis ans Ende zusammenzubleiben... Als ich mich von meinem Mann scheiden lassen wollte, da war meine Oma die Einzige, die meine Entscheidung schnell akzeptierte, trotz ihrer strengen religiösen Erziehung und Lebenseinstellung, die sie sonst so an den Tag legte ... Das wichtigste sei, dass ich glücklich sei, bestätigte sie mir immer wieder. Auch wenn es ihr schwerfiel.

»Wir sind jetzt beide für zwei Tage weg gewesen. Hier haben wir übernachtet«, erzählte Opa. Und er fragte mich, wie weit denn der Flughafen von hier entfernt sei.

»Etwa 50 Minuten mit der S-Bahn.«

»Dann glaube ich kaum, dass wir heute Abend noch mit dem Flugzeug loskommen«, seufzte er.

Wohin er fliegen wollte? Das konnte ich nicht herausbekommen. Aber ich sollte für ihn einen Flug »bestellen«. Irgendwohin. Für ihn und Oma und für mich.

Ich fragte ihn, ob Elisabeth auch mitfliegen soll.

»Nein, sie nicht. Aber der Chauffeur. Der schon.«

Als ich gehen musste, berief ich mich auf die Geschichte mit der Flugreise, das schien mir am einfachsten. Ich müsste jetzt weg, weil die Schalter am Flughafen sonst zumachen.

»Ja, schau mal, ob noch drei Plätze für uns frei sind! Bitte! Das Geld für die Karten kannst du dann von meinem Konto abheben! Und wenn du wieder kommst, dann berichte mir, ob es geklappt hat!«

Ich versicherte ihm, dass ich mein Bestes versuchen würde. So konnte ich ihn beruhigt zurücklassen. Und beim nächsten Besuch wüsste er eh nichts mehr von seinem Anliegen. So war es dann auch. Ich selbst dachte dabei an die Ewigkeit. An eine Reise in die Ewigkeit. Warum nicht mit dem Flugzeug – in heutiger Zeit? Aber mitkommen wollte ich dann doch noch nicht …

Und Oma? Sie redete wieder ununterbrochen. Hatte schon einen rauen Hals vom vielen Reden.

Wichtig! Elisabeth sagen: Anruf aus der Praxis des Augenarztes. Er hatte Omas Augen kontrolliert. Und würde ab sofort keine Hausbesuche im Altersheim mehr machen, weil Oma nicht mehr ansprechbar sei. Das sollten wir verstehen, dass das unter diesen Umständen so sei. Aber die Augentropfen solle sie schon weiter nehmen. Wie weit es noch möglich sei, das restliche Augenlicht zu erhalten, könne er aber nicht sagen. Aber – Oma hatte die Augen doch immer geschlossen. Wie wollte er da überhaupt wissen, wie viel sie damit noch sehen konnte?

Opa saß heute ruhig im Bett. Das Einzige, was sich bewegte, waren seine Augenlider. Auf. Und wieder zu. Auf und zu. Leidend sah er aus. Aß kaum etwas. Nach ein paar Löffeln Suppe stierte er wieder vor sich hin, fragte gelegentlich nach der Uhrzeit. Schwester Birgit schaffte es, ihm zwei Becher Wasser einzuflößen. Sie war etwas barsch, zwang ihm das Wasser fast hinein.

»Kommen Sie, trinken ist wichtig, ob Sie wollen oder nicht.«

Ich ging hinaus, konnte es gar nicht mit ansehen. Aber vielleicht lag es am wenigen Trinken, dass er nicht mal eine Reaktion zeigte, als ich ihm die Hochzeitsbilder seiner Eltern vor die Augen hielt?

Pfingstsonntag. Gott schickt den Heiligen Geist.

»Mutter, Mutter, ich komme jetzt!«, rief Oma. »Die müssen mich doch mal hören, wenn ich so rufe!«

Gespenstisch. So kam mir Opa wieder vor. Kaum Reaktionen. Die Augen durch dünne Schlitze irgendwohin gerichtet, oder ganz geschlossen. Er sah aus, als ob er sie gleich für immer zu machen würde. Seine Arme und Hände waren kalt.

Oma sah einen Mann, der auf einem Seil durchs Zimmer balancierte.

Heute war es furchtbar heiß draußen, 29 Grad im Schatten. Opa war erledigt vom Wetter. Zumindest schob ich es darauf.

Ich versprach Oma beim Füttern immer wieder, dass ich aufhören würde, wenn sie nichts mehr möchte. So aß sie ein paar Bissen.

»Jetzt mag ich nichts mehr«, sagte sie.

Also hörte ich auf. Die Teller deckte ich wieder mit den Warmhaltedeckeln zu, damit die Schwestern nicht gleich sehen könnten, wie viel noch übrig war. Diese Vorsichtsmaßnahme stellte sich jedoch als überflüssig heraus, da die Tabletts von der Putzfrau abgeräumt wurden. Den Schwestern sagte ich, dass Oma gut gegessen hätte.

Oma beklagte sich, dass sie Opa schon so lange nicht mehr gesehen hätte.

»Das ist doch kein Wunder, wenn du die Augen immer geschlossen hältst«, erklärte ich ihr.

»Ach so ist das. Dann ist es gut.«

Schwester Josefine hatte mich vor einigen Tagen gebeten, alle Nachthemden meines Vaters mitzunehmen. Ich sollte sie hinten am Kragen aufschneiden und vernähen. So könnte er wenigstens noch seine eigenen Nachthemden tragen und sie hätten es leichter, ihm diese anzuziehen. Und er fühle sich wohler als in diesen typischen Krankenhaus-Flügelhemden. Sechs Nachthemden. Zwei Abende verbrachte ich mit Nadel und Faden. Als Elisabeth die Hemden bei mir abholte, um sie ins Heim zurückzubringen, fragte sie mich mit großen Augen, wieso ich die zwei warmen Winternachthemden auch umgenäht hätte. Es sei doch erst Sommer. Wer wisse schon, ob sie Opa überhaupt noch brauchen würde …

Opa musste ich wieder füttern. Ich weiß gar nicht, ob überhaupt jemand von den Schwestern gekommen wäre, um ihm beim Essen zu helfen. Ich muss mal nachhaken. Nicht, dass die Emma jetzt so ein scharfes Regiment führte, dass die anderen Schwestern ihn nicht füttern durften. Er versuchte zunächst, selbst zu essen. Hing aber so schief im Bett, ebenso schief der Löffel in seiner Hand, die Suppe also mehr im Bett als im Mund. Manchmal war er einfach zu schwach, um den Löffel selbst zu halten. Dann wäre er bestimmt dankbar für Hilfe!

Manche stellten das Essen einfach ins Zimmer und dachten sich wahrscheinlich insgeheim »Vogel iss, oder stirb!«

»Ich sehe deine Haare. Die sind gut, sehr gut«, lobte Oma. »Du musst sie nur durchkämmen. Und du hast gar nichts Schönes zum Anziehen!«

Ich staunte über mich selbst! Diese Bevormundung und Nörgelei prallten heute an mir ab! Das war neu! Später, während des Essens, musste ich unbewusst wie mit einem kleinen Kind mit ihr geredet haben. Vielleicht so: »Mein Schätzchen, mach den Mund noch ein bisschen auf. So ist es gut, brav« und so weiter. Denn plötzlich fauchte sie mich beinahe an:

»Ich bin kein Schätzchen!«

Für mich bist du aber »mein Schätzchen«, dachte ich mir, leise. Und irgendwie war es ja so, dass die eigenen Eltern wieder zu Kindern geworden waren.

Milenka half Opa beim Essen. Sie sagte, dass ich mich so mehr meiner Mutter widmen könnte. Sie gab Opa das Essen umso hektischer ein. Schnell, schnell die Brühe, die ich schon allein wegen ihrer Farbe nicht angerührt hätte. Danach Pilze und einen Knödel, Opas Aufmucken ignorierend. Ich fragte immer wieder dazwischen, ob er vielleicht gar nichts mehr essen möchte. Aber das schien sie auch nicht zu hören in ihrem Singsang: »So, jetzt noch einen Löffel und noch einen Löffel Suppe. Und jetzt kommen die Pilze. Und Knödel.«

Immerhin ließen sie Opa heute nicht allein vor seinen Tellern sitzen.

Es war schrecklich, für mich mit anzusehen, und zu hören, wie Opa »gemästet« wurde, obwohl ich ihm ansah, dass er nichts mehr wollte. Zu Oma sagte ich betont laut:

»Gell, bei dem heißen Wetter und wenn man immer liegen muss, dann kann man halt nicht so viel essen, da hat man nicht so viel Hunger.«

Oma schien den Seitenhieb verstanden zu haben und artiku-
lierte sich eindeutig in Richtung der Schwester:

»Wir Alten wollen mal viel und mal weniger! Heute mal weniger!«

An die Vergangenheit gefesselt
(9.7.06-28.9.06)

Eine Sensation! Oma öffnete eines ihrer Augen, als ich ihr zur Begrüßung über die Wange streichelte. Meine Begeisterung darüber wehrte Oma ab:

»Ach, das hat sich halt so ergeben. Was viel wichtiger ist: Ich möchte einmal wieder allein zurechtkommen. Ja, ja, ich möchte ein Geld haben. Ich brauche dringend Schuhe, ein paar Schuhe. Ich kann gar nichts einkaufen. Ich habe gar nichts.«

Die meiste Zeit ihres Lebens hatte sie kaum eigenes Geld. Zwar gehörte Oma das Haus, aber damit konnte sie sich nichts kaufen. Das einzige Geld, das sie flüssig hatte, war das Haushaltsgeld, das sie jeden Monat von ihrem Mann in einem Kuvert überreicht bekam. Davon konnte sie sich etwas abzwacken für Kleidung oder Geschenke. Aber immerhin hatte sie etwas zum Ausgeben. Ich dachte daran, dass es für uns oft schon ein komisches Gefühl war, wenn wir mal ohne Geldbeutel in der Manteltasche das Haus verließen. Als wären wir der Welt dann hilflos ausgeliefert. Ich verstand immer besser, warum Oma und Opa immer häufiger von Geld redeten, vor allem, seit sie zunehmend verwirrter wurden. Da schienen die Themen, die zur Sprache kamen, nicht mehr den üblichen gesellschaftlichen Tabus (»Über Geld spricht man nicht« oder »Geld stinkt«) zu unterliegen. Ganz abgesehen von der Symbolik des Schuhe-Kaufens. Halfen uns Schuhe nicht dabei, fest auf der Erde, also fest im Leben zu stehen und vorwärts zu gehen?

Opa schwieg.

»Betrachtet mein Schweigen bitte nicht negativ«, entschuldigte er sich. Er hatte ein Anliegen, aber brachte es weder im Kopf zusammen noch über die Lippen. Er hätte etwas Wichtiges mit uns zu besprechen. Wir sollten irgendetwas unter uns ausmachen. Irgendetwas von gesetzlichen Vorschriften, einen Teil übernehmen, die Kinder sollen gezeichnet sein. Gezeichnet sein? Was meint er? Ging es um das Haus? Also um Erbschaftsangelegenheiten?

»Was das Haus betrifft«, schaltete sich Hans ein, »gell, Oma, du bist schon einverstanden, dass wir dein Haus in Ordnung halten?«

»Ja natürlich macht ihr das!«

»Dir gehört ja das Haus.«

»Ja, mir gehört das Haus. Es ist mir recht, dass ihr es herrichtet. Das Haus ist von meinen Eltern, von meinem Vater und meiner Mutter.«

Opa wollte es so, dass wir noch von seinem Geld die Grundmauern trockenlegen und die Dachrinnen erneuern lassen, auch wenn noch gar nicht klar war, was nach ihrem Tod mit dem Haus passieren würde. Hans steckte eine Menge Arbeit in die ganze Sache, sodass sich die Kosten für die Handwerker in Grenzen hielten.

»Ich will einfach, dass ihr weitermacht wie bisher.«

Eine Schwester kam herein, gab Opa etwas zu trinken, ohne ein Wort dazu zu sagen und verließ das Zimmer sofort wieder.

»Was war denn jetzt los?«, fragte Opa.

»Eine Schwester war da und hat dir zu trinken gegeben.«

»Damit kann ich nichts anfangen«, schüttelte er den Kopf. »Können wir nicht lieber mit euch mitfahren?«

»Wohin denn?«

»Übernachtet ihr heute hier? Wo?«, fragte er zurück. Dann wollte er noch wissen, wo denn der Mann sei, der uns nach Hause bringt.

Wer ist der Mann, der uns nach Hause bringt? Der Mann, der Opa nach Hause bringt… ist das der Tod? Gott?

Ich sagte: »Der Mann, der euch nach Hause bringt, wird sich noch etwas Zeit lassen.«

Mittags – mit dem Fahrrad – ins Heim. Wie immer.

Nicht wie immer war Opa. Er war überschwänglicher und legte mir zur Begrüßung beide Arme um Kopf und Schultern und zog mich so zu sich hinunter, dass ich kaum das Gleichgewicht neben seinem Bett halten konnte.

»Woher weißt du denn, dass ich hier bin?«, rief er, als hätte er mich noch nie hier gesehen.

»Natürlich weiß ich, wo du zurzeit bist.«

»Jetzt bist du gerade noch rechtzeitig gekommen«, sagt er hocherfreut. »Ich sollte nämlich eigentlich schon weg sein. Ein Mann hätte mich abgeholt, aber ich habe ihn nicht erreicht.«

Dass ich mit dem Radl da bin, fand er mutig. Und er wunderte sich, dass ich gar nicht so mager aussehe.

»Hast du schon gegessen, Eva?«, fragte er. »Der Jugoslawe hat versprochen, zu uns zu kommen. Er wollte uns helfen, aus Jugoslawien herauszukommen. Aber bis jetzt habe ich noch nichts von ihm gehört.«

Opa starrte die Wand an, als würde dort gerade ein spannender Thriller im Fernsehen laufen.

»Siehst du den Mann dort, der da auf mich zu kommt?« Seine Stimme zitterte vor Aufregung.

Ich sah niemanden. »Wo ist der Mann jetzt? Steht er neben mir?«, fragte ich ihn, weil er an mir vorbeischaute.

»Ja, er steht neben dir!«

Ich hätte gerne noch mehr über diesen Mann erfahren, aber Opa dachte auf einmal darüber nach, was ich ihm morgen noch mitbringen könnte. Hausschuhe wollte er und Handschuhe. Zum Abschied legte ich ihm sorgfältig noch seinen Butterkeks mit dem Schokoladenstück aufs Nachtkästchen.

Er zeigte auf das Hochzeitsbild an der Wand. »Das ist deine Mama!«, sagte ich und nahm das Bild vorsichtig von der Wand, um es ihm am Bett zu zeigen. Sanft strich er mit den Fingerspitzen über das bräunlich angelaufene Foto.

»Der Brautvater muss jetzt die Braut fahren!«, sagte er.

Das erinnerte mich daran, dass meine Eltern am nächsten Wochenende ihren 66. Hochzeitstag haben! Und diesen hoffentlich erleben… Ob ihnen das noch bewusst sein kann? Ich unterhielt mich mit der Schwester, die Opa das Essen eingab, darüber. »Kommt ja heutzutage nicht mehr so oft vor, dass Ehepaare so lange zusammenleben.«, meinte sie auch. Die meisten gehen wegen jedem Streit gleich auseinander.

Das mit dem Zeitgefühl stimmte schon länger nicht mehr. Gestern war meine Schwester da. Aber Opa erinnerte sich nicht mehr. Beklagte sich, dass Elisabeth schon so lange nicht mehr bei ihnen war. Wahrscheinlich ginge es uns genauso. Tagein, tagaus im selben Bett, dieselbe Aussicht… was sind da Stunden, Minuten, Wochen, Tage? Alles gleich lang.

»Eva, wo wohnst du eigentlich?«, fragte Oma.

»In deinem Haus in der Martinsstraße wohne ich immer noch.«

»Ach, das wusste ich ja gar nicht«, wunderte sie sich. »Dort habe ich ja auch gewohnt. Das ist schön. Da können wir mal zusammen mit dem Kleinen spazieren gehen. Elisabeth hat dort früher auch gewohnt. Das ist schön, dort zu wohnen, oder?«

Dann wurden ihre Sätze bruchstückhafter: »Ich bin gerade in der… ich bin 52, ich weiß es ja. Ich sag es ja, Mutter, Mutter. Ich kann mit bestem Wissen, zwischen zwei und zwei…«

Auf einmal rief sie laut und aufgeregt: »Eva! Eva! Ist Eva da?«

»Ja, Oma, ich bin da, keine Sorge.«

»Ja, sie ist da!«, atmete sie erleichtert auf. »Das ist ja nett. Mutter, Mutter, in der Martinsstraße, kennst du da jemanden? Stell dir mal vor ...«

Es fiel mir heute schwer, ihr zu folgen. Irgendwas von einem blauen Hut redete sie noch, fragte, wo ich in der Schule war und sagte, sie würde laut schreien, wenn sie essen müsste.

Im Garten des Altenheims traf ich Dr. Legnau. Er fragte, wie's geht. Wie es MIR geht. Das sei auch wichtig, meinte er. Ich antwortete mit »gut«, wie üblich. Aber ich sagte ihm nicht, dass ich mir vor eineinhalb Wochen Auszeit vom Altersheim genommen hatte. Ich ging eine Weile nicht mehr hin. Konnte nicht mehr. Stattdessen sagte ich zu ihm:

»Schön, dass wir uns mal wieder sehen.«

»Ja, seit ich nicht mehr zu ihren Eltern nach Hause komme, sehen wir uns seltener, das stimmt.«

»Ich frage mich so oft, warum die beiden nicht sterben können«, vertraute ich ihm an.

»Vielleicht können sie noch nicht loslassen, haben noch etwas zu bearbeiten. Ich weiß es nicht. Wir alle wissen es nicht. Sonst hätten sie sich bestimmt schon von der Erde verabschiedet.«

»Ich weiß, dass ich hier niemanden fragen kann, wie lange es noch dauert. Sie nicht, die Schwestern nicht, den Pfarrer nicht, meine Eltern nicht. Ich muss es dem da oben überlassen, so schwer es mir fällt. Und weiter machen wie bisher.«

Dr. Legnau schlug mir vor: »Sagen sie ihren Eltern, dass sie sich keine Sorgen mehr um ihre Töchter machen müssen, weil sie schon selbst für sich sorgen können.«

Als wir uns bereits verabschiedet hatten, fiel mir ein, dass ich ihn doch noch wegen der Schokolade sprechen wollte. Ich drehte um und rannte ihm ins Altersheim nach. Die Schwestern hatten mich ermahnt, ich sollte Opa für den Nachmittag keine Schokolade und Kekse mehr auf das Nachtkästchen legen. Erstens hätte er sich damit öfters schon vollgeschmiert (und sie deshalb mehr Arbeit), zweitens hätte er Schwierigkeiten mit der Verdauung.

Das mit der Verdauung bestätigte mir Dr. Legnau auch, aber zum Glück ermutigte er mich, meinem Vater weiterhin sein geliebtes Ritual zu gönnen, Verdauung hin oder her. Rituale gäben Geborgenheit, die bräuchte Opa jetzt bestimmt dringender als eine perfekt funktionierende Verdauung. Er sicherte mir noch einmal zu, dass ich jederzeit mit ihm reden und ihn anrufen könne, und richtete Grüße an meinen Mann und meine Schwester aus.

Als alle beide gegessen hatten und das Geschirr rausgetragen war, gingen wir noch ein wenig mit dem Herrn aus dem Nachbarzimmer spazieren. Kurz vorher hatten wir ihn auf dem Balkon, der alle Zimmer außen miteinander verband, getroffen. Alfons war noch nicht sehr alt, aber an Alzheimer-Demenz erkrankt und schon mit Mitte sechzig auf der Pflegestation gelandet. Er hatte keine Angehörigen, die sich um ihn kümmerten. Wir konnten uns noch gut mit ihm unterhalten. Sogar auf Englisch und Russisch konnte er noch eine Menge sagen, obwohl er diese Sprachen seit Jahrzehnten nicht mehr gesprochen hatte. Aber sein Zimmer im Pflegeheim fand er nicht mehr. Immerhin hatte er für die Suche eine gute Strategie entwickelt: Er ging von Zimmer zu Zimmer und las jedes Namensschild an der Tür laut vor. Wenn er auf seinen eigenen Namen stieß, wusste er, dass er hier richtig war, und ging hinein. Nur – welches der beiden Betten im Zimmer war nun seines? Gut, wenn sein Zimmernachbar zu Hause war, dann legte sich Alfons in das Bett, das noch frei war. Wenn noch beide Betten frei waren? Dann gab es manchmal eine Überraschung …

Als wir zu Hause waren, sagte Hans: »So wie die Oma daliegt, so möchte ich nicht enden. Lieber vorher sterben.«

Und dass es nie zur früh dafür wäre, unsere eigenen Patientenverfügungen zu schreiben! Ich werde das Thema bald mal auf den Tisch bringen. Wenn Oma diese Tabletten gegen die Starrheit nicht nehmen würde, könnte sie aus meiner Sicht bald nicht mehr essen und würde dann sterben. Dann wäre sie erlöst. Mir fielen auch noch andere Maßnahmen ein, die das Sterben beschleunigen könnten (z. B. im Bett aufdecken, sodass sie einen Zug bekäme, damit vielleicht eine Lungenentzündung und so weiter...) aber das darf ich nicht mal denken geschweige denn laut aussprechen. Aber manchmal kommen einem solche Ideen. Das kann ich nicht verhindern.

»Ich habe doch gar nichts gesagt«, sagte Oma. Und redete ununterbrochen weiter. Ob ich sie verstand oder nicht, lag an ihrer Tagesform. An schlechten Tagen sagte sie nur »so« und »Sounsu« und dazwischen immer wieder »Mutter, Mutter«. An guten Tagen waren es Sätze wie diese:

»Mutter, ich kann nicht immer kommen. Morgen ist es wärmer. Hilfe, Hilfe. Else, jetzt ist ein Singen und ein Singen, aneinander singen. Da, dort. Ich da hinsetzen, obsundsu. Ich auch. Ich bin so müd.«

Eine Schwester kam herein und erkundigte sich, ob Oma etwas getrunken hätte. Ich verneinte dies mit der Erklärung, die beiden hätten bis vor Kurzem geschlafen. Oma antwortete selbst auch:

»Ich habe nichts getrunken, ich habe nur Bauchweh! Erdbeeren, Erdbeeren. Jetzt wird's wieder weniger; jetzt ist's warm geworden! Mutter, Himmel, Mutter, Mutter... alles gut... das braucht's nicht. Die Mutter sagte, dass ihr Mann gestorben sei. Erika, du bist tüchtig. Du bist ein tüchtiges Mädchen; ich sag es noch einmal: Du bist ein tüchtiges Mädchen. ... Unglück sein, unser Kleinster, der ist... Mutter, Mutter... wie kann man nur sitzen bleiben ... Du musst aufs Klo gehen, das kannst du da hinten ... Ich muss bloß aufpassen. Prima, prima... Ich danke dir. Ich kann dir im Moment nicht danken, Mutter ...«

Ich glaubte auch, dass ihre Worte aus ihrem Unterbewusstsein heraussprudelten, als wäre es eine unerschöpfliche Quelle. Vielleicht kamen viele Dinge, die der Mensch scheinbar auf immer und ewig ins Unterbewusstsein verdrängt hat, in dieser letzten Lebensphase ans Tageslicht, dann, wenn der Verstand nicht mehr kontrollierend oder zensierend eingreifen konnte?

Von Schwester Emma, die ich später auf dem Flur traf, verlangte ich eine Liste all der Medikamente, die meine Eltern bekamen. Bereitwillig schrieb sie mir alle auf. Schrieb und schrieb! Eine ganze DIN-A-4-Seite voll. Die Hälfte davon war für meine Mutter, die andere für meinen Vater. Unglaublich. Das kann's doch auch nicht sein!

Für Oma hätten sie eine neue Erfindung, verkündete Schwester Emma. Eine Erfindung, mit der sie besser trinken könnte. Weil sie doch meistens die Zunge »so vor tut«, dass keine Flüssigkeit vorbeikonnte. Und sich verschluckte, weil sie während des Trinkens redete. Ich war neugierig. Wenig später brachte Emma eine Plastikspritze mit. Damit sog sie Flüssigkeit auf und spritzte sie Oma in den Mund. (Bei Neugeborenen hatte ich so etwas schon einmal gesehen, dann, wenn sie noch zu schwach zum Saugen an der Mutterbrust waren ...). Es schien gut zu funktionieren.

Opa betrachtete das Gemälde an der Wand, das mit dem Wasserfall und den zwei Personen davor und fragte mich:
»Sind die zwei Menschen auf dem Bild welche, die wir kennen? Sind da Freunde drauf?«
Ich erklärte ihm, dass Katharina die zwei Personen gemalt hatte und dass ich nicht wisse, wen sie damit gemeint hat. Vermutlich hatte sie ihre Großeltern selbst gemalt, wie sie

Hand in Hand am Brückengeländer standen und ihnen die Gischt des tosenden Wasserfalls ins Gesicht spritzte. In den Bäumen entdeckte Opa immer neue Fabelwesen, je länger er das Bild ansah. Bald war er zu schwach, um sich noch weiter mit mir zu unterhalten. Ich streichelte seine Arme. Kalt und dürr.

Simon, Elisabeth und ich trafen uns mit Dr. Legnau in seiner Praxis. Simon hatte diese Besprechung angeregt, da er nicht mit ansehen konnte, wie Oma und Opa teilweise gegen ihren Willen ans Leben gefesselt wurden, vor allem, wenn sie Oma das Essen in den Mund stopften, den Pudding löffelweise hinein, dass ihr nichts anderes übrigblieb als zu schlucken. Eine Art Protokoll der Besprechung heute:

Die Patientenverfügung sei nicht optimal formuliert, zu »verwässert«, keine konkreten Punkte seien aufgeführt, z. B. in welchen Fällen man welche Medikamente weglassen dürfe. Bezüglich des Esseneingebens meinte Simon, es sei menschenunwürdig, die Leute so zu mästen, wenn sie selbst und ihr Körper es nicht mehr wollten.

Wenn er die ganzen Kontrolllisten auf dem Tisch liegen sieht (Flüssigkeit, Lagerung, Essen…), dann graut es ihm. Das ist wie bei einer Maschine, der man oben was hineingibt und dann wird geschaut, was unten wieder herauskommt.

Simon war etwas enttäuscht von der Besprechung, da nichts Entscheidendes dabei herauskam. Er hätte es sich anders vorgestellt und als Arzt anders gehandelt. Wir gingen stillschweigend nebeneinander nach Hause, bis er zu mir sagte:

»Ich habe den Eindruck gewonnen, dass ihr beide, Elisabeth und du, euch nicht einig seid darin, wie es weitergehen soll mit Oma und Opa. Deshalb ändert sich nichts!«

Draußen brannte die Sonne vom Himmel. Im Zimmer meiner Eltern drang lediglich durch die angelehnte Tür ein bisschen Licht, die Vorhänge waren fest zugezogen. Opa wirkte sehr schwach, nachdenklich und einsam. Als er mich sah, streckte er mir die Hände entgegen und seine Augen lächelten liebevoll. Ich beugte mich zu ihm hinunter. Er berührte meine Backen mit seinen Händen und streichelte mein Gesicht. Ich nahm immer wieder seine kalten Hände in meine und küsste sie. Mit der anderen Hand streichelte ich ihm über den Kopf. Ich spürte, dass er es jetzt brauchte, dass ich da war.

Ich dachte zurück an die Abende, an denen ich für ihn die Haustür zusperren durfte – obwohl das eigentlich seine Aufgabe war, die er nur ungern aus der Hand gab. Wenn er dann sagte, da brauche er nicht nachfragen, ob zugeschlossen sei, weil ich es immer ganz korrekt mache, dann wusste ich: Opa schätzt mich, er vertraut mir! Auf mich kann er sich verlassen!

Als ich mich kurz Oma zuwandte, rief er plötzlich ganz laut nach mir. Ich streichelte ihm wieder beruhigend über den Kopf.

»Du brauchst keine Angst haben, Vati, ich bin ja bei dir.«

»Ich habe solche Angst!«, sagte er. »Solche Angst um dich!«

»Warum? Meinst du, dass mir etwas zustoßen wird?«

»Ja, ich freue mich, dass du so munter bist!«, erwiderte er.

Oma redete währenddessen die ganze Zeit, aber heute achtete ich nicht darauf. Ich wollte mich mehr mit Opa beschäftigen. Und das war gut so. Opa war sanft und dankbar dafür, dass ich für ihn da war. Das leise zärtliche Reden mit ihm und die angenehme Stimmung taten meiner Seele gut. Innerlich schmerzte es mich bei der Vorstellung, dass es solche Momente bald nicht mehr geben würde. Ich bereute, mich mit Opa nicht so oft ausgetauscht und seine Wünsche angehört zu haben, weil ich mit Mutti beschäftigt war. Ich betete zu Gott, dass Opa in Frieden und in Einklang mit sich selbst nur noch einzuschlafen braucht. Ich werde heulen, wenn er einmal nicht mehr da ist. Aber er wird dann wo ganz anders sein, im Himmel, bei Gott. Auf Erden hat er bereits genug Gutes getan.

Für Opa gab es zum Abendessen ein Wurstbrot und zum Nachtisch Fruchtjoghurt. Er bestand darauf, dass ich das restliche Brot und den geöffneten Joghurt mit nach Hause nehme und dort fertig esse.

»Nein, Opa, ich kann das jetzt nicht mitnehmen, und Hunger habe ich auch keinen.«

Doch er ließ nicht locker: »Nein, die Brotzeit nimmst du jetzt mit!«

Erst als ich ihm versicherte, dass ich das Essen schon eingepackt habe, ließ er mich gehen. Auch wenn ich die Essensreste lediglich auf dem Essenswagen im Flur abgestellt hatte. Essen darf man nicht wegschmeißen, schon gar nicht, wenn man zwei Weltkriege miterlebt hat. Was jetzt mit dem Essen geschehen wird? Ich habe einmal von einem Bauern gehört, der einem Altersheim die Essensreste abkauft, um sie im »Schweineeimer« seinen Tieren zu verfüttern. Oder war es andersherum und das Heim musste sogar Geld dafür zahlen, dass es die Schweineeimer loswürde? Könnte ich mir genauso vorstellen.

Opa ging es schlecht, weil er nicht »ausreisen« durfte, wie er sich ausdrückte. Er versuchte bestimmt eine Viertelstunde lang, irgendetwas zu sagen, aber es funktionierte nicht. Nur einmal hörte ich ihn noch deutlich: »Zurzeit herrscht bei uns große Nervosität und Unruhe! Wer in der Partei ist, wird nämlich rausgeschmissen!«

Ich empfand den Besuch heute als sehr mühsam und ging etwas früher als sonst nach Hause. Fühlte mich fehl am Platze. Eine Schwester erkundigte sich in der Tür, ob »etwas gegessen wurde«. Ich berichtete ihr wahrheitsgemäß.

»Na ja«, seufzte sie, »da kann man nichts machen. Dann bekommen die Schweine halt heute mehr zum Fressen.«

Scheint wohl doch etwas dran gewesen zu sein an der Geschichte mit dem Schweineeimer.

»Warum tust du dir das an?«, fragte Opa.

Ich versicherte ihm, dass ich mir da nichts antäte, sondern wegen ihm und Oma hierher käme.

»Das ist aber lieb, du bist ein Engel, ein Engel…«, sagte Oma.

Trotzdem hatte Opa nicht unrecht, was auch immer er mit seinen Worten gemeint haben mag. Es fühlte sich oft so an, als würde ich mir mit diesen unzähligen Besuchen bei meinen Eltern etwas antun oder zumindest zu viel zuzumuten. Doch das könnte ich den beiden niemals offen sagen. Sie hatten es schon schwer genug.

Ich schlich mich heute leise ins Zimmer. Opa schlief, Oma quasselte. Einige Male fiel in ihrem Sprachgewirr das Wort »Hirschbichl«. So hieß ein Schloss in der Nähe von Ebersberg, auf dem sie als Kind mehrere Male zusammen mit ihrer besten Freundin Liese Ferien gemacht hatte, zum »Aufpäppeln«. Oma erzählte so gerne davon! Vor allem von den Dampfnudelwettessen, die dort einmal in der Woche unter den Kindern veranstaltet wurden. Als ich an ihr Strahlen zurückdachte, wenn sie uns davon erzählte, glaubte ich, dass die Wochen in Hirschbichl mit zu ihren glücklichsten gehörten!

Omas nächsten Ausflug in die Vergangenheit erahnte ich, als sie vom »Brüderchen« sprach. Ich vermutete, dass sie damit ihren jüngeren Bruder Adi meinte. Er war von Anfang an das Sorgenkind der Familie gewesen. Nach sieben Schwangerschaftsmonaten kam er auf die Welt, das wäre noch heute eine extreme Frühgeburt. Und in den Zwanzigerjahren war es aus der Sicht der Ärzte eher ein hoffnungsloser Fall. Damals gab es noch nicht einmal Brutkästen. Doch dafür gab es die eine resolute Tante, die die Meinung der Ärzte in den Wind schlug:

»Den Buben kriegen wir schon durch!« Der Brutkasten wurde durch eine Menge Wärmflaschen ersetzt, die Brust durch eine Pipette, die medizinische Kunst durch viel Liebe und Beharrlichkeit. »Den Buben kriegen wir schon durch!« Und so war es dann auch. Nur fühlte sich Adi, glaube ich, meiner Mutter gegenüber Zeit seines Lebens etwas zurückgesetzt, weil sie sich mehr mit ihrem Lieblingsbruder Otto beschäftigte, der dann ja leider im Krieg gefallen war. Adi sagte einmal:

»Lieber wäre ich im Krieg gestorben als der Otto.«

Tante Mareike rief mich an. Sie würde morgen, gegen 16 Uhr zu Oma und Opa gehen, weil sie danach drei Wochen im Urlaub sei. Das war mir sehr recht, so bräuchte ich wegen morgen wenigstens kein schlechtes Gewissen zu haben, denn ich selbst hätte morgen keine Zeit gehabt. Sie erzählte mir von ihrem letzten Besuch und was Oma da alles zu ihrem Bruder gesagt hätte:

»Adi, stell dir vor! Die wollen das Haus verkaufen! Ich bin doch die Inhaberin. Du bist dort auch daheim gewesen!«

»Das ist aber schon lange her, dass ich dort noch gewohnt habe«, antwortete ihr Bruder. »Wegen dem geplanten Verkauf werde ich mal bei deinen Töchtern nachfragen, aber da kann man wohl nichts mehr machen.«

Mareike hatte auch meine Schwester angerufen und ihr den gleichen Wortwechsel erzählt. Wir fragten uns, ob hinter dieser Berichterstattung eine bestimmte Absicht steckte, denn wir selbst hatten Oma lange nichts mehr sagen gehört, was so nach Realität klang, und zweifelten die Geschichte ein bisschen an. Allerdings war die Diskussion über das Verkaufen des Hauses nicht ganz aus der Luft gegriffen. Sicher gingen meine Eltern davon aus, dass keiner von uns je auf den Gedanken käme, diesen wertvollen Familienbesitz aus der Hand zu geben. Aber dieses Thema verdrängten wir weiterhin.

Danach mäkelten Mareike und Adi noch am unsauberen Zustand des Familiengrabes herum. Dass das Gras schon über die Umrandung wuchert und der Efeu allmählich die Schrift auf dem Grabstein verdeckt.

Ich erwiderte: »Wenn wir das Grab jetzt herrichten lassen und dann stirbt bald darauf einer der beiden, dann ist es umsonst gewesen, dann muss es doch eh wieder aufgegraben werden und die ganz Pracht ist dahin.«

»Dann werft doch wenigstens eine Handvoll Erde darauf und pflanzt ein paar Rosen an. Das Grab ist das unsauberste und hässlichste Grab vom ganzen Friedhof.«

Sie meinte, wenn, dann würde Opa zuerst sterben. »Aber Mutti, die kenne ich schon, die hat ja mit 40 auch schon ständig über körperliche Beschwerden gejammert. Jetzt hat sie nicht einmal eine richtige Krankheit, außer dass sie halt kaum etwas isst und abnimmt, aber das mit der Mutti, das kann noch lange dauern.«

Oma klagte schon seit Jahrzehnten immer wieder über Wehwehchen. Jeden Tag fand sie etwas, was zwickte oder zwackte. Meistens steckte jedoch nichts Ernsthaftes dahinter, sodass wir sie irgendwann nicht mehr richtig ernst nahmen. Wir hatten lediglich die Befürchtung, dass wir es nicht merken würden, wenn es ihr wirklich schlecht geht, weil wir schon so an das Gejammer gewohnt waren.

Schwester Birgit erzählte mir von einer Kollegin, die bei Opa die Windeln wechseln wollte. Sie hätte zu ihm gesagt:

»Kommen sie, mein Herr, machen sie die Beine breit!«

Oma entgegnete empört: »Machen sie die Beine breit, kommen sie, machen sie die Beine breit… also hören sie mal, was machen sie denn mit meinem Mann?«

Da hätte man wenigstens etwas zum Lachen, meinte Schwester Birgit, die in ihrer Arbeit das meiste mit Humor nahm. Dennoch hatte ich bei ihr nie das Gefühl, dass sie meine Eltern auslachte oder abwertete, sondern sich nur wohlwollend und liebevoll über die Dinge amüsierte. Sie war auch diejenige von den Schwestern, die noch am meisten Verständnis dafür zeigte, wenn Oma nicht mehr essen wollte, und rechtzeitig aufhörte.

Eine Woche war ich nicht mehr im Heim, wegen Hans. Er wurde an der Prostata operiert. Er war mir zwar wichtiger, aber ich hatte ein schlechtes Gewissen dabei, meine Eltern im Stich zu lassen. Sie warteten doch insgeheim immer auf mich, auch wenn sie es nicht mehr äußern konnten oder wollten. Hans überstand die Operation gut. Da dachte ich mir, ich könnte mir mal wieder einen Tag für mich herausnehmen und einen Einkaufsbummel in der Stadt machen.

Mein schlechtes Gewissen am nächsten Tag wurde nicht gerade entlastet, als mich Opa begrüßte:
»Ach, da ist ja die Eva. Ich habe gedacht, dass du mich vergessen hast! Ich werde nämlich heute entlassen, aber ich weiß nicht, wohin. Hast du davon etwas gewusst? Bleibe doch bei mir!«
    »Nein, Mutti, ich gehe nicht fort. Und gab ihr einen Kuss auf die Stirn.
    »Stell dir vor«, sprach sie weiter, »Ich brauche noch was. Du kommst mal wieder heim, ich muss unbedingt … Ich bin eifersüchtig!« Und sie weinte wieder.
    »Ömchen, warum bist du eifersüchtig?«
    »Alles, was da ist. Ich habe nichts. Ich bin nicht auch ein Kind. Ich möchte keines.«
    »Was willst du nicht?«
    »Einen Kiefer!«
    »Aber der ist doch im Gesicht.«
    »Das möchte ich aber, aber auch ich möchte eines. Ich möchte auch ein Baby haben!«

172

»Du hast ja zwei Babys auf die Welt gebracht. Aber die sind jetzt schon groß.«

»Ja? Das weiß ich gar nicht mehr!

»Ich will doch ein Kind! Wie alt bist du eigentlich?«

»64 Jahre alt.«

Sie lachte los. »Nein, bist du so alt? Nein, nein, du bist vielleicht 28 Jahre alt – oder jünger!«

Ihr Lachen war so hell und laut, dass ich selbst erst zu schmunzeln und dann zu lachen anfing. Beim Gedanken daran wird es mir warm ums Herz, ich spüre in mir eine Fröhlichkeit, die mir so lange fremd war.

Nachdem die Altenpflegerin das Zimmer verlassen hatte, fragte mich Oma, wer denn diese Mutter gewesen sei, die gerade da war. Dann war sie plötzlich ganz aufgeregt und sagte:

»Ach, um Gottes Willen! Ich habe Geld bekommen, vom Vat, da komm ich vorbei! Nein, ich gehe nicht mehr ins Bad, ich geh jetzt gar nicht mehr raus, ich bin ja vorgestern gestürzt.«

Der Begriff »Bad« war für sie wie ein schwarzes Tuch, seit sie direkt vor der Badezimmertür zusammengesackt war und sich dabei den zweiten Oberschenkelhalsbruch zugezogen hatte. Es scheint eine richtiggehende Traumatisierung für sie gewesen zu sein!

Auf dem Nachtisch schwamm Himbeersoße. Jedenfalls roch es nach Himbeeren. Die Soße war so flüssig, dass sie Oma zu beiden Seiten aus den Mundwinkeln wieder hinauslief. Ich hörte mit dem Füttern auf. Oma aß nicht viel. Mal unter uns: Es sah auch wirklich nicht sehr einladend aus. Aber ihre Augen bleiben sowieso geschlossen. Was diesmal von Vorteil war.

Opa fragte dazwischen, wie viel Uhr es jetzt sei. Vielleicht eines der wenigen Anzeichen für ihn, dass die Welt sich weiterdreht, hier in diesem Raum, in dem jede Minute wie die andere ist.

Abends rief mich Elisabeth gegen 20 Uhr an. Sie hatte den sonnigen Tag in den Bergen verbracht. Ich erzählte ihr von meiner Freude, die ich heute bei Oma empfunden hatte, über Omas Lachen. Elisabeth zeigte sich beruhigt darüber, denn gestern noch war Oma bei ihrem Besuch kaum wach zu kriegen und Elisabeth musste ihr die Astronautennahrung mit der Pipette einflößen. Noch dazu begrüßte Opa sie gestern mit den Worten »Ich glaube, Oma ist im Grab!«

Wir tauschten uns über die Medikamentenänderung aus. Häufig bekamen wir die Änderungen dadurch mit, dass wir zum Esseneingeben da waren und dann natürlich sahen, was in diesen kleinen durchsichtigen Bechern neben dem Essen stand. Die Medikamente für die Nacht wurden bereits zum Abendessen mitgeliefert, dann aber erst vom Nachtdienst verabreicht. Die Nachtschicht trat gegen halb neun Uhr ihren Dienst an und war allein auf der Station. Da war es praktisch, wenn die meisten Bewohner möglichst bald schliefen.

Ende September. Der HNO-Arzt war bei Opa, um seine Ohren auszuputzen. Jetzt waren Ohren sowie Hörgeräte sauber, aber er verstand trotzdem nur ein paar Brocken von dem, was ich ihm sagte. Ich war mir sowieso sicher, dass seine Schwerhörigkeit mittlerweile mehr mit seinem geistigen und körperlichen Allgemeinzustand zusammenhing und immer stärker wurde. Da halfen weder Ohrenstäbchen noch Technik.

»Ich höre alles, was du sagst, Eva!«, machte Oma auf sich aufmerksam. »Es ist schön, wenn man miteinander reden kann. Ich muss jetzt in die Tonne, ja hier! Sonst geh´ ich kaputt, wenn ich gar nichts esse. Im Freien ist die Tonne! Die ist leicht, aber kalt. Das ist nicht schlimm.«

In die Tonne? Ich assoziierte »ins Grab«. Das würde passen. Es ist draußen, es ist kalt, aber nicht schlimm. Ihre nächsten

Worte würden sich gut in das Thema einfügen: »Lieber Gott, lass es Abend werden, denn der Morgen kommt von selbst…«

Ich musste schmunzeln, denn sie hatte eines ihrer Lieblingsgebete abgewandelt. Eigentlich lautete es so:

»Herr bleibe bei uns, denn es will Abend werden und der Tag hat sich schon geneigt!«

Ihre Lippen schienen sich mitzubewegen, sie wurde ganz ruhig. Leise sagte sie danach: »Das würde mir gut gefallen, aber das kannst du nicht ändern! Das ist ein netter Platz zum Schlafen. Ihr seid Helden, hat der Herr gesagt.«

Tagein tagaus dieselbe Aussicht
(1.10.06-31.12.06)

»Die Brauchbarkeit des Menschen endet meistens, wenn er eine Hilfskraft bekommt.« Dieser Spruch stand heute auf Opas Abreißkalender.

»Ich brauche Vati, wo ist denn der Vati?«, fragte mich Oma.
»Der ist neben dir, im anderen Bett.«
»Sag ihm mal, er soll zu mir rüberkommen… Ich möchte gerne Geld haben!«
»Für was?«
»Ja zum Leben! Ich muss auch leben! Ich bin so froh, ich möchte nicht allein leben. Sonst friert mich doch! Wie soll ich leben? Ich möchte am liebsten das Haus verkaufen! Mehr habe ich nicht. Ein Stich zum Brechen, und dann sterbe ich, dann bin ich tot!«
Zögerlich fragte ich sie: »Möchtest du denn – jetzt – tot sein?«
»Gar nicht leben! Ich möchte nicht mehr leben! Das ist lächerlich. Ich will das Leben? Aber das ist doch egal!«
»Gott wird dich schon holen, wenn er die Zeit für richtig hält!«
»Mich holt der liebe Gott nicht mehr. Ich will gar nicht mehr rauf. Mir langt's, lieber Gott!«

Nach dem Essen fragte sie mich: »Eva, wie alt bist du denn?«
»Im November werde ich 65 Jahre alt.«
»Und wie alt bin ich? Ich bin vielleicht jünger – oder älter. Ich bin 32 oder 92 Jahre alt?«
»Ja, das stimmt genau! Du wirst bald 93 Jahre alt!«
»93 Jahre alt werde ich erst. Das ist 90 plus 3! Und bei dir?«
»Bei mir sind es 60 plus 5 ist gleich 65 Jahre.«

»Was machst du denn abends?«, fragte sie mich weiter.

»Meistens schreibe ich oder höre Radio.«

»Jetzt überlege ich mal, was ich machen könnte. Kennst du irgendein Spiel?«

»Ich habe kein Spiel dabei, leider.«

»Aber horch mal, wenn man dich fragt! Du bist doch verheiratet! … Wir sind aber nicht verheiratet. Der da drüben ist nicht mein Mann. Die haben immer so eine Bescheinigung, dass sie verheiratet sind. Mehr weiß ich nicht. Ich bin einmal verheiratet gewesen, wir sind immer miteinander gegangen. Mit Spiegel und allem. Mit Siegel. Waren wir verheiratet. Und dann haben wir uns nicht mehr vertragen. Nicht mehr gestritten. Der hat jemand. Und ich – ich bin immer im Bett! Und was das bedeutet hat, als das Kind auf die Welt gekommen ist … ich weiß gar nichts!«

Ich schmunzelte innerlich über diese Worte von einer erzkatholischen Frau, die ihr – beinahe hätte ich gesagt »zu Lebzeiten« nie über die Lippen gekommen wären. Besonders aufhorchen ließ mich, wie sie die Aussagen »nicht mehr vertragen« und »nicht mehr gestritten« beinahe gleichsetzte. Vielleicht ist es genau das, das »nicht mehr streiten«, das »um jeden Preis Harmonie aufrechterhalten«, die Partner voneinander entfernen kann? Das mag sein, aber bei meinen Eltern traf das nicht zu, glaube ich. Oder dachte ich das nur immer? Wie kam Oma dazu, solche Dinge zu sagen?

Nachmittags besuchte ich Hans im Krankenhaus. Ihm ging es bereits wieder so gut, dass wir gemeinsam einen langen Waldspaziergang unternehmen konnten. Ich erzählte ihm alles, was Oma heute gesagt hatte, von dem Stich, dem Tod, und dass Gott sie nicht mehr holen würde.

»Wenn du wieder ins Altersheim gehst«, sagte er, »dann sag Oma doch, sie soll Gott einmal ganz direkt fragen, wann er sie denn zu sich ruft!«

Vielleicht antwortet er ja?

Oma schlief.

Opa saß halb aufgerichtet im Bett. Ab und zu schloss er seine Augen und schien zu schlafen. Auf jeden Fall reagierte er nicht auf mich. Erst nach geraumer Zeit schreckte er hoch und bemerkte, dass ich neben ihm auf einem Stuhl saß und ihn still beobachtete.

»Ich brauche meine Hausschuhe!«.

In suchte im Wandschrank danach.

»Im Schrank sind sie nicht!«, sagte ich zu ihm.

Er blickte mich wortlos an und deutete mit dem Zeigefinger auf den Boden. Tatsächlich, die Pantoffeln mit dem abgewetzten dunkelbraunen Cordbezug standen unter seinem Bett. Obwohl er sie doch schon seit Ewigkeiten nicht mehr gebraucht hatte. Welche Funktion hatten sie noch, außer der Putzfrau im Weg zu stehen? Vielleicht waren sie so etwas wie ein Hoffnungsträger dafür, dass es noch mal werden wird mit dem Gehen?

Opa war zufrieden. Er wollte nur sichergehen, dass sie noch da waren.

»Gestern war es ganz schlimm«, sagte er. »Ich war in Berlin und wieder zurück.« Sonst wusste er nichts mehr zu erzählen und schwieg.

Oma schlief.

Seit dem letzten Mal, als ich auf die Anschlagtafel im Eingangsbereich geschaut hatte, sind schon wieder drei Frauen gestorben. Im Schnitt also eine pro Woche. Männer eher selten.

»So, jetzt werde ich sie wieder umlagern!«, sagte eine Schwester zu Oma.

Oma fragte sie, was denn das sei, das Lagern.

»Ich habe sie jetzt auf die Seite gelegt, das ist umlagern!«

»Ach ja, so ist das gemeint. Ich muss immer wissen, was so alles gemacht wird. Das ist Lagern. Also gut.«

Donnerstag, 12. Oktober 2006

Omas 93. Geburtstag!

Und wer saß zur Feier des Tages im Zimmer, als ich kam? Simon! Mit dem Roller kam er von München her. Mit seiner knallgelben Vespa, die er in einem Preisausschreiben gewonnen hatte. Ich schämte mich ein wenig, denn ich hatte nicht einmal Blumen mitgebracht, so wie er. Weil ich dachte, dass meine Eltern sie eh nicht wahrnehmen würden. Oder doch? Simon hatte eine Schale mit hell- und dunkelroten Herbstblumen mitgebracht. Weil die Herbstblumen länger halten.

»Auch wenn du sie nicht sehen kannst, Oma, sie sehen wunderschön aus!«, sagte Simon und beschrieb ihr das Aussehen des Gestecks in allen Einzelheiten. Oma hatte ihn heute sogar erkannt und sie unterhielten sich angeregt und verständlich.

»Menschenskinder, ist man da alt mit 93! Aber mein Mann, der Konrad, der ist so still… Der ist noch älter. Da muss man schön Acht geben auf die drei Jahre.«

»Opa ist 96 und wird bald 97. Das sind gut drei Jahre Unterschied zwischen euch! Aber dieser Unterschied spielt doch in diesem Alter keine Rolle mehr.«

»Ich muss dumm fragen, wie alt bist du denn, Simon?«

»Du bist exakt 3-mal so alt wie ich, Oma, ich bin 31.«

Simon redete viel lauter als Oma, das tat er immer, auch schon früher, um Opa in die Gespräche miteinzubeziehen.

»Ich bin 1909 geboren!«, schaltete sich Opa ein.

»Und jetzt haben wir das Jahr 2006. Also wirst du 97.«

Auf einmal sagte Oma, sie sei 192 Jahre alt.

»Das ist ein bisschen viel«, sagte Simon.

»Da frag ich mal den Adi und den Otto, die müssen das wissen.«

Otto, ihr jüngerer Bruder, ist im Alter von 21 Jahren an Ostern 1941 mit der JU88, einem Sturzkampfbomber, über dem

Hafen von Piräus abgestürzt. Er war im Zweiten Weltkrieg in Sofia in Bulgarien mit seiner Einheit stationiert und musste von dort aus Angriffe auf Seehäfen fliegen. Bei aller Traurigkeit – Oma konnte den frühen Tod ihres Bruders, den sie sehr liebte, nie richtig verwinden – hielt das Schicksal eine interessante Parallele bereit: Als Oma einmal mit der Mutter meines Mannes ein paar Tage Urlaub verbrachte, erfuhr sie, dass auch deren Bruder im Zweiten Weltkrieg seinen Tod fand. Ebenfalls abgeschossen in einer JU88, ebenfalls über dem Hafen von Piräus.

»Ja, ja«, seufzte Oma, »die reden alle untereinander was, aber das Erzählen fällt schwer. Und ich brauche immer jemanden, der mir Auskunft gibt, das ist schwer.«

»Gell, Oma«, sagte Simon verständnisvoll, »das ist schwer, wenn man immer alles wieder so schnell vergisst.«

»Das ist schade, wer kann denn das! Ich habe keine Ahnung, aber es ist schön, dass jemand da ist, der uns streichelt und niemand beklagt sich.«

»Wo ist Vati?«, fragte Oma.

»Der Vati liegt neben dir.«

Der Vati, mein Vati, lag mit weit aufgerissenen Augen im Bett und deutete mit seinem krummen, starren Zeigefinger an die Zimmerdecke, an der er Menschenmassen vorbeiziehen sah.

»Ja, das ist wahr! Gute Nacht, jetzt schlafe ich. Jeden Tag, lieber Gott, verspreche ich dir, dass ich brav bin. Und du, Eva, bist eine junge Dame. Das ist schön, eine junge Dame zu sein. Gute Nacht, lieber Gott!«

Sie schlief aber nicht, sondern fragte:

»Wo wohnst du denn in einer Viertelstunde?«

»Ich wohne in der Martinsstraße.«

»Was, in der Martinsstraße? Da wohne ich auch! Da können wir uns mal treffen! Das ist unsere, meine Heimat! Das ist wie ein Märchen! Gell Eva, das ist schön, das ist ein Wunder, die

Heimat. Da kann ich rüber gehen, da können wir uns mal treffen, das ist so schön. Ich habe meine Heimat gefunden!«

Omas Freude über ihre Heimat wirkte ansteckend auf mich. Die Traurigkeit darüber, dass es diese Heimat für sie nie mehr geben würde, kam erst Zuhause wieder hoch. Keine irdische Heimat mehr. Nur noch die himmlische Heimat. Was von ihrer irdischen Heimat, ihrer Wohnung noch übriggeblieben war, darf ich ihr gar nicht erzählen. Kalt, staubig, fleckig... sie würde in Ohnmacht fallen, wenn sie nur über die Türschwelle blicken würde.

Von der Schwester, die das Essenstablett brachte, ließ sie sich bereitwillig aufsetzen und erzählte ihr begeistert, dass sie gerade eine Dame getroffen hätte, die im selben Haus wohnt wie sie früher einmal. Das sei doch wie im Märchen, ein Wunder.

»In Gottes Namen! Schade, dass ich nicht jung bin«, seufzte Oma.

»In Gottes Namen.« Diesen Satz hatte sie von ihrer Mutter, also meiner Großmutter übernommen. Er war so etwas wie ein Stoßseufzer, den sie immer dann losließ, wenn es ihr körperlich nicht gut ging. Übersetzen könnte man »In Gottes Namen« vielleicht mit »eigentlich kann ich nicht mehr, aber nehmen wir halt alles so hin, wie es kommt«. Ja, so waren sie.

Zum Thema Heimat tauchte Oma heute noch tiefer ein. Zurück bis in die Heimat ihrer Kindertage. Viel Zeit hatte sie bei ihren Verwandten in einem Haus im Schwarzwald verbracht. Ein kleines Dorf, alle kannten sich, im Frühling weiß und rosa blühende Kirschbäume, soweit das Auge reichte.

»Unser Haus war ein schönes Bauernhaus, von früher. Das hat mein Mann sich frisch hergerichtet. Wir haben es gemietet. Es wurde schön gebaut. Und jetzt ist es weg!" »Meinst du Bühlertal?«

»Ja, diesen Ort meine ich! Da ist ein Gasthaus.«

»Du meinst das Gasthaus ›Zum Adler‹?«

»Das ist der Adler, ja genau, die sind verwandt mit uns! Ist das nicht wunderbar? Es ist vielleicht ein Bruder? ... Und der Apotheker, der wohnt schräg gegenüber.«

»Ja, das stimmt! Der Apotheker in Bühlertal wohnt links etwas den Berg hinauf!«

»Mit dem Hotel Adler bin ich verwandt.«

»Und neben eurem Haus wohnte eine Familie mit sehr vielen Kindern. Mit ihnen hast du des Öfteren gespielt, wenn du in Bühlertal warst.«

Ich wollte Omas Erinnerungen etwas auf die Sprünge helfen, aber sie schien überrascht zu sein:

»Das ist ja ganz was Neues! Da sind alle Verwandten von uns, da bin ich teilweise in die Schule gegangen. Wenn wir bei uns Ferien hatten und die Kinder dort noch Schule. Dann sind wir bei denen einfach mitgegangen. Wir hatten als erstes Fach Religion. Und da war ich gesessen und das war schön, lieber Gott, war das schön! Und zur Mutti, da fährt immer ein Bus rauf.«

Das »Bähnle« wurde er genannt. Es war ein kleiner Bummelzug. Ich erinnerte mich, dass ich als kleines Mädchen einmal mit meiner Mutter dort zu Besuch bei einer Großtante war. Wir standen am Bahnhof von Bühlertal und es wurden Zwetschgen verladen. Die Leute dort im Tal hatten alle viele Obstbäume auf ihren Grundstücken. Vor allem Zwetschgenbäume. Die Zwetschgen wurden dann am Bahnhof gewogen, in das »Bähnle« verladen und zum Verkauf zu verschiedenen Märkten gefahren. Oma erzählte immer so gerne von ihrem Bühlertal! Dort verbrachte sie in ihrer Jugendzeit alle Schulferien und spielte mit ihren Cousinen und den vielen Nachbarskindern, alles Kinder von Tante Karla. Besonders liebten sie das Spiel »Die Hochzeit«. Ein Mädchen und ein Junge verkleideten sich als Brautpaar, die anderen Mädchen als Brautjungfern. Der Junge, der keine Braut abbekommen hatte, musste den Pfarrer spielen. Ein weiteres Lieblingsspiel war das Kirschkernweitspucken. Die Kinder stellten sich mit einer Papiertüte randvoll mit Kirsch auf die kleine Holzbrücke, die zum Haus führte. Jeder steckte sich eine saftige Kirsche in den Mund und aß zuerst das Fruchtfleisch auf. Auf Kommando spuckten alle gleichzeitig ihre Kerne in den kleinen Bach hinein. Vorher noch schlossen sie Wetten auf die Siegerin oder den Sieger ab.

An der Hauptstraße, die durch den kleinen malerischen Ort führte, stand ein kleines Häuschen, in ganz einfacher Bauweise, das Schulgebäude. Die Front bestand lediglich aus der Eingangstür und je einem Fenster links und rechts davon.

»Das war immer meine schönste Zeit!«, schwärmte sie jedes Mal, wenn sie von dort erzählte. »Und wenn ich wieder in München sein musste, gefiel mir das gar nicht. Vor allem die Fröhlichkeit der Kinder dort fehlte mir sehr. Dort war es so lustig, ich wollte dort nie wieder weg.«

Traurig fuhr sie fort: »Vor einigen Wochen noch habe ich mit meinen Verwandten in Bühlertal telefoniert, sie gefragt, wie es ihnen geht. Das war herrlich! Ach, lieber Gott, und das soll jetzt alles aus sein? Alles aus sein? – Ach was. Wasser. Da ist ein großes Wasser.«

»Ja, an deiner Sägemühle deines Onkels floss ein Bach vorbei, der das Wasserrad für die Säge antrieb.«

»Oh ja, das ist mein echter Onkel! Ich bin richtig verwandt mit ihm! Ich mochte ihn so gerne. Er war so lustig. Als Kinder haben wir bei ihm stets etwas zu essen bekommen, egal, wie wenig er selbst hatte. Besonders freuten wir uns, dass er immer irgendwo etwas zum Naschen für uns versteckt hatte. Und ein wunderschönes Haus hatte er. Woher weißt du denn das alles?«

»Weil ich deine Tochter bin! Und du hast mir immer wieder von dem Onkel mit der Sägemühle erzählt. Diesen Onkel kannte sogar dein Mann, als ihr euch zum ersten Mal unterhalten habt, weißt du noch? Vielleicht war es sogar diese Gemeinsamkeit, die dich mit deinem Mann zusammengebracht hat?«

»Das ist doch nicht möglich! Das ist schon so lange her. Opa, hast du das alles gehört? Aber wir haben noch so viel Zeit! Und das sind so viele Jahre und ich weiß noch alles ganz genau. Gute Nacht und träumen Sie gut. Und vielen Dank, dass Sie da waren. Ich bin erst kürzlich mit dem Auto runtergefahren, bin aber nicht rangekommen. Die sind nicht mehr da! Die sind alle tot! Von meinen Eltern wohnt keiner mehr dort. Die liegen auch auf dem Friedhof. Meine Eltern und meine Großeltern. Ich kann's nicht mehr. Ich geh kaputt! Es geht nicht mehr! In der hintersten Ecke! – Ich bin in Bühlertal zur Kommunion gegangen.«

Wir hatten uns fest vorgenommen, mit Oma noch einmal in ihrem Leben dorthin zu fahren, bevor sie zu gebrechlich für einen so weiten Ausflug sein würde. Doch dazu kam es leider nie. Zu plötzlich kamen die Oberschenkelhalsbrüche dazwischen. Und danach wäre die Fahrt für sie viel zu beschwerlich gewesen. Man weiß leider vorher nie, wann es in einem Menschenleben zu spät sein kann, um sich solche Träume noch einmal zu erfüllen.

Mit Elisabeth hatte Oma in einem ihrer hellen Momente wieder Englisch geübt. Alles, was sie ihr in einfachen deutschen Sätzen gesagt hatte, konnte Oma ins Englische übersetzen! Oma und Englisch – sie konnte die Sprache ja schon so einigermaßen, aber über ihre Aussprache amüsierten wir uns stets königlich. Wenn sie zum Beispiel Katharina bei den Hausaufgaben half und ihr auf Englisch etwas diktierte, hörte es sich in etwa folgendermaßen an: »Siss iss mei mosser and se boi ätt mei lefft is mei brosser.« Das »th« war auf jeden Fall nicht so ihr Ding…

Am Montag, den 16. Oktober rief Elisabeth mich vom Heim aus an. Sie war in Aufregung. Die Schwestern im Hintergrund auch. Weil seit Sonntagabend das linke Hörgerät von Opa spurlos aus dem Zimmer verschwunden sei! Alle nur erdenklichen Orte hätten sie durchsucht. Die einzige Hoffnung sei noch, dass es unbemerkt in der Bettwäsche verschwunden sei. Morgen würde das Bett neu überzogen, so lange wollen sie noch warten. Heute wollten sie Opa nicht damit quälen, das Bett um ihn herum neu zu beziehen, nur um sein Hörgerät zu suchen.

Die Wäscherei wusste jetzt Bescheid, dass sie in der Wäsche von Station 1 nach dem Hörgerät suchen soll. Kann bis Mitte nächster Woche dauern.

Im Zimmer war es sehr ruhig. Wie immer nach dem Baden. Das bedeutete jedes Mal eine große Anstrengung für sie. Immerhin erkannte mich Opa, er sagte Grüß Gott und gab mir die Hand. Er wollte mir etwas sagen, brachte aber nur ein paar schwer verständliche Brocken über die Lippen. Ich meinte zu verstehen, er hätte große Sorge um mich gehabt. Ob ich gut nach Hause gekommen sei.

»Ja, das bin ich! Und du? Du bist heute gebadet worden?«

»Ich bin dann dort gelandet, bei den Eltern«, antwortete er.

»Bei welchen Eltern?«

»Das war ein… auf, gegebenenfalls in die Randgebiete bin ich gekommen. Ja, das war ein Glücksfall! Das ist oben in zwei bis drei Meter Höhe… da ist ein Waldgebiet, da hast du gedruckt… auf alle Fälle… ich kann nicht mehr sagen, da war so ein Leitseil.«

»Daran hast du dich festgehalten?«

»Ja, auf alle Fälle, mit dem roten Knopf. Weit und breit keine gesehen.«

Vermutlich meinte er die Notklingel, die an einem roten Seil über der Badewanne hing. Oder hatte er beim Baden heute besondere Angst gehabt? Hatte er Angst, weil weit und breit keine Schwester zu sehen war? Sagte er »gedruckt« an Stelle von »gedrückt«? Und die zwei bis drei Meter Höhe? Vermutlich hing diese Höhenangabe mit der Hydraulik-Badewanne zusammen. Normalerweise steht die große Wanne im Gemeinschaftsbad auf dem Boden und kann dort von Bewohnern genutzt werden, die noch einigermaßen mobil sind. Muss ein Pflegebedürftiger gebadet werden, der viel Hilfe benötigt, können die Schwestern ihn zunächst mit einer Art Drehsitz über die Wanne setzen und diese dann mit einem Hydraulik-System gut einen Meter nach oben fahren. So können sie die Patienten besser von allen Seiten waschen, ohne ständig in einer gebückten Position arbeiten zu müssen. Ich kann mir schon vorstellen, dass Opa diese Exponiertheit beim Baden wie zwei bis drei Meter vorkam.

Birgt hatte beiden gerade neue Windelhosen angezogen und frische Unterlagen ins Bett gelegt. Gerade als sie damit fertig war, hatte Opa noch einmal Stuhlgang. Also noch einmal alles von vorne. Opa entschuldigte sich bei ihr. Er solle sich keine Gedanken darüber machen, sagte sie, das sei ihre Arbeit.

Dazu fiel mir eine Geschichte ein, die mir Katharina einmal erzählt hatte. Sie jobbte früher in den Ferien und an den Wochenenden häufig auf einer Pflegestation. Besonders beliebt waren dort die Stuhlgänge, die während des Frühstücks kamen, genau in dem Moment, wenn jemand gerade hungrig in sein frisches Marmeladenbrötchen beißen wollte ... Wenn das Läuten der Alarmklingel erklang, das von einem roten Blinken über dem entsprechenden Patientenzimmer begleitet war, schauten sich im Schwesternzimmer alle wortlos an. Reihum traf es jede einmal. Die Einsätze reichten von einem harmlosen »Dame auf die Toilette begleiten« bis zu einem Durchfall, dem die Windelhosen nicht mehr standgehalten hatten. Diejenige, die es während einer Schicht am schlimmsten erwischte, erhielt einen Pokal. Den hatte eine Nachtschwester in einer ruhigen Nacht selbst angefertigt. Es handelte sich um einen Sch...haufen, der mit Goldlack besprüht war. Solche Häufchen

aus äußerst organisch wirkendem Kunststoff gab es im Scherz-
artikelladen zu kaufen. Obendrauf wippte eine schwarze Plas-
tikfliege, die mit einem dünnen Draht in den Haufen gesteckt
war. Böser Humor? Solange es die Bewohner nicht mitbeka-
men und die Arbeitsmoral dadurch gestärkt wurde… was
soll's. Anders war dieser Teil der Arbeit wohl oft nicht auszuhalten.

»Was kommt? Was wird kommen? Das ist wichtig!«, fragte
Oma.

Meinte sie damit das bevorstehende Ende? Wollte sie wissen,
wie dieses Ende, das Sterben war?

»Das ist wichtig!«, wiederholte sie. »Ich bete immer, dass ich
hinüber gehe! Was ich weiß, es ist kein Deutscher!«

»Kein Deutscher?«

»Nein, kein Deutscher. Ich weiß auf alle Fälle, kein Deutscher! Ich ein Deutscher, ein Weinender! Ich wäre so gerne eine
Deutsche! Ja, so nebenan, das ist auch ein Deutscher! Das ist
mein Mann! Wir sind alle Fremde! Aber sagen Sie, was macht
mein Mann eigentlich? Der könnte bei mir hier schlafen! Und
in meinem Buch steht ganz groß »verheiratet«. Und ich bin gar
nicht verheiratet!«

»Doch, du bist verheiratet!«

»Ja, schriftlich.«

»Mit Opa.«

»Ja, ich wäre gerne verheiratet, aber ich bin es nicht. Und irgendwann werde ich ganz weg sein. Ich werde ganz weg sein.«

»Das werden wir alle mal sein. Weg sein.«

»Aber wo?«

»Wir werden alle (die wir daran glauben) beim lieben Gott
erwartet, früher oder später. Frage doch mal oben an, wann er
dich erwartet!«

»Jaja, das weiß ich schon. Das weiß ich nicht. Aber erzähle mir mal eine Geschichte, ich brauche das jetzt. Ich habe so Angst.«

Ich erzählte Oma etwas von Bühlertal. Ich wusste, das würde sie aufheitern. Ich hatte Zeit, denn das Essen kam heute eine Stunde später. Von Schwester Birgit hatte ich zufällig erfahren, dass das Küchenpersonal heute Oktoberfest feierte, mit Bier, Brezen und Brathendl. Ich erzählte ihr also wieder einmal Geschichten aus ihrer Kindheit, so wie sie diese früher uns erzählt hatte, außerdem von unseren früheren Familienurlauben am Pillersee bei St. Ulrich, von unseren jährlichen »Schifferlfahrten« dort, von den Bergwanderungen, unseren netten Wirtsleuten in der Pension.

»Oh ja, das war auch schön!«, erinnerte sich Oma. »Da ist eins schöner wie das andere. Jetzt habe ich keine Angst mehr!«

»Gell, besonders die Landschaft dort war herrlich, die weiten Almwiesen, die Berge, die sich im See spiegeln, die glitzernden Bergbäche. Erinnerst du dich auch noch an Alpbach? Dort waren wir auch oft. Hatte sich nicht dort Elisabeth einmal den Arm gebrochen, als sie beim Balancieren von einem wackeligen Holzstapel heruntergefallen ist?«

»Oh ja, die Elisabeth! Mit der könnten wir wieder dort hinfahren, die hat doch ein Auto. Wir bezahlen dann schon die Fahrt! Mit Frauen fahren ist viel schöner als mit Männern.«

Schon seit Längerem machte Opa das Atmen große Mühe, wenn er versuchte, zu sprechen. Also kommunizierten wir vor allem über unsere Hände. Zur Begrüßung streckte er mir meist wortlos seine Hände entgegen. Ich nahm sie in meine und drückte sie sanft. Er strich mit den Fingern über meinen Handrücken. Für das, was ich dabei empfand, hätte ich sowieso keine treffenden Worte gefunden. Liebe und Schmerz, ganz nah beieinander. Sehnsucht nach Nähe vermeinte ich, bei Opa zu spüren. Auch zum Abschied streichelte er meine Hände. Seine Bewegungen wirkten dabei bereits etwas unbeholfen, aber das tat der Zärtlichkeit keinen Abbruch.

»Geh mit Gott, aber geh! Und sage all deinen Lieben, die zu Hause bleiben durften viele Grüße!«

Ich versprach ihm das fest, ebenso, dass ich ihn nicht verlassen und wieder kommen werde.

Opa erkundigte sich nach Hans, der immer noch auf Reha in Niederbayern war. Nächstes Wochenende wird er wieder nach Hause kommen, nachdem er in der Nähe der Klinik noch seine niederbayerischen Verwandten besucht hat. Ich erzählte Opa davon, ob er es hörte oder nicht. Er hatte immer nur noch ein Hörgerät. Immerhin gab es heute Neuigkeiten über das verschollene zweite Gerät: Es wurde tatsächlich in der Wäsche gefunden! Jedoch NACH dem Waschen. Das überstand noch nicht einmal modernste Technik. Und der Hörgerätetechniker machte uns tatsächlich den Vorschlag, das Gerät einzuschicken und reparieren zu lassen. Dann würde es noch ein paar Wochen funktionieren, um dann vollständig auszufallen. Sehr sinnvoller Vorschlag. Sonst sei alles in Ordnung, es sei sauber. (Ach nein, nach 1000 Umdrehungen pro Minute bei 60 Grad war das nicht anders zu erwarten…) Aber die Technik … Es wäre sinnvoller, unserem Vater ein neues Gerät anzupassen, empfahl er. Ach nein. Die Technik hätte sich in der Zwischenzeit auch schon weiterentwickelt. Vorab müsse man mit Opa einen Hörtest machen, vielleicht sei sein Hörvermögen zurückgegangen (was wir alle sehr stark annahmen). Ich gab sogleich in der HNO-Praxis Bescheid.

Das Essen kam eine halbe Stunde zu früh. Angeblich, damit die Schwestern und Pfleger insgesamt mehr Zeit zum Esseneingeben hätten, weil sie so schwach besetzt seien. Oma meckerte umso mehr.

»Ich bin müde, lassen sie mich in Ruhe, ich will keine Suppe essen… sonst könnte ich es, aber ich tue es nicht! Aber wenn sie mir was tun, dann… Bitte lassen sie mich endlich in Ruhe! Ich will gar nichts von Ihnen essen. Und wenn sie noch etwas von mir wollen, dann kann ich Ihnen ein Gedicht aufsagen. Ich will nichts essen, nur meine Ruhe haben. Sonst schreie ich Sie an! Ich schreiiiieee!«

Da stutzte der Pfleger aber, überrumpelt von dieser Heftigkeit.

Der Staatsanwalt war bis vor Kurzem im Zimmer. Sagte Opa.

Tatsächlich im Zimmer war der Altenpfleger David. Er nahm sich eine Menge Zeit, Opa das Essen so zu platzieren, dass er selbstständig essen konnte. Es war ein gutes Gefühl für mich zu sehen, dass sich David die Mühe machte, von Opa noch einen Rest an Selbstständigkeit zu fordern. Bei den Alten war es wie bei kleinen Kindern: Ihnen Arbeit abzunehmen ging oftmals schneller und war bequemer, als sich die Mühe zu machen, ihnen selbstständiges Handeln zu ermöglichen. Die Kinder lernten durch so ein Verhalten nichts Neues und die Alten verlernten das Alte.

Hoffentlich leben die beiden noch bis nach meiner Venenoperation im November. Nicht dass ich selbst im Krankenhaus liege, während sie sterben…

Da meine Eltern schliefen, als ich kurz vor 12 Uhr in ihr Zimmer kam, schlich ich mich leise hinein und goss zunächst die Blumen auf der Fensterbank. Als ich aus Versehen gegen einen Stuhl rumpelte, fragte Oma erschrocken:

»Wer sind Sie denn? Waren Sie da, als das passiert ist? Ist jemand gestürzt?«

Wollte Oma damit hinaus auf das, was ihr passiert ist? Die zwei Oberschenkelhalsbrüche so kurz hintereinander?

»Natürlich war ich da dabei!«, sagte ich.

Dr. Legnau kam damals auf meinen Anruf hin sofort aus seiner Praxis zu uns geeilt, setzte Oma auf einen Stuhl und legte ihr eine Infusion. Ich erinnere mich noch genau, dass er 5 ml Morphium hineingab. Dazu erklärte er mir, dass in Omas Alter und bei ihrem Gewicht eine kleine Menge ausreichen würde, ihre Schmerzen zu lindern. Er informierte den Malteser Hilfsdienst, der mit einem großen Fuhrpark in unserer Nähe stationiert war. Die Sanitäter betteten Oma gar nicht auf eine Trage, sondern trugen sie so, wie sie war, mitsamt dem Stuhl, das eine Stockwerk hinunter, durch den Garten bis zum Krankenwagen. Erst dort legten sie sie auf die Trage. Sie fuhren noch nicht ins Krankenhaus, sondern zum ortsansässigen Orthopäden, um sie röntgen zu lassen. Erst danach wurde sie in die Klinik gebracht, als klar war, dass wieder eine Operation nötig sein würde.

Ich musste die ganz Zeit an Omas Spruch denken, den sie uns wieder und wieder eingebläut hatte: »Kinder, zieht euch jeden Tag frische Unterhosen an und wascht euch die Füße! Stellt euch vor, euch holen die Sanitäter und ihr seid nicht sauber!«

Jetzt sagte sie:

»Ich weiß gar nicht, wann wir da hergegangen sind, in das Heim. Aber daheim hätte ich es nicht machen können. Und wenn ich zahlen würde, könnte man mir dann noch helfen?«

Opa schaute bewegungslos vor sich hin. Erschöpft sagte er zu mir: »Ich bin seit heute früh schon unterwegs. Ich war in Nordamerika!«

Er presste die Worte so außer Atem zwischen den Lippen hervor, so, als hätte er tatsächlich diese lange Reise unternommen.

»So weit fort warst du?«, fragte ich ihn.

»Das war sehr… und gestern…« Er schien angestrengt nachzudenken, schien aber den Faden verloren zu haben.

»Ich weiß es nicht mehr.«

Schade.

»Jetzt kann er schlafen«, sagte Oma.

»Wer?«

»Der Vati. Ich warte immer auf was. Auf Vati. Ich habe Angst, dass er falsch läuft. Der Konrad läuft besser als ich. Das ist mein Mann, den liebe ich!«

»Wo bin ich überhaupt?«, fragte mich Oma.

»Du bist im Altersheim Sankt Gertrud. In einem Vorort von München.«

»Im Altersheim, ach was?«

»Du bist jetzt im Altersheim daheim.«

»Daheim, ach was. Ganz daheim? Was kann ich denn da anziehen? – Du, das Altersheim, wie alt ist das denn?«

Ich musste grinsen.

»Vermutlich jünger als du selbst.«

»Ach, deswegen bin ich immer so müde und schlapp, ach ja.«

Sie leben noch. Das hatte ich mir doch gewünscht, dass sie nicht sterben, während ich selbst im Krankenhaus bin. Ich habe mir an beiden Beinen die Venen operieren lassen und war eine Woche im Krankenhaus. Am Geburtstag meiner Schwester wurde ich aufgenommen, an meinem Geburtstag wieder entlassen. Es fiel mir sehr schwer, mich heute wieder aufzuraffen und mit dem Bus zum Altersheim zu fahren. Die Pause hatte mir gutgetan.

Am Ende des Flurs standen wie immer ein paar alte Leute im Rollstuhl um einen Tisch gruppiert. Ich hörte, wie sie über mich redeten.

»Ja wer kommt denn da daher? Wer ist denn das?«

Volltreffer! In mir rührten sich gleich meine Schuldgefühle. Sie fragten das bestimmt, weil ich schon so lange nicht mehr da war. Ich war schon genauso paranoid wie meine Mutter. Mich auf Oma und Opa wieder einzulassen, nach so langer Zeit, war gar nicht so einfach. Der Anblick der beiden, das wirre Gerede von Oma, der starre Blick von Opa….

»Lieber Gott«, sagte Oma zu mir, »bleibe ein bisschen bei mir, ich bin so allein.«

Gestern Abend besuchte ich im Bürgerhaus einen Vortrag zum Thema Patientenverfügung, Vorsorge- und Betreuungsvollmacht. Der Redner war ein Jurist, der schon viele Vorträge zu diesem Thema gehalten hatte und auch von medizinischer Seite ein breites Wissen zu haben schien. Mich wühlten diese Themen innerlich ziemlich auf, sodass ich mich nur noch bruchstückhaft an das erinnern konnte, was gestern zur Sprache kam. Unter anderem zeigte er uns Bilder von Patienten, die erbärmlich in ihren Betten dahinvegetierten und nur noch aus Haut und Knochen bestanden. Dabei warf er den Ärzten vor, dass sie bei diesen Menschen immer noch behaupten würden, man müsse etwas tun, man könne noch etwas tun, um ihr Leben in die Länge zu ziehen, zum Beispiel durch künstliche Ernährung.

»So etwas ist doch nicht mehr zu vertreten!«, wetterte er. »Aber auch der Verzicht auf künstliche Ernährung reicht noch nicht aus. Zwar nimmt man ab, wenn man wenig isst und trinkt. Aber das genügt meist noch nicht zum Sterben – und schon gar nicht für ein sanftes Sterben. Vielmehr sollte es Priorität sein, diesen Menschen schmerzfreie letzte Tage oder Wochen zu ermöglichen, sie auf ihrem letzten Weg liebevoll zu begleiten und sie in Würde sterben lassen. Aber man *sollte* sie sterben lassen, wenn es an der Zeit ist.«

Was mir bei seinen Worten am meisten zu denken gab, war seine Anmerkung, dass das bloße Weglassen von Flüssigkeits- und Nahrungszufuhr nicht zu dem Tod führen würde, den wir uns alle wünschten. Nein, die Organe würden eines nach dem anderen ihren Dienst aufgeben. Und das sei wahrlich kein schöner Tod. So klar war mir diese Tatsache bisher nicht gewesen, ich hatte immer gedacht: Wenn wir Oma nicht mehr gegen ihren Willen Essen und Trinken verabreichen würden, würde sie einfach friedlich sterben können.

Er erklärte uns den Begriff »Palliativmedizin« genauer und machte uns die Unterschiede zwischen aktiver und passiver Sterbehilfe deutlicher.

Vor allem sensibilisierte er uns für ein rechtzeitiges Hinterlegen einer Patientenverfügung – nicht nur die unserer Eltern, sondern auch unserer eigenen.

»Stellen Sie sich doch einmal lebhaft vor, ein Angehöriger von Ihnen gerät durch Unfall oder plötzliche Krankheit in einen so desolaten geistigen und körperlichen Zustand, dass er nicht mehr äußern kann, was er will und was er nicht will. Er hat weder eine Patientenverfügung noch eine Betreuungsvollmacht hinterlegt, weil er sich mit dem Thema seiner eigenen Vergänglichkeit nicht auseinandersetzen wollte. Nun stecken Sie in dem Dilemma: Können sie mit Überzeugung und mit reinem Gewissen entscheiden, was der mutmaßliche Wille des Patienten gewesen wäre? Genügt dies, um Grundlage für das Handeln der Ärzte und des Pflegepersonals zu sein?«

Die Essenz des Vortrages war in jedem Fall: Am einfachsten und eindeutigsten war dies alles, wenn die Dinge bereits rechtzeitig durch eine Patientenverfügung und Betreuungsvollmacht geregelt wurden.

Heute Nacht hatte ich einen Traum. Ich stand an unserem Schlafzimmerfenster, von dem aus ich das Gartentor im Blick hatte. Dort standen zwei oder drei Personen, die läuteten. Ich ging in den Flur und drückte den Türöffner. Der Flur war bereits gesteckt voll mit Leuten, die Geschenke mitgebracht hatten. Ich stellte mich wieder ans Fenster und beobachtete, wie die neuen Gäste den Kiesweg zum Haus entlang gingen. Sie betraten das Haus, in dem gleich zur Linken der Eingang unserer Wohnung war. Ich erfuhr, dass Oma gestorben sei. »Ist das wahr?«, fragte ich einen fremden jungen Mann. Ich selbst war erstaunlicherweise ruhig dabei und überlegte sachlich, was nun zu tun sei. Ich dachte dabei vor allem an all die bevorstehenden Formalitäten und an den Aktenordner, in dem bereits alles für die Beerdigung und den Gottesdienst vorbereit war. Sogar die Nummern der Lieder im Gesangbuch hatte ich schon notiert und abgeheftet. Mir fiel ein, dass ich sie schon längst von dem Schmierzettel auf ein ordentliches Blatt Papier übertragen wollte, um sie so dem Pfarrer in die Hand drücken zu können. Auf einem weiteren Zettel standen alle Personen einschließlich ihrer Telefonnummern, die ich von Omas Tod informieren sollte. Auch hatte ich ein paar Daten über die Lebensläufe von Oma und Opa notiert, damit der Pfarrer sie in seiner Ansprache verwenden könnte. Im Traum nahm ich mir sogleich vor, das Bestattungsinstitut anzurufen. Oma und Opa hatten sich selbst schon das Modell ihres Sarges ausgewählt, sogar Texte und Bilder für die Sterbebildchen waren schon geplant. Alles war bereits bezahlt. Danach wollte ich das Pfarramt anrufen, um einen Beerdigungstermin zu vereinbaren. Ich überlegte, welche dunklen Kleidungsstücke ich zur Beerdigung anziehen würde.

Als ich heute an Omas Bett trat, beugte ich mich weit über sie und vergewisserte mich, dass ihr Atem noch ruhig und tief floss. Ich strich ihr über die Arme und über das Gesicht. Es beruhigte mich, dass ich darin noch ihre Wärme spürte.

Opa hatte nach wochenlanger Wartezeit endlich seine neuen Hörgeräte bekommen. »Hörprothesen« nannte er sie. Er hörte tatsächlich besser, ging auf unsere Fragen ein und erschien insgesamt wacher und positiver gestimmt. Außer dass er irgendetwas von einem Verwaltungsgericht erzählte, war auch sein Verstand ganz in der Gegenwart. Er ließ Grüße ausrichten an alle, die ihn noch kennen (die meisten seiner Bekannten hatte er schon überlebt), bedankte sich dafür, dass Hans ihm beim Essen geholfen hatte, und drückte mir zum Abschied innig die Hände.

Simon erzählte mir abends am Telefon ganz interessiert von Opas »neuesten Projekten«. Ganz aktuell sei sein 800-Betten-Projekt in Kempten. Eva habe ihn mit dem Auto hingefahren. Er habe sich dann aber gewundert, warum sie gleich wieder weggefahren sei. Sie hätte schon auf ihn warten können und wieder mit nach Hause nehmen! Weiter erzählte Opa, dass auch in München, im Klinikum Rechts-der-Isar ein großes Projekt geplant sei, wo noch eine Bauaufsicht gesucht wurde. Er dachte daran, dass Simon dieses große Projekt in München übernehmen könnte. Er wollte ihn zuerst als Kandidaten vorschlagen, entschied sich nach längerem Überlegen aber dann doch anders. Das wäre nichts für Simon, da gäbe es nur so viele Scherereien für ihn. Simon sagte zu Opa, er könne die Stelle sowieso nicht antreten, da er ja schon eine Anstellung als Arzt hätte. Opa habe sogar Simons Freundin Vera sofort erkannt und sie gefragt, ob sie noch in Schwabing wohne! Und das stimmte!

»Oma war sehr schläfrig und hat viel gehustet«, erzählte Simon noch. »Aber wenn sie jetzt eine Lungenentzündung bekommen würde – das wäre doch ein Segen! Wünschen wir uns denn nicht alle, dass es zu Ende geht? Oma hätte es sich doch auch gewünscht, dass sie nur einzuschlafen braucht!«

»Kommt Simon jetzt?«, fragte Oma.
»Nein, er muss arbeiten.«
»Was macht der denn?«
»Er arbeitet als Arzt in einer Klinik. Als Anästhesist.«
»In einer Klinik, als Arzt, der Simon? Das ist doch nicht möglich, der Simon, der Große!« Bewunderung klang aus ihrer

Stimme. »Die Schmerzen, die ich habe… jetzt müssen sie vielleicht viel arbeiten, das hätte ich nie gekonnt.«

»Wer muss viel arbeiten?«

»So viel… scheußliche… aber der Michael!«

»Was ist mit Michael?«

»Der Michael eignet sich?«

»Der Michael ist Heilpraktiker.

»Ach so? Das ist was ganz Besonderes. Dass es so etwas gibt? Und du, weißt du schon, was du einmal werden willst?«

Ich musste schmunzeln. Sie fragte mich so, wie man ein kleines Kind über seine Zukunftsvorstellungen fragt und ein kleiner Junge dann antwortet »Pilot« oder »Astronaut« und ein kleines Mädchen vielleicht »Prinzessin« oder »Tierärztin«.

»Ich bin Hausfrau, Mutter und Ehefrau.«

»Da muss ja erst eine Frau kommen«, sagte Oma. Ich verstand nicht ganz. Mir fiel nur ein, dass ich etwas vergessen hatte: Hauptberuflich fühle ich mich im Moment vor allem als Tochter. Als Tochter, eingespannt in ihre Aufgaben, wie die Pferde vor der Postkutsche.

Wie jeden Mittwoch war Stationsabend. Patienten und Personal der Stationen 1, 3 und 4 konnten teilnehmen, einschließlich Koch, Hauswirtschafterin und Stationsleitung. Elisabeth und ich kamen beide. Oma und Opa wollten ihr Zimmer zu diesem Anlass erwartungsgemäß auf keinen Fall verlassen.

Bevor es losging, wollte ich nur kurz zum »Hallo sagen« bei Oma und Opa ins Zimmer schauen. Opa bewunderte meinen Mut, das Zimmer zu betreten! In dieser gefährlichen Gesamtsituation! Er erzählte mir von Königsberg, wo er Mitte der 30er-Jahre Baureferent beim Heeresbauamt gewesen war. Und dass er davor in Karlsruhe Architektur mit dem Schwerpunkt Hochbau studiert hatte, alles ohne Unterstützung seiner Eltern, denn die waren beide tot. Nach seiner Prüfung zum Regierungsbaumeister in Berlin arbeitete er bis zum Ausbruch des

Zweiten Weltkriegs in München, bei der Wehrkreisverwaltung. Der Zweite Weltkrieg schickte ihn an die Mosel, nach Calais und nach Wittenberg. Nur kurz unterbrochen durch seine eigene Hochzeit und kurze Heimurlaube. Irgendwann muss ich auch gezeugt worden sein.

Ich hätte ihm so gerne noch länger zugehört, aber ihm ging die Kraft zum Sprechen aus. Also gesellte ich mich zu den anderen Angehörigen beim Stationsabend. Wir tauschten vor allem unsere Erfahrungen, Sorgen und Nöte aus und machten zusammen ein paar Verbesserungsvorschläge.

Telefonat mit meiner Schwester. Sie musste sich jetzt auch noch zusammen mit ihrem Mann um ihre Schwiegermutter kümmern. Sie fuhren nach Burghausen, um dort ihre Verlegung vom Krankenhaus in ein Pflegeheim zu organisieren. Zunächst hatten sie sich für eine Kurzzeitpflege von ca. vier Wochen entschieden, lediglich für die Zeit nach dem Krankenhausaufenthalt. Burghausen war zu weit von München entfernt, als dass sie sich persönlich um sie hätten kümmern können. Es würde sich dann schon herausstellen, ob sie nach den vier Wochen wieder selbstständig in ihrer Wohnung leben könnte. Hoffentlich.

Opas Wangen erschienen mir ungewöhnlich eingefallen. Erst als ich im Bad nach einem Taschentuch suchte, entdeckte ich zufällig seine Zahnprothesen im Reinigungsbecher. Hatten die Schwestern vergessen, ihm seine Zähne einzusetzen?

»Nein, nicht vergessen«, erklärten sie mir. Schon gestern hätten sie versucht, ihm die Zähne einzusetzen, doch Opa hätte seinen Mund so fest wie ein Schraubstock zugepresst. Am Sonntag, also heute, schnaufte er stark, sein Atem rasselte. Den Mund hielt er weiterhin geschlossen. Sie schickten einen Bereitschaftsarzt, der zufällig auf der Station zu tun hatte, zu ihm.

Er verschrieb Opa ein Antibiotikum, um das Übergreifen der Erkältung auf die Lunge zu verhindern.

Zum Essen gab es Gulasch mit Nudeln. Das sollte Opa sich nicht entgehen lassen, er liebte dieses Essen doch! Also versuchte ich noch einmal, ihm die Zähne einzusetzen, diesmal mit Erfolg. Das Füttern ließ er zwar ohne Gegenwehr aber mit ebenso wenig Begeisterung über sich ergehen. Als hätte er keine andere Wahl. Seine Hände fühlten sich leicht und kraftlos an. Sein Blick war apathisch. Diese Kraft- und Energielosigkeit beunruhigte mich. Dazu der rasselnde Atem, die offensichtliche Anstrengung dabei, den Brustkorb zu heben und zu senken. So hatte ich ihn schon lange nicht mehr erlebt.

Ein eisiger Windhauch bewegte die Vorhänge, als ich die Tür öffnete. Ich wäre heute gar nicht dran gewesen mit dem Besuch, aber die Sorge um Opa trieb mich hierher. Opas Atem rasselte furchtbar. Ich empfand die frische Luft als wohltuend und angenehm. Aber ob das für Opa so gut war? Ich schloss das Fenster. Opa sah im Gesicht schon deutlich besser aus als gestern. Schwester Emma, die mit der rot gefärbten Haarsträhne über der Stirn, nahm sich Zeit für mich. Sie informierte mich genauestens über den Arztbesuch von Dr. Legnau gestern Abend. Das Antibiotikum verschrieb er weiterhin, das Hustenlösende Medikament leider nicht. Emma hatte gestern Spätdienst gehabt und war bei Oma zum Abendessen eingeben. Sie hatte es gerne, wenn Oma viel erzählte. Es störte sie nicht, wenn dies während des Essens geschah. So war es für beide kurzweiliger. So wie gestern. Sie erzählte, dass sie früher in Schwabing gewohnt hätte (das stimmte nur fast) und ob Schwester Emma auch von da käme. Bei vielen Patienten würde sie nur ins Zimmer hineingehen, sie zwar ansprechen, aber ohne jegliche Reaktion das Essen eingeben und das Zimmer wieder verlassen. Opa schien sie auch gern zu haben.

»Ihr Vater ist wirklich ein Stehaufmännchen!«, sagte sie oft. »Manchmal geht es ihm so schlecht und dann scheint er alle Energie zusammenzunehmen und rappelt sich wieder auf!«

Freitag, 22. Dezember 2006

Opas Geburtstag. Und ich hatte nicht einmal genügend Zeit für ihn! Morgens war ich beim Friseur. Dann musste ich einkaufen gehen, weil Hans einen Freund in seine Werkstatt eingeladen hatte, und ich sollte für beide ein Mittagessen kochen. Ich radelte schnell nach Hause und räumte die Einkäufe in den Kühlschrank. Erwischte gerade noch den Bus zum Altersheim. Eine halbe Stunde blieb mir noch für Opa, bevor ich zum Kochen wieder nach Hause musste. Ich gratulierte ihm zu seinem 97. Geburtstag. Er streichelte mir das Gesicht.

»Danke für den Geburtstag von Opa!«, rief Oma.

Ich setzte mich zu ihr ans Bett und strich ihr über die Haare.

»Ist es schön, gestreichelt zu werden?«, fragte ich.

»Man muss es halt aushalten. Aber vielen Dank, vielen Dank.«

»Leider kann ich heute nicht lange bei euch bleiben. Ich muss für Hans kochen.«

»Wer ist denn das?«

»Das ist mein Ehemann! Seit 35 Jahren sind wir bereits verheiratet.«

»Das ist doch nicht möglich! Habt ihr schon Kinder?«

»Zwei Kinder haben wir. Katharina und Simon.«

»Was?«

»Ja, der Simon, der ist Arzt, und Katharina, die ist Lehrerin.«

»Oh je, die kann man immer notwendig brauchen.«

Es klopfte an der Tür. Eine Frau kam herein. Sie stellte sich als Frau Meggle vor. Sie kam von der Gemeinde und überbrachte Opa einen Geschenkkorb anlässlich seines Geburtstags. Bei allen über 95-Jährigen schickte die Gemeinde jedes Jahr jemanden vorbei zum Gratulieren. Vorher kamen sie nur zu runden Geburtstagen. Diesmal hatte sie einen »Fresskorb« dabei, bis obenhin gefüllt mit Bio-Lebensmitteln. Dazu ein Sektglas.

»Wenn sie noch ein paar Jahre warten«, meinte sie mit einem ironischen Unterton, »also, wenn ihr Vater noch 100 wird, dann kommt der Bürgermeister persönlich zum Gratulieren vorbei!«

Als Frau Meggle wieder weg war, klingelte es. Ich drehte mich erst suchend um meine eigene Achse – bis ich kapierte, dass das Telefon läutete. Ich glaube, das habe ich hier drin noch fast noch nie erlebt. Opa konnte auch nicht selbst abheben. Eine Dame war am Apparat. Sie wollte ihm zum Geburtstag gratulieren. Wie es ihm ginge, ob er noch gut bei Kräften sei, fragte sie. »Grüßen Sie ihn lieb von mir!«

Wer sie denn sei, fragte ich. Ihr Name, Frau Dietz, sagte mir nichts.

»Ich bin seine Sekretärin gewesen, damals als er noch im Ministerium arbeitete!«

Dass die noch an ihn denken, das will was heißen!

Mit Opas Fresskorb ist etwas passiert. Mitten in der Nacht hörte David, der Nachtschicht hatte, ein Rumpeln aus dem Zimmer meiner Eltern! Er war erst erschrocken, weil er dachte, Oma oder Opa wären aus dem Bett gefallen und rannte hin, so schnell er konnte. Die Tür stand sperrangelweit offen – und sein Mund auch gleich! Auf dem Boden kniete eine Bewohnerin vom anderen Ende des Ganges und wühlte mit großen, glänzenden Augen in all den Leckereien! Ihr wallendes rosa Nachthemd war bereits von oben bis unten mit Schokolade beschmiert. Die langen grauen Haare hingen ihr wild um den Kopf. David erzählte, er musste so lachen, dass er gar nicht schimpfen konnte. Er brachte die verwirrte, aber glückliche Besucherin zurück in ihr Bett und räumte den Korb notdürftig wieder ein. Der Korb hatte wahrlich jemandem Freude gemacht!

Erster Weihnachtsfeiertag. Es war sehr ruhig im Heim, noch ruhiger als sonst. Außer den vereinzelten Dekorationen erinnerte einen nichts daran, dass gerade Weihnachten war. Opa saß mit heruntergelassener Hose auf dem fahrbaren Toilettenstuhl im Bad. Oma redete heute nur wirres Zeug, nur vereinzelt konnte ich überhaupt ein paar Worte verstehen. Mutter. Himmel. Angst. Danke. Hallo. Hilfe.

Auf dem Tisch stand eine Schale mit Weihnachtsplätzchen, Lebkuchen, Nüssen und Mandarinen. Wir sollten die Lebensmittel verschenken oder mit nach Hause nehmen, bevor sie schlecht werden. Neben den Süßigkeiten sah ich zwei Abreißkalender für 2007 liegen. Geschenke vom Heim? Die können wir gleich weiterschenken. Ich hatte für Opa schon einen Kalender besorgt, er liegt im Schrank unten in einem Schuhkarton. Einen mit großen Zahlen darauf, sodass er ihn auch vom Bett aus lesen konnte. Unter dem Datum war jeden Tag ein anderes Bibelzitat zu lesen.

In ihrem Notizbüchlein hatte sich Oma zum Thema Kalender auch ein paar Gedanken gemacht (oder sie irgendwo gelesen und aufgeschrieben, ich weiß es nicht):

»Was sind das doch für Gedanken, wenn du einen Kalender erst im Dezember des Jahres abreißt! Wie schnell gleitet ein Blatt ums andere weg, das eine glatt, das andere reißt ein. Und nun liegen diese guten und zerrissenen Blätter vor dir, all die guten und schlimmen Tage. Eigentlich ist es doch ein gutes Gefühl – das Wegwerfen des Häufchens Papier. – Du wirfst noch einen letzten Blick darauf und dann in den Abfall! Stimmen diese Gedanken im Hinblick auf unser Leben wirklich? Etwas muss bleiben! Zum Beispiel Hoffnungen, Erfahrungen, Stunden … Es geht immer einige Schritte vor (Hoffnungen, Lichtblicke) und dann wieder mal große, mal kleine Schritte (Enttäuschungen) zurück. Am Ende erreicht jeder das Ziel, das Ende des Lebens auf dieser Welt! Also müssen doch ein paar große Schritte dabei gewesen sein.«

Die Schwestern hatten Elisabeth erzählt, dass Oma immer weniger Flüssigkeit zu sich nähme. Mehr als 800 ml pro Tag könnten sie ihr nicht mehr aufzwängen.

Das kleine Radio, das Oma und Opa anfangs noch im Heim hatten, stand bei uns in der Küche. Ich benutzte es nie. Elisabeth bat mich, es wieder ins Heim mitzunehmen und der Schwester Jitka für ihre Kinder zu schenken. Die könnte es brauchen. Mit dem wenigen Gehalt, das sie als Altenpflegerin bekäme, eine Familie ernähren, das sei doch unmöglich. Einen der überzähligen Kalender gaben wir ihr auch gleich mit.

Oma bekam nun keine Medikamente in Tablettenform mehr. Gegen die Schmerzen klebte ihr seit Langem schon ein Morphiumpflaster auf der Brust. Auf ihrem Tablett stand ein kleiner Becher mit einer roten Flüssigkeit darin. Was war das?

»Ach das, das ist zur Beruhigung«, erklärte mir Jitka. »Damit sie nicht ununterbrochen redet. Dann geht es auch mit dem Essen besser.«

Zu Essen bekam sie diese Tage fast ausschließlich Astronautennahrung, die ihr mit einer Pipette eingegeben wurde. Dr. Legnau hatte zum wiederholten Mal ausdrücklich darum gebeten, Oma kein Essen aufzudrängen, wenn sie nicht wollte.

Omas Fußschemel klemmte sich Hans unter den Arm.

»Den braucht sie ja nun wirklich nicht mehr, er steht nur im Weg herum. Auch die leeren Blumentöpfe und die Erde auf dem Balkon können wir bald mitnehmen.«

Es kam mir vor, als würden wir schon die Zelte abbrechen, obwohl Oma und Opa noch darin liegen. Aber wozu brauchen sie noch Blumenerde auf dem Balkon?

Lieber Gott! Wieder die gleichen Fragen und Bitten an dich, vergeblich auf die Antwort wartend. Wie lange geht das denn noch? Wann erlöst du sie endlich? Wann rufst du sie zu dir hinauf? Wenn es auch schwer für mich sein wird, oder ein

Schock, wenn sie nicht mehr da sind... überwiegt nicht die Erlösung? Und ich weiß, dass du sie gut bei dir aufnehmen wirst, lieber Gott. Du hast mir genügend Zeit gegeben, um mich von ihnen zu lösen und zu verabschieden. Ich danke dir dafür! Mit Grauen denke ich daran, was auf Elisabeth und mich zukommen wird, wenn Oma und Opa gestorben sind. Die Arbeit, die Behördengänge, der Notar wegen dem Haus. Oh lieber Gott, das sind alles so weltliche Sachen. Aber hilf mir auch in diesen Sachen gerecht gegenüber meiner Schwester und meinem Schwager zu sein. Und hilf mir vor allem dabei, auch meine Meinung zu sagen und zu vertreten, ohne dass ich von meinen Emotionen dabei überwältigt werde. Bitte, lieber Gott, hilf mir heute und im nächsten Jahr, alles, was in Bezug auf meine Eltern kommen mag, alle Schwierigkeiten, die damit verbunden sind (vor allem mit den Erbschaftsangelegenheiten) gut zu meistern! Du wirst mir helfen, ich weiß es!

Silvester 2006.

Emma senkte Opas Bett ein wenig ab und hob das Rückenteil etwas nach oben, damit er sich beim Essen leichter tat. Leider musste sie im Nachbarzimmer noch etwas erledigen. Deshalb wurde das Essen von einer anderen Schwester gebracht.

»Nun essen Sie mal!«, sagte diese bloß, stellte das Tablett ab und ging sofort wieder. So etwas konnte sie doch nicht bringen! Auch nicht oder schon gar nicht, wenn Angehörige im Zimmer waren! Sie hätte doch sehen müssen, dass ich gerade mit Oma beschäftigt war. Wenigstens hätte sie ihm noch die Warmhaltedeckel von den Tellern abnehmen können! Ich hörte sofort auf, Oma zu füttern, und gab Opa den Suppenlöffel in die Hand. Er wäre gar nicht allein ans Besteck gekommen, es lag am oberen Rand des Tabletts hinter den Tellern versteckt. Er versuchte, die Suppe selbstständig zu essen. Dabei fiel ihm ein Klößchen ins Bett. Das Fleisch musste ich ihm klein schneiden. Danach wandte ich mich wieder Oma zu, war aber mit meiner Aufmerksamkeit gleichzeitig bei Opa. Da er zu große Mühe hatte, das Essen in seinen Mund zu befördern, suchte ich nach Emma. Sie kam unverzüglich mit. Es freute mich zu sehen, dass sie nicht sofort mit dem Esseneingeben begann, als sei es ein Programmpunkt von vielen. Sie begrüßte Opa liebevoll, streichelte ihm über die Wange und erkundigte sich nach seinem Befinden. Als er nicht darauf reagierte, wiederholte sie die Frage noch einmal direkt an seinem Ohr. Man merkte, dass er antworten wollte. Seine Lippen öffneten sich leicht. Die Zungenspitze bewegte sich hin und her. Zu Sprechen gelang ihm nicht. Emma zerkleinerte die Fleischstückchen noch weiter und fütterte Opa damit. Er verschluckte sich jedoch immer wieder und wurde vor lauter Husten ganz rot im Gesicht. Oma bekam das Gehuste natürlich mit.

»Das kann man doch nicht machen!«, rief sie. »Holt doch den Löffel. Das kann man gar nicht mehr anhören. Maria, das Essen kann man doch kleiner machen.«

Als Emma schon wieder draußen war, kam eine Frau mit weißer Schürze ins Zimmer und gab Opa seine Tablette. Er hätte sie schon vor dem Essen mit etwas Flüssigkeit einnehmen sollen. Sie schob ihm die Tablette, die beinahe die Größe einer Olive hatte, einfach unzerkleinert in den Mund! Er schob sie mit der Zunge durch die Lippen hindurch wieder nach vorne und ließ sie auf die Bettdecke fallen.

»Ja kann er sie denn nicht selbst essen?«, fragte die Frau mit der Schürze entsetzt.

»Nein, das kann er nicht«, antwortete ich spitz. »Sehen sie das nicht selbst?«, hätte ich am liebsten hinterhergeschrien. Und wieso redete sie über ihn mit »er« – oder sagte sie nicht sogar »der da«? Erstens hatte er einen Namen und zweitens hörte er sogar zu! Vielleicht war sie vom Küchenpersonal und im Umgang mit den alten Menschen nicht geschult? Aber Küchenpersonal durfte doch sicherlich keine Medikamente verteilen?

Neues Jahr, gewohntes Bild
(7.1.07-8.4.07)

Liebe Mama,

Das erste Mal, dass ich direkt vor Ort, im Altersheim, zum Stift greife, um dir meine Gedanken zu schreiben. Sich zum Schreiben hinzusetzen, scheint schwerer zu sein, als nur mal kurz nachzudenken. Dafür gerate ich beim Schreiben nicht so schnell in diese sich endlos drehenden Spiralen, in denen sich meine Gedanken scheinbar wie von selbst herumdrehen. Also probier ich´s mal.

Oma murmelt vor sich hin. Mit etwas gutem Willen kann man ab und zu »Heilige Mutter Maria« verstehen. »Betest du, Oma?«, fragte ich. Sie greift das Wort auf, sagt »beten, beten, beten«. Was nur in ihr vorgeht? Sie sieht gut aus, wenn man das so sagen darf. Schön eingecremt, glänzende Haare. Gut gepflegt. Ihr Körper. Ihr Kinn ist spitz, Zähne hat sie schon lange keine mehr im Mund. Jetzt schläft sie. Doch nicht. Als ich kam, sagte sie: »Ach du meine Güte! Ich bin platt!« Typisch. An diesen Sätzen würde ich sie unter Hunderten Omas heraus erkennen.

Opa. Immerhin diesmal die Augen offen. Ob er mich erkannt hat? Ein Mundwinkel verzog sich zum Ansatz eines Lächelns. Der Atem rasselt. Er hört nichts. Jetzt schläft er, mit halb geöffneten Augen.

Diese Unsicherheit als Besucherin. Ein paar Brocken erzählen aus meinem Leben – aber schon bald komme ich mir blöd vor. Reden ohne Resonanz. Bräuchte richtig Übung dafür. Die habe ich nicht.

Beide schlafen. Ich habe sie lieb – und wünsche ihnen nichts mehr, als dass sie endlich schlafen dürfen, für immer schlafen. Seelenruhe, Seelenheil. Bald zwei Jahre im Pflegeheim – warum muss das sein? So wie sie jetzt daliegen – so könnten sie und wir Abschied nehmen. Aber es liegt nicht in unserer Hand. »Ömchen«, so nannte ich sie oft. Sie sieht »süß« aus. Mir fällt leider kein anderes Wort für ihr Ge-

sicht, ihren Gesichtsausdruck ein. Wie sie ihre Lippen zu einer win-
zigen runden Öffnung gespitzt hat.

Ich fahre jetzt wieder. Einen Abschiedskuss für jeden. Welches Ge-
fühl? Meine Pflicht getan? Gewissensbisse beruhigt? Auch froh, sie
gesehen zu haben. Ungeduld und Unverständnis, dass sie noch leben
müssen. Viel Unsicherheit im Umgang.

Ich bewundere euch, dich und deine Schwester, dass ihr jeden Tag
herkommt. Danke.

Haltet durch, aber vergesst euch selbst nicht.
Deine Katharina

Neues Jahr, gewohntes Bild. Opa lag ruhig in seinem Bett, lediglich seine Augen begrüßten mich. Er bemühte sich, etwas zu
sagen, aber kein Ton kam über seine Lippen. Wir tauschten liebevolle Gesten mit den Händen aus.

Oma redete von ihrer besten Schulfreundin, nein, sie waren
sogar befreundet von der ersten Klasse an bis zu Lieses Tod
mit 87! Liese rief oft abends bei Oma an, meistens, wenn gerade etwas Spannendes im Fernsehen lief. Trotzdem war Oma
dann nicht mehr vom Telefon wegzukriegen.

»Ich habe sie vorige Woche gesehen, ganz neu gesehen, weil
es aufgeschrieben wurde!«

»Die Liese, die ist aber schon gestorben! Sie hat ihren bettlä-
gerigen Mann zu Hause gepflegt, bis zu seinem Tod. Danach
war sie so erledigt, dass sie selbst nicht mehr auf die Beine
kam, erinnerst du dich?«

»Ach ja richtig, die ist schon gestorben«, seufzte Oma. »Aber
die ... die schaut so aus wie Liese!«

Vielleicht hatte sie eine Schwester an ihre Jugendfreundin er-
innert?

»Ach ja, die ist auch schon gestorben!«

Wie mag es sich wohl anfühlen, wenn fast alle Menschen, die
einem bisher im Leben ans Herz gewachsen sind, vor einem
selbst wegsterben? Man beinahe allein auf der Erde zurück-

bleibt? Opa sagte in den letzten Jahren oft, wenn wieder ein Bekannter von ihm gestorben war:

»Jetzt ist wieder einer weg. Bald werde ich der Letzte sein, der noch übrig ist.«

Beinahe jeden Morgen sagte er: »Ojemine, jetzt beginnt schon wieder ein neuer Tag und ich lebe immer noch. Ich gehöre nicht mehr hierher. Wann ist es endlich zu Ende?«

Opa aß wenig, aber genug, um sich ständig zu verschlucken. Der Husten schüttelte ihn. Es hört sich so an, als wollte er Teile des Essens wieder nach oben befördern. Es kam aber nie etwas. Er hustete und hustete. Ich klopfte ihm zwischen die Schulterblätter. Hatte solche Angst, dass er ersticken könnte. Und das, während ich ihm das Essen eingab ... Hatte ich ihm gegen seinen Willen zu viel in den Mund gestopft? Ich ermunterte ihn, die Essensreste auszuspucken. Es ging nicht. Ich wollte in dieser Situation nicht allein verantwortlich sein und holte eine Schwester zu Hilfe. Opas Gesicht schien mir schon ein wenig rot und blau angelaufen. Die Schwester war bei Weitem nicht so besorgt wie ich.

»Das kennen wir schon«, sagte sie. »Diese Hustenanfälle bekommt er bei jedem Essen. Gestern rief David deshalb schon bei Dr. Legnau an.«

David war es auch, der Opa heute Morgen fütterte. Seine Methode dabei war, Opa nach jedem Bissen einen Schluck trinken zu lassen, quasi zum Nachspülen. Bei David schien das gut funktioniert zu haben, ich hatte damit kein Glück.

Oma war von dem vielen Gehuste sichtlich unangenehm berührt. Beinahe empört. »Ja was macht der Konrad denn da? Das tut man doch nicht!«

Ja, so etwas hätte man früher bei ihr am Tisch unterdrücken müssen, so etwas tut »man« einfach nicht! Man durfte sich beim Essen nicht einmal mit den Ellenbogen auf dem Tisch abstützen. Das tut man doch nicht!

»Ja was ist denn los? Konrad, was ist denn los? Das ist fürchterlich! Das ist so unangenehm! Kann man das nicht leise machen?«

Bestimmt hatte sie die Befürchtung, die lauten Geräusche könnten die Menschen draußen im Flur stören.

Schwester Jitka gab Oma Fresubin zum Trinken, Pfirsichgeschmack. Doch Oma gurgelte das Zeug mehr, als dass sie schluckte. Ich mochte Jitka, dennoch hatte ich sie am Donnerstag mit einer großen Portion Ärger im Bauch darauf aufmerksam gemacht, dass es mir unmöglich war, beide Eltern zu füttern. Sie bat mich, erst einmal abzuwarten und nicht gleich Panik zu schieben. Opa hätte solche und solche Tage. Nicht gleich das Schlimmste erwarten. Stimmt ja. Manchmal waren seine Arme schwach und steif, dann ging es wieder besser. Auf und ab.

Am Morgen hätte er selbstständig gegessen, sagte Jitka. Und für die schlechten Tage sicherte sie mir ihre Hilfe zu! Ich war beruhigt, zumindest ein wenig. Nicht alle Schwestern waren gleich.

Jitka richtete Opa das Essen liebevoll her. »In ein paar Minuten komme ich wieder, dann wissen wir, ob er meine Hilfe noch benötigt!«, verabschiedete sie sich.

Oma hatte mitgehört. »Ich muss schon sagen, das ist aber nett. Da bin ich aber arg froh, Danke!«

Jitka kam bald wieder und fütterte Opa zu Ende. Die erste Hälfte hatte er allein gegessen.

Omas Bett war leer! Vor lauter Schreck musste ich mich setzen – bis mir einfiel, dass sie vom Baden noch nicht wieder zurück war. Ich wurde jedoch gleich wieder vor die Tür geschickt, weil Opa gerade frisch gebettet und gewickelt wurde. Als hätte ich Opa noch nie nackig im Bett gesehen! Dass er immens abgenommen hatte, sah ich auch so. Nichts mehr war übrig von seiner Stämmigkeit. Und jetzt hing die Haut in großen Falten an ihm herab, von ihm, der mit so viel Selbstvertrauen, Durchsetzungsvermögen und Diplomatie durchs Leben gegangen war. Nur eine Minute, nachdem ich mich zu Opa ans Bett gesetzt hatte, kam David mit Oma ins Zimmer. Wieder wurde ich vor die Tür geschickt. Als endlich beide warm verpackt waren, konnte ich sie gerade noch begrüßen, bevor sie erschöpft vom Baden in einen entspannten Schlaf fielen. Die frische Bettwäsche und die bis in den letzten Winkel eingecremten zwei Menschen verströmten einen angenehmen Duft im Zimmer. Schlaft gut, ihr zwei!

Ich wusste immer weniger, was ich mit Opa reden sollte. Von ihm kam gar nichts mehr. Als Jitka ihn heute mit seinem Namen ansprach und ihm ankündigte, dass sie ihn jetzt im Bett auf die andere Seite drehen werden, schaute er sie nur entgeistert an. Er ergab sich seinem Schicksal. Seine Backenknochen standen heute noch mehr vor als sonst. Seine Arme lagen auf der Bettdecke, als hätte sie jemand wie einen Gegenstand dort abgelegt und vergessen. Die Finger waren leicht ineinander verschränkt. Das eine Hörgerät piepste. Seine Nase war rot. Und das nicht, weil bald Fasching war.

Oma schlief. Ihre Lippen wölbten sich über die zahnlosen Kiefer nach innen.

Liebe Mama,

war mal wieder im Altersheim. Diesmal mit dem Auto. Das ist besonders seltsam. Man fährt zuerst am Altersheim vorbei, bevor man auf den Parkplatz einbiegt. Wandert mein Blick nach rechts, zum Heim, stelle ich mir hinter einem der Fenster Omi und Opi in ihrem Zimmer vor. Schaue ich nach links, geht mein Blick zum Friedhof, dem Ort, an dem sie auch schon liegen könnten. Leben und Tod nur

durch einen kleinen Schlittenberg und eine belebte Straße voneinar-
der getrennt.

Es war kalt, grau und regnete in Strömen. Unter diesen Umstän-
den war mir die Vorstellung viel angenehmer, Omi und Opi in ihren
warmen Betten zu wissen, als auf dem kalten, nassen Friedhof. In der
klammen, lehmigen Erde. Doch ihre Seelen wären ja gar nicht dort.
Aber wo dann? Im »Himmel«? Eins mit dem Universum? Dort, wo
sie auch vorher waren?

Liebe Grüße
Deine Katharina

Schwester Jitka half Opa liebevoll beim Mittagessen. Als er sich
wieder und wieder dabei verschluckte, fragte ich sie, ob Opa
nicht auch pürierte Kost bekommen könnte. Ja, beim Fleisch
könnten sie es probieren. Alles püriert zu servieren – da schüttelte sie sich, nein, das sähe nicht mehr appetitlich aus … Auf
jeden Fall müsse sie erst die Stationsleitung fragen, denn ohne
sie könnten sie solche Änderungen nicht vornehmen.

So ein Schmarrn, kommentierte Hans zu Hause meinen Be-
richt, es sei doch egal, ob das Essen appetitlich aussähe oder
nicht, wenn Opa es dann besser essen könne …

Schwester Emma argumentierte anders. Ihnen sei es wichtig,
dass die alten Leute, die noch Zähne im Mund hatten, so lange
wie irgend möglich feste Nahrung zu sich nahmen, erstens aus
Gründen der Menschenwürde, zweitens, um das Zurückbilden
der Kaumuskulatur zu verhindern.

»Wir können es bei ihrem Vater schon mit teilweise pürierter
Kost versuchen. Aber sehen sie, gestern aß er eine Quarkspeise,
da gibt es nichts zu kauen, und er hustete trotzdem.«

»Klar, wenn er so schnell gefüttert wird! Wenn ihm das Essen
langsam eingegeben wird, hustet er weniger!«

Auf dem Heimweg traf ich Frau Koch. Sie war auf dem Weg zu
ihrer Mutter, die seit drei Jahren im Altersheim wohnte. Oder

lag? Konnte man bei einem Pflegefall noch von wohnen sprechen?

»Ja, ich werde dort mit meiner Mutter Kaffee trinken.«

»Das kann sie noch?«, fragte ich verwundert.

»Nein, nicht wirklich. Wir nennen es nur ›Kaffee trinken‹. In
Wirklichkeit sieht es so aus: Ich gebe ihr den Kaffee schluck-
weise mit der Schnabeltasse ein. Vom Kuchen löse ich ein paar
Bissen im Kaffee auf und füttere ihn ihr mit dem Löffel. Es ist
schlimm mit meiner Mutter. Ihr Gehirn ist praktisch schon tot,
nur noch eine Hand kann sie etwas bewegen. Aber das Sterben
geht halt nicht so einfach.«

»Die Tiere haben es einfacher«, meinte Frau Koch noch.
»Wenn sie krank oder verletzt sind und merken, dass es zu
Ende geht, verkriechen sie sich im Gebüsch und sterben. Aber
die Menschen… die lässt man nicht.«

Blieb heute zu Hause, da ich seit Dienstagabend keine Stimme
mehr hatte. Nur eine kleine Bronchitis, sagte der Arzt. Mit
Gliederschmerzen und leichtem Fieber. Ich fühlte mich aber
richtig mies! Ein kleines bisschen wollte ich sogar krank sein,
um mich noch ein paar Tage ausruhen zu können! Doch der
Arzt verschrieb mir ein Antibiotikum.

»Damit Sie schneller wieder auf den Beinen sind und zu ihren Eltern können«, sagte er dazu.

Katharina brachte Luca zu uns, damit sie Oma und Opa in aller
Ruhe besuchen konnte. Ich genoss es, mit meinem Enkel Bilderbücher anzuschauen und für eine Unmenge kleiner Plastik-
tiere einen Zoo aus Holzklötzchen zu bauen. Für mein Gefühl
viel zu früh, schon nach einer Stunde, kam seine Mama wieder.
Sie musste mit Luca gleich wieder weg, hatte mir aber ein
Briefchen geschrieben, um ihre Gedanken und Gefühle bei ihrem Besuch loszuwerden.

Liebe Mama,

Ich habe die beiden heute so liebgehabt. Früher auch, aber heute spürte ich es ganz tief. Mit Oma habe ich nur zwei Worte gewechselt. Sie schlief meistens. Opi hat sich riesig gefreut. Er erkannte mich und strahlte! Wenn ich das sehe, ärgere ich mich jedes Mal, dass ich ihm nicht öfters die Freude eines Besuchs mache. Ich fragte ihn, was er sich am meisten wünsche.

Von den Fesseln befreit werden, antwortete er. Er fleht mich richtig an, als er das sagte. Welch passendes Bild für seine Lage! Die Bewegungsunfähigkeit, die ihn ans Bett fesselt. Die quälende Abhängigkeit, die ihn an alle Pflegepersonen fesselt. Vielleicht denkt er dabei auch schon an sein Ende. Ein Ende, das die Befreiung von den Fesseln bedeutet!

Liebe Grüße
Katharina

Ostersonntag. Auf dem Tisch standen zwei farbenfrohe Osterkörbchen und verbreiteten Frühlingsstimmung. Randvoll gefüllt mit Schokoladeneiern, Schokoladenosterhasen und gekochten Eiern in rot, orange, blau und gelb. Die hart gekochten Eier werde ich morgen schon mit nach Hause nehmen, bevor sie schlecht werden. Oma und Opa stellte ich jeweils einen goldglänzenden Osterhasen mit Glöckchen um den Hals auf den Nachttisch. Die Schokoladeneier könnten die Enkelkinder haben, sagte Opa. Die werden sich freuen! Noch dazu, da sie von derselben Marke waren, die wir ihnen früher jedes Jahr versteckten! Als Katharina, Simon und Michael klein waren, war die Schokolade für sie eher Nebensache, viel wichtiger war das Verstecken und Suchen! Oma dachte sich die verrücktesten Verstecke aus und versteckte jedes Ei einzeln! Wenn die Kinder alle gefunden hatten, ging das Verstecken wieder von vorne los. Einmal passierte es, dass ein paar Schokoladeneier spurlos verschwunden blieben. Erst abends beim Fernsehen, als Oma die Sofakissen zurechtrückte, tauchten sie wieder auf. Allerdings waren sie da schon seit über einer Stunde von Omas Hintern zum Schmelzen gebracht worden und hatten sich nachhaltig im Sofabezug verteilt ...

Ist es jetzt soweit?
(9.4.07 – 4.6.07)

Ich war noch im Nachthemd, als am Ostermontag das Telefon klingelte. Schwester Jitka war am Telefon: »Es geht um ihre Mutter!«

Ich erschrak. Jetzt ist sie gestorben! Dachte ich.

»Ich habe schon versucht, ihre Schwester anzurufen, aber sie ist nicht zu erreichen.«

Jetzt sag' schon, dachte ich.

»Es geht um ihre Mutter. Sie hat gestern Abend erbrochen. Heute Morgen wieder. Das Erbrochene war schwarz. Ich habe versucht, Dr. Legnau zu erreichen, auch unter seiner Privatnummer, aber er ging nicht ans Telefon. Jetzt frage ich Sie: Soll ich den Bereitschaftsarzt informieren oder ihre Mutter ins Krankenhaus bringen lassen?«

Sie lebt noch! Ich war innerlich aufgewühlt. Konnte keinen klaren Gedanken fassen. Stotternd antwortete ich:

»Nein, nein, auf gar keinen Fall ins Krankenhaus! Sagen Sie das bitte dem Bereitschaftsarzt! Ich werde heute Nachmittag vorbeikommen.«

»Wenn der Bereitschaftsarzt da war, wird er danach bei Ihnen zu Hause anrufen und sie informieren.«

»Nein, das braucht er nicht! Ich bin bis Mittag in der Kirche, habe dort einen wichtigen Auftritt mit dem Chor. Danach schaue ich sofort bei meiner Mutter vorbei.«

Wieso ließ ich mich nicht doch umgehend informieren, wenn es Neuigkeiten gab? Es ließ mir sowieso keine Ruhe. Also rief ich noch einmal im Altersheim an, bevor ich zur Kirche radelte. Oma hatte nicht mehr erbrochen. Ich unterstrich noch einmal meinen Wunsch, sie ja nicht ins Krankenhaus bringen zu lassen. So hatten es Elisabeth und ich schließlich ausgemacht. »Sagen sie das dem Bereitschaftsarzt, bitte!«

Bei Dr. Legnau rief ich auch noch zu Hause an. Es meldete sich der Anrufbeantworter. Ich bat ihn, sich mit Schwester Jitka in Verbindung zu setzen.

Als ich gegen 13 Uhr abgehetzt ins Heim kam, war der Bereitschaftsarzt schon wieder weg. Er hatte Oma MCP-Tropfen gegen die Übelkeit und das Erbrechen verschrieben. Ab 10 Uhr morgens wäre es ihr deshalb schon wieder besser gegangen. Sie schlief jetzt und bekam stündlich etwas zu trinken.

Ich setzte mich neben Oma ans Bett, ohne sie zu wecken. Jetzt wird es dem Ende zugehen, dachte ich. Schwester Birgit hatte mir vor der Tür gesagt, dass das Dunkle im Erbrochenen Blut aus dem Magen sei.

»Es sieht schlecht aus«, sagte sie. »Können wir sie auch nachts telefonisch erreichen, falls der Todesfall eintreten sollte?«

»Ja, ja, sicher.«

Ich muss Hans Bescheid geben! Schließlich stand das Telefon neben seinem Bett.

Hauptsache, sie kann ohne Schmerzen und friedlich einschlafen.

Hans und ich saßen den ganzen Abend mehr oder weniger schweigend auf dem Sofa. Wir befanden uns in Wartestellung.

In der Nacht klingelte das Telefon nicht.

Und meine Schwester erreichte ich auch nicht! Ich wollte sie nicht unnötig beunruhigen – mitten in ihrem Urlaub! Aber wenn schon die Schwestern sagen, wir sollten uns mit dem Gedanken auseinandersetzen, dass Oma in Kürze sterben könnte… War das nicht Grund genug, jemanden auch im Urlaub anzurufen? Bei außergewöhnlichen Vorkommnissen sollte ich sie anrufen, das hatte sie mir extra vorher gesagt. Ich hatte gestern schon mehrmals versucht, mit ihr zu sprechen. Ich rief beim Pförtner ihrer Unterkunft am Comer See an. Die Nummer hatte sie mir vor ihrer Abreise noch durchgegeben. Doch er fand meine Schwester und ihren Mann nicht auf seiner Gästeliste! Hatten sie ihren Urlaubsort gewechselt, ohne mir vorher Bescheid zu geben? Da blieb noch das Handy. Von 17 bis 18 Uhr würden sie es jeweils anschalten. Mindestens vier Mal versuchte ich es. Endlich ging jemand ran. Es war eine unbekannte Frau. Beim dritten Mal fuhr diese mich völlig entnervt an, ich solle jetzt endlich mal die richtige Nummer wählen. Welche Nummer? Hatte ich sie mir falsch notiert? Ich musste meine Schwester erreichen! Aber wie? Planlos rief ich bei meiner Tochter Katharina an. Sie schlug mir vor, doch Michael nach der richtigen Handynummer zu fragen. Und siehe da, ich hatte eine Null vergessen!

Obwohl keine Telefonzeit bei Elisabeth war, es war morgens, versuchte ich es. Und hatte Glück. Die Mailbox war angeschaltet. Ziemlich wirr muss es für sie geklungen haben, was ich da alles von mir gab. Aber ich fühlte mich nun nicht mehr allein in der Situation, das war erst mal die Hauptsache.

Um Viertel nach 9 Uhr rief sie mich zurück. Gerade hatte sie selbst mit der Pflegestation 1 telefoniert und sich auf den neuesten Stand gebracht. Omas Zustand hätte sich stabilisiert. Sie würde schon wieder etwas trinken, sogar ein paar Löffel Pudding hätte sie morgens zu sich genommen. Also Entwarnung. Heute Abend solle ich sie nicht anrufen, auch nicht zwischen 17 und 18 Uhr. Sie selbst würde mich am Nachmittag aus einer Telefonzelle anrufen, das sei billiger für sie und für mich. Das war in Ordnung für mich, hatte ich doch gestern schon übermäßig viele Telefongebühren ausgegeben mit meiner komischen Telefoniererei…

Alle drei Enkelkinder werden heute oder morgen noch ins Altersheim zu Besuch kommen. Es könnte das letzte Mal sein.

Die Wogen hatten sich jedoch schon wieder geglättet, als ich ins Heim kam. Opa steckte noch voller Freude darüber, dass er seinen Urenkel Luca mal wieder gesehen hatte. »So ein netter kleiner Bub«, sagte er. Oma wirkte sichtlich stabiler. Sie trank wieder von der »Astronautennahrung«. Nur ihre Stimme gehorchte ihr nicht. Lediglich ein heiseres Krächzen kam aus ihrem Mund. Und das, wo sie doch so viel reden wollte! Simon war zur selben Zeit da wie ich, so konnten wir uns das Esseneingeben aufteilen. Er fütterte ihr ein paar Löffel der Suppe. Versuchte Oma davon zu überzeugen, dass die warme Suppe ihrem entzündeten Hals guttun würde. In Omas Gesicht begann es zu zucken. Simon hielt mit dem Füttern inne. Oma versuchte, ihre Augen zu öffnen! Es schien sie große Mühe zu kosten, das Oberlid vom Unterlid zu trennen. Als wären die Augenlider mit einem unsichtbaren Klebstoff aneinander befestigt. Aber es gelang! Zum Vorschein kamen ihre tief dunkelbraunen Augen. Sie wirkten noch dunkler, beinahe schwarz, da nur ein kleiner Spalt von ihnen zu sehen war.

»Oma, es macht mich so glücklich, deine Augen wieder zu sehen!«, sagte Simon. Ihm gaben geöffnete Augen viel mehr das Gefühl, mit ihr in Kontakt zu sein, sagte er später.

»Mir… tut so weh… innen im Hals…« krächzte Oma. »Keine Suppe…«

»Oma, du hast wahrscheinlich eine Stimmbandentzündung. Das geht wieder vorbei.«

»Essen aufheben…« bat sie noch einmal.

Simon stellte das Essenstablett weg. Wir gingen zusammen kurz auf den Balkon, um ungestört miteinander sprechen zu können.

»Ich wäre auch nicht enttäuscht gewesen, wenn ich heute gekommen wäre, und Oma wäre schon gestorben gewesen!«, sagte er. »Weißt du, es kommt gar nicht so selten vor, dass scheinbar zufällig alle Familienangehörigen anwesend oder auf dem Weg sind, wenn jemand stirbt.« Seine Freundin hätte gesagt, die Oma stirbt ja seit längerer Zeit immer wieder mal. »Das ist halt wieder so ein Tief bei der Oma«, fuhr er fort. »Es geht rauf und runter. Irgendwann kommt der Zeitpunkt, an dem es nicht mehr rauf geht, sondern nur noch abwärts. Dann ist es halt so weit.«

»Und da habe ich alle so mobil gemacht«, sagte ich. Ich schämte mich ein kleines bisschen dafür, dass ich so eine Aufregung verbreitet hatte. »Und jetzt ist es gar nicht so schlimm. Aber die Schwestern haben gesagt, dass es jetzt auf das Ende zugehen könnte! Die haben damit genug Erfahrung! Die spüren das doch bestimmt!«

Simon beruhigte mich. »So schlimm finde ich das jetzt gar nicht, dass du überall herumtelefoniert hast und so viele »mobil« gemacht hast. Denk dir nichts mehr dabei! Das ist vorbei.«

»Ich war so aufgeregt, als ich die Nachricht von Schwester Jitka bekam. Noch aufgeregter wurde ich, als ich meine Schwester auf keinem Weg erreichen konnte! Ich dachte mir: Jetzt stirbt Oma und Elisabeth ist nicht da!«

Abends war die Vertretung von Dr. Legnau bei Oma. Er stellte eine Kehlkopfentzündung bei ihr fest. Davon stirbt man nicht. Sagte Elisabeth.

Wenige Tage später ging es Oma besser. Zumindest war ihre Stimme wieder da.

»Jetzt geht´s ja wieder«, sagte Schwester Jitka. »Aber ich habe schon Angst gehabt.«

Ich auch.

Es war ein sonniger Frühlingstag. Überall blühten die Forsythien in den Vorgärten. Die Vögel zwitscherten. Heute machte es mir Freude, mit dem Fahrrad zum Heim zu radeln. Die Angst der letzten Tage war gebannt. Aufgeschoben. Ich musste mich der Endgültigkeit des Todes noch nicht stellen. Opa sah wieder seine Kompanie oder sein Bataillon an der Zimmerdecke, Oma murmelte unverständliche Laute. Alles war beim Alten. Auch Opa schien von der Frühlingsstimmung etwas gespürt zu haben.

»Was gibt es denn draußen in der Natur alles zu sehen?«.

Ich beschrieb ihm die aufblühende Natur in allen Details.

»Bring mir doch ein paar Blumen mit ins Zimmer!«. Darum brauchte er mich nicht zweimal bitten. Ein Wunsch, der noch so nahe am Leben war! Dafür brach ich heimlich ein paar gelb- und weißblühende Zweige von Sträuchern ab, die im kleinen Park um das Altersheim herum wuchsen, und stellte sie in eine Vase. Schwester Jitka brachte ihm kurz darauf ein paar Gänseblümchen und Löwenzahn mit. Opas Augen leuchteten wieder!

Oma aß nichts. Nicht einmal Schokoladeneis.

Opa bekam ein Brot mit Butter und Leberkäse.

»Warte mal!«, rief er mir zu. »Du musst das alles noch bezahlen!«

Er wollte noch nie jemandem etwas schuldig bleiben.

»Sind die drei Damen noch da?«, fragte er mich.

»Welche Damen?«

»Ja, die drei Damen!«

»Ich sehe sie nicht mehr!«

»Aber wer redet dann da?«

»Das ist die Schwester Birgit. Sie wird dir jetzt gleich die Tabletten für die Nacht geben.«

Ich verabschiedete mich bald und verließ gemeinsam mit Birgit das Zimmer.

»Und sie tun gar nichts mehr?«, fragte sie mich leise in der Tür.

»Was meinen sie damit?«

»Krankenhaus oder so.«

»Nein, nein, um Gottes Willen! Wir wollen das nicht und meine Eltern auch nicht.«

»Eigentlich haben Sie recht, Frau Wagner. Ich glaube, wenn es um mich privat ginge, würde ich das auch nicht gutheißen. Hauptsache, sie können schmerzfrei sterben, einschlafen. Ihre Mutter hat ein so starkes Herz. Es hört nicht auf, zu schlagen. Ich frage mich oft, was sie noch hier hält, hier auf dieser Welt. Als hätte sie noch irgendetwas zu erledigen.«

»Ich wünsche ihr so, dass sie endlich loslassen kann. Aber was rede ich? Für uns Angehörigen ist das Loslassen ebenfalls eine der schwersten Aufgaben.«

»Oder sie weiß, dass ihr Mann noch da ist, und will oder darf ihn nicht allein lassen. Immerhin war sie bald 67 Jahre lang immer für ihn da!«

Birgit grinste und fuhr fort: »Da fällt mir eine Anekdote dazu ein! Kürzlich war Oma ungewöhnlich ruhig. Sie konnte ja ein paar Tage nicht sprechen. Ihr Mann muss das bemerkt haben, denn er fragte mich eines Tages ganz besorgt: ´Wo ist denn meine Frau? Hat sie sich etwa von mir scheiden lassen?´«

»Sie meinen also schon, dass er es mitbekommen wird, wenn sie vor ihm stirbt?«

»Ja, da bin ich mir sicher.«

Wir mussten beide lachen. Über die Frage mit der Scheidung. Oder einfach nur, um unsere Spannung loszuwerden. Es tat gut!

Ich hörte Oma diesmal schon reden, als ich noch etliche Meter von ihrem Zimmer entfernt war. Sie schrie beinahe. Schrie sich aus der Seele, dass sie Angst hatte, dass sie heimgehen muss, aber nicht kann, dass sie keine Zeit hat, dass sie nicht mehr kann. Immer wieder unterbrochen durch Anrufungen der Heiligen Maria.

»Was soll ich denn machen? Was soll ich denn machen?«, fragte sie mich immer wieder verzweifelt. »Lass mich nicht allein!«

»Oma, ich bin bei dir!« Ich nahm ihre knochige Hand in meine.

»Ich kann nicht mehr! Ich will nach Hause!«

»Willst du heimgehen, Oma?«

»Ja, unbedingt! Ich kann nicht mehr! Komm her!«

Ich erinnerte mich, dass das Beten schon oft eine beruhigende Wirkung auf sie ausgeübt hatte. Ich machte ihr also ein Kreuzzeichen auf die Stirn und faltete meine Hände. Halblaut sprach ich die Zeilen des »Vater unser«. Omas Lippen bewegten sich mit. An ihrem Gesichtsausdruck merkte ich, dass sie sich langsam entspannte.

»Das ist so schön, komm, mach weiter!«, bat sie mich nach dem ersten »Vater unser«. Also betete ich mit ihr noch ein »Gegrüßt seist du Maria«.

»Gleich noch mal«, bat sie mich danach.

Ich begann, noch ein »Vater unser« mit ihr zu beten, leise und ruhig. Oma war jedoch schon wieder aufgeregt. Sie betete nicht mit, sondern unterbrach mich ständig.

»Vater unser! Das ist unser Gebet! Ich weiß doch nicht mehr, was sie gesagt haben. Schreibe doch den Namen auf…«

»… der du bist im Himmel…«, betete ich weiter.

»Das kann ich auswendig!«, freute sich Oma. »Dein Wille geschehe! Nein! Das habe ich so nicht geschrieben. So, Vater unser, Dein Wille geschehe wie im Himmel so auch auf Erden… gib uns heute… Name geschehe… Gruß, der Herr.«

»Sag, wie alt meine Mutter ist!«, fragte mich Oma.

»Deine Mutter ist schon tot. Sie ist im Alter von 68 Jahren gestorben.«

»Das ist aber jung!« antwortete Oma erstaunt. »Ich weiß gar nicht mehr, dass sie schon gestorben ist. Die lassen sie aus, die Mutter… erstaunt, erstaunt.«

Ich begann zu erzählen. Omas Mutter war 1956 gestorben. Um mit den vielen »Omas« nicht durcheinander zu kommen, nannte ich sie »Großmutter«. Die letzten vier Jahre ihres Lebens verbrachte sie entweder im Bett oder saß auf einem Stuhl am Fenster und starrte hinaus. Oma kümmerte sich die ganzen Jahre um ihre Mutter, war immer da. An welcher Krankheit Großmutter wirklich litt, wurde nie richtig herausgefunden. Von der Hausärztin, die ihre Praxis gegenüber von unserem Haus hatte, bekam sie nur Placebos, die aber ihren Dienst taten. Vier Wochen vor ihrem Tod verlangte sie auf einmal nach einem Ortswechsel. Also trat sie eine Kur in Bad Adelholzen an. Großvater chauffierte also erst seine Frau zur Kur und anschließend uns in den Urlaub. Da mein Vater nie die Notwendigkeit gesehen hatte, selbst einen Führerschein zu machen, war mein Großvater für alle Autofahrten der Familie zuständig und liebte diese Aufgabe über alles. Wir waren also auf Wanderurlaub in Tirol, als uns ein Anruf aus Adelholzen erreichte: Großmutter hatte während ihrer Kur einen Schlaganfall erlitten!

Ich erinnere mich, dass meine Mutter ein fürchterlich schlechtes Gewissen hatte. Ein einziges Mal kümmerte sie sich nicht um ihre Mutter, fuhr in Urlaub, und genau dann passierte es!

Von diesem Zeitpunkt an ging alles Schlag auf Schlag. Großvater holte uns aus dem Urlaub ab und fuhr zusammen mit meinem Vater nach Adelholzen. Sie nahmen sich dort ein Zimmer und begleiteten Großmutter bis zu ihrem Tod. Ein Krankentransport nach München war nicht mehr möglich. Großmutter starb auf Kur. Konrad kümmerte sich dort gleich um alle Formalitäten. Dafür musste er sogar die umliegenden Äcker absuchen, um den Bürgermeister zu finden, der nebenher noch als Bauer tätig war. Zeitgleich mit dem Leichenwagen kamen Großvater und Konrad in München zur Beerdigung. Wir sahen Großmutter nicht mehr. Auf Omas Wunsch hin blieb der Sargdeckel geschlossen, damit wir nicht ansehen müssten, in welchem Zustand der Leichnam nach dieser langen und holprigen Autofahrt wäre.

Bald würden sie sich wieder sehen!

Ich streichelte Oma zum Abschied über das Gesicht.

»Oh ja, das tut so gut! Mach weiter!«, sagte Oma.

Rosemarie wird für ein paar Tage nach München kommen. Elisabeth und ich werden also mehrere Tage »frei« haben. Ich bat sie, auch bei uns vorbeizuschauen, da von Opa und Oma noch viele alte Bücher in der verlassenen Wohnung herumstanden. Sie könnte sich welche aussuchen, bevor wir sie ins Antiquariat geben. Leider hatte ich die schönen Figuren aus Nymphenburger Porzellan schon weggegeben. Erst hinterher erfuhr ich, dass sie von einem berühmten Künstler gefertigt worden waren und Tausende von Euro wert waren! Uns war jedoch am wichtigsten, viele Dinge schnell loszuwerden und nicht möglichst viel Geld dabei herauszuschlagen.

Opa hatte Zahnweh. Ja, tatsächlich, er hatte noch zwei eigene Zähne! Genauer gesagt eineinhalb Zähne. Von einem Zahn steckte nur noch ein spitzer Stumpf im Unterkiefer. Und der ganze Zahn, der wackelte. Wenn man mit dem Finger auf den Zahn drückte, klagte Opa über Schmerzen. Ich berührte ihn nur leicht, da kniff Opa seinen Mund so fest zusammen, dass ich meinen Finger kaum mehr herausziehen konnte. Seine Zahnprothese trug er seit einigen Tagen nicht mehr. Ein Zahnarzt wird zu ihm ins Heim kommen, Schwester Emma hatte das schon in die Wege geleitet. Vorübergehend bekam er mittags und abends nur noch Breikost zum Essen.

Sollte man in seinem Alter, mit 97 ½ Jahren, noch etwas an seiner Zahnprothese ändern?

Oma lag schief im Bett. Ihr Kopf war vom Kopfkissen gerutscht, die Augen geschlossen. Ihre Beine waren angewinkelt und die Knie zur Seite gekippt. Sie waren mittlerweile schon so steif, dass sie sich eh nur noch im Doppelpack bewegten, als wären die Beine an den Knien miteinander verwachsen. Die Bettdecke lag halb am Boden. Ihre Arme waren verschränkt und sie redete vor sich hin.

»Wenn Oma einmal nicht mehr redet, dann ist sie tot«, sagte Hans oft.

Ihr Gequassel wurde begleitet von rhythmischen Bewegungen ihrer Füße, die immer wieder gegen das Fußende des Bettes stießen. Daran war ein Apparat befestigt, der ihre Dekubitusmatratze mit Luft aufpumpen konnte. Der Apparat schlug bei jedem Fußtritt scheppernd gegen das Bett. Dass ihre derart abgemagerten Beine noch die Kraft besaßen, ein so nervtötendes Geräusch wie dieses Geschepper zu erzeugen, wunderte mich. Ich dachte erst, sie würde sich an ihrer unbequemen Körperposition gar nicht stören. Bis sie dann rief:

»Keine Menschenseele kommt da rein! Hilf doch! Hilf doch! Konrad, komm doch rein zu mir!«

Wollte sie nun Hilfe, um wieder richtig in ihrem Bett zu liegen? Oder war ihr die Lage tatsächlich egal und sie rief, um aus ihrer Einsamkeit erlöst zu werden?

»Haalloo! Haalloo!«, rief sie so laut, dass es sogar Opa hörte, und das kam wahrlich selten vor.

»Haalloo! Halloo!«, rief er zurück.

»Wie ein kleines Kind!«, sagte Oma.

Opa wiederholte sein »Hallo«.

Hallo. Sonst nichts. Omas Seele blieb allein. Rief verzweifelt: »Ja kann mir denn keiner helfen? Konrad! Ich kann nicht mehr! Hallo!«

Opa rief wieder: »Hallo! Hallo!«

»Wer ist das, der da immer ›Hallo‡ ruft?«, fragte Oma.

»Oma, das ist der Konrad! Er kann so schlecht hören. Außer deinem ›Hallo‹ hört er nichts!«

»Aber das ist ja schrecklich, Vati, ich kann doch nicht mehr laufen, ich bin so unglücklich!«

Ich griff ihr von hinten unter die Arme, zog sie wieder aufs Kopfkissen zurück, breitete die Decke über ihren Beinen aus und streichelte ich ihr über die Wange.

Gegen halb ein Uhr mittags rief David bei mir zu Hause an.

»Was soll ich tun?«, fragte er mich. »Ich bekomme ihre Eltern einfach nicht wach. Sie schlafen beide wie ein Stein und ich soll ihnen doch zu Essen geben.«

Er hatte bei Dr. Legnau angerufen, aber der war nicht zu erreichen. »Wie sieht es denn mit ihrer Patientenverfügung aus? Was soll ich tun?«

»Lassen Sie die beiden doch einfach schlafen. Von mir aus ist das völlig in Ordnung. Und wenn Sie Dr. Legnau am Nachmittag erreichen, soll er vorbeischauen. Beobachten Sie die beiden weiter. Atmen tun sie doch noch?«

»Ja, ja, sie atmen noch!«

Soll ich mir Sorgen machen? Ja, ich machte mir Sorgen! Hatten sie zu wenig getrunken und waren deshalb so müde? Ich brauchte jemanden zum Reden. Aber meine Schwester war unterwegs. Simon war in der Arbeit, er hatte heute Nachtschicht. Mein Mann war in der Werkstatt. Ich wollte ihm auch gar nicht von dem Anruf erzählen.

»Die im Heim schieben immer gleich Panik, wenn irgendetwas bei Oma oder Opa anders ist als sonst«, sagte er letztes Mal zu mir. Ich war aber froh, dass ich gleich davon erfuhr!

Katharina ging nicht ans Telefon.

Erst als ich von Dr. Legnaus Sprechstundenhilfe erfuhr, dass er sowieso gerade auf Hausbesuch im Altenheim sei, ging es mir wieder besser.

Abends rief ich auf der Station an. Dr. Legnau hatte Opa auch nicht wach bekommen. Extrem niedriger Blutdruck.

»Es sieht nicht so gut aus«, sagte er zum Pflegepersonal. »Aber wenn sie nicht essen wollen oder können, dann lassen Sie es doch einfach.«

»Ist das auch in Ihrem Sinne?«, fragte ihn Schwester Birgit.

»Ja, das ist in meinem Sinne und sicherlich auch im Sinne der zwei lieben alten Menschen hier!«, versicherte er.

Zu mir sagte Birgit am Telefon: »Ich glaube, ihr Vater bereitet sich auf die ›Reise‹ vor. Es wäre schön, wenn Sie morgen kommen könnten!«

Natürlich werde ich kommen.

Elisabeth rief ich diesmal nicht im Urlaub an. Morgen werde ich noch abwarten.

Noch einen Sommer mehr
(5.6.07 – 2.10.07)

Wieder war es gelungen, dem Tod auszuweichen. Den Gedanken an den Tod auszuweichen. Opa war wieder wach. Oma redete wieder.

Ich widmete heute meinem Vater mehr Zeit. Ich hatte das starke Gefühl, dass sein Abschied näher bevorstand.

Ich war diesmal froh, die gleichen Fragen wie immer aus seinem Mund zu hören. Wie ich hergekommen sei, ob ich ein paar Mark für ihn hätte, wie ich wieder nach Hause komme. Vielleicht war das gestern doch kein Anzeichen für den baldigen Tod? Vielleicht hatte sein Gehirn nur wieder einen Aussetzer?

Elisabeth war aus dem Urlaub zurück. Noch am selben Tag fuhr sie ins Heim. Sie rief mich abends an.

»Es nimmt mich so mit, wenn ich die beiden sehe«, schluchzte sie. »Wäre Opa doch einfach nicht mehr aufgewacht, als er letzte Woche so tief geschlafen hat. Dann hätte er endlich alles hinter sich.«

In unseren Gedanken und Gefühlen drehte sich zwar gerade alles ums Leben oder Sterben, aber es fiel uns zu schwer, darüber zu reden. Wie ein Strohhalm war es für uns, über Opas Zahnprothese diskutieren zu können.

Mal was Erfreuliches: Katharina war mit Luca nachmittags im Heim. Opa richtete sich aus eigener Kraft ein wenig im Bett auf, als er seinen Urenkel wahrnahm! Ein Strahlen breitete sich über sein ganzes Gesicht aus.

»Oh wie schön!«, sagte er. »Mein kleiner Spatz ist da!«

Katharina erzählte mir außerdem, dass sie heute Oma und Opa zusammen mit Luca in ihren Betten fotografiert hat. Ich hatte erst ein mulmiges Gefühl dabei, als sie das sagte.

»Warum nicht?«, fragte Katharina. »Wieso sollen wir immer nur Fotos von gesunden Angehörigen haben, die mitten im Leben stehen und glücklich sind?«

Ich werde mir Abzüge von den Fotos machen lassen!

Rosemarie und ihr Mann reisten heute mehrere Stunden mit dem Zug an, um Opa und Oma zu besuchen. Rosemarie hatte alte Fotos dabei. Fotos von dem Haus und dem Stadtviertel, in dem Opa aufgewachsen war. Sie setzten ihn im Bett auf, stützten seinen Rücken mit einem dicken Kissen und sahen sich gemeinsam die Fotos an. Alles waren Schwarz-Weiß-Aufnahmen. Opa erkannte das Haus seiner Kindheit! Erkannte und benannte auch den Kurpark, den man vom Hauseingang aus sehen konnte. Er sprach viel klarer, sein Geist schien durch die Erinnerungen wie wachgerüttelt worden zu sein.

»Der Besuch hat ihren Eltern so richtig gutgetan«, sagte Schwester Elfriede am Abend. »Sie hatten mehr lichte Momente als sonst.«

»Wer bist du denn?«, fragte mich Oma.

»Ich bin Eva, deine Tochter!«

»Ach, die Eva! Die liebe ich, die Eva, ich liebe die Eva!«

Wie ich mich über diese Worte freute! Da muss man schon schön alt werden, um diese Worte wieder einmal von seiner Mutter gesagt zu bekommen!

»Hast du etwas zum Mund abwischen da?«, fragte mich Oma.

Ich wischte ihr Eisreste vom Nachtisch aus dem Gesicht. Nach ihren Worten von vorhin konnte ich sogar diesem Vorgang etwas Zärtliches abgewinnen.

»Wenn ich dich nicht hätte, Eva, das wäre furchtbar!«.

Ich fühlte mich großartig. Gebraucht. Gebraucht und gesehen.

Der Zugangsweg zum Altersheim führte durch einen kleinen Park. Wenn ich zur Bushaltestelle ging oder mein Fahrrad bis zur Straße schob, kam ich an ein paar Bänken vorbei. Bei schönem Wetter saßen dort oft Heimbewohner zusammen mit ihren Angehörigen oder sonstigen Besuchern. So sah ich auch heute eine alte Dame, die im Rollstuhl saß. Neben ihr auf der Parkbank saß ein älterer Herr, der sich auf seinen Gehstock stützte. Ich winkte den beiden und grüßte sie im Vorübergehen. Sie schauten ganz überrascht und grüßten zurück. Vielleicht freuten sie sich, dass sie nicht nur vom Personal wahrgenommen werden, sondern auch jemand von »Draußen« sie bemerkt und nicht an ihnen vorbeigeht, als gehörten sie zum Inventar. Vielleicht war es auch wichtig, nicht nur fürsorglich den eigenen Verwandten im Heim gegenüber zu sein, sondern auch zu den anderen Menschen dort? Sie als Menschen wertzuschätzen und zu respektieren? Sie konnten nichts dafür, dass sie alt und krank ins Altersheim gekommen waren. Zu oft passierte es mir, dass ich das Zimmer von meinen Eltern verließ und mit einem Scheuklappen-Blick zum Ausgang huschte. Die Pflicht war getan und nichts wie weg.

Heute traf ich seit Langem die Stationsleiterin Emma wieder. Ich hatte schon oft nach ihr gefragt, weil wir endlich das Thema »Zahnprothese« mit ihr klären wollten. Sie war zwei Wochen im Urlaub gewesen und wusste von nichts. Zum Glück gab es die Patientenakten. Sie informierte sich kurz darin, konnte mir aber auch nicht weiterhelfen. Sie fand zwar heraus, dass Ende Mai ein Zahnarzt da gewesen sei. Er hätte gesagt, Opa soll keine Prothese mehr tragen. Seitdem sei er nicht mehr gekommen, es war zumindest nichts eingetragen. Sie fertigte sofort eine Notiz für die morgige Frühschicht an, damit diese einen Zahnarzttermin vereinbaren. Darunter schrieb sie: »Prothese oder Zähne ziehen?«

»Wenn ihm die Zähne Schmerzen bereiten, sollten sie doch gezogen werden«, merkte ich an. »Halten Sie denn eine Prothese überhaupt noch für notwendig?«

Wir diskutierten noch kurz hin und her, über die »Rentabilität« einer neuen Prothese (vor allem über den Kostenfaktor…) und was denn für ihn am zweckmäßigsten oder was bezüglich seiner Lebensqualität die beste Entscheidung sei. Aber wir fanden keine Lösung.

»Haben Sie ihren Vater denn schon selbst gefragt, was ihm am liebsten ist?«, fragte mich Emma.

»Ja klar, das haben wir schon oft versucht. Aber er reagierte bescheiden wie immer und sagte jedes Mal, er bräuchte hier auf Erden gar nichts mehr.«

Weiter zum Thema Zahnarzt: Opa wurden seine letzten eineinhalb eigenen Zähne gezogen. Wenn Opa, Elisabeth und ich es gewollt hätten, hätte der Zahnarzt noch eine neue Prothese anfertigen können. Jitka hatte uns jedoch mit dem Argument die Entscheidung erleichtert, dass sich Opas Kiefer nach den vielen Wochen ohne Prothese schon zurückgebildet hätte und er auch mit dem Zahnersatz schon lange nicht mehr richtig beißen konnte. Deshalb sähe sie keinen großen Sinn mehr, noch so viel Aufhebers um eine neue Prothese zu machen. Vermutlich hatte sie recht. Ein Gegenargument, dass mir noch im letzten Moment einfiel, war, dass Opa ohne Zähne noch älter und kränker aussah, als er es sowieso schon tat.

Oma war heute sehr gesprächig. Vielleicht der falsche Ausdruck, da sie ja fast immer am Reden war. Aber heute fiel mir dazu das Wort »gesprächig« ein. Ich konnte mehr verstehen, sie reagierte teilweise auf mich – eben mehr als in einem »normalen« Gespräch. Da kam ich mir nicht so überflüssig oder hilflos vor. Vor allem kamen ihr Bruder Otto, ihr Vater und ihre Mutter in den Sätzen vor. Und ihre Angst, ihre Schmerzen, das fehlende Geld. Ich möchte keine Details davon aufschreiben, denn nur ein Satz blieb mir nachhaltig im Gedächtnis haften:

»Ich will leben! Ich war doch brav! Nur jetzt kann ich dafür nichts mehr tun«, sagte sie. »Mach du das! Und jetzt schnell, schnell in die Kirche!«

Heute hatte ich das Gefühl, ohne alle Emotionen, die unsere Beziehung bisher belastet haben, bei Oma sein zu können. Alle »Altlasten« unserer Mutter-Tochter-Beziehung zu vergessen und einfach nur da zu sein. Das tat mir unsäglich gut und gab mir wieder Kraft, meinen Weg weiter zu gehen. So spürte ich heute nicht einmal diesen Drang, möglichst bald wieder zu Hause zu sein.

Ein an meine Eltern adressiertes Kuvert lag auf dem Tisch. Aus Gewohnheit öffnete ich es, ohne um Erlaubnis zu fragen. Eine Physiotherapierechnung von Frau Winter. Ich werde sie an Thomas weitergeben, da er sich dankenswerterweise um alles Finanzielle kümmerte. Mich erinnerte die Rechnung daran, dass Frau Winter immer noch zu Oma und Opa kam. Daran hatte ich schon seit Monaten nicht mehr gedacht. Ich fragte abends meine Schwester, die neulich mit Frau Winter telefoniert hatte, ob die Krankengymnastik denn überhaupt noch einen Nutzen hätte. Klar, antwortete sie, sonst wären die Gelenke noch steifer und die Schmerzen größer. Ganz abgesehen davon, dass dem Pflegepersonal das An- und Ausziehen immer mehr erschwert würde. Außerdem half Frau Winter Opa regelmäßig dabei, sich an den Bettrand zu setzen, um den Kreislauf ein wenig anzukurbeln. So könnte er seine Arme und Beine und sein Sitzfleisch wieder spüren. Und was noch viel wichtiger dabei war: Er sah sein Zimmer dann zumindest für ein paar Minuten aus einer anderen Perspektive! Das Weiß der

Zimmerdecke wurde abgelöst durch die vielen Farben, das Leben, das durch die Fenster ins Zimmer drang. Er konnte seine Frau im Bett nebenan ansehen! Die Welt bekam wieder ein oben und unten, eine vorne und hinten. Viel öfter sollte er diese Möglichkeit haben! Wie furchtbar musste es sein, wenn das hinten, das vorne, das rechts, das links, das unten alles nur Bett war. Und das oben die Zimmerdecke ....

Wir vergaßen tatsächlich immer wieder, die kleinsten Reste an Bewegungsmöglichkeiten bei Oma und Opa noch zu unterstützen. Frau Winter hatte aus diesem Grund Elisabeth mit Nachdruck darum gebeten, dass wir bei jedem Besuch die Finger und Gelenke von Oma leicht bewegen sollten. Auch die von Opa. Wir hätten doch Zeit dazu! Ob wir bemerkt hätten, dass Oma seit einiger Zeit keine Mullbinden mehr zwischen den Fingern trug? Das wäre ein Erfolg ihrer Therapie. Vor Monaten seien die Finger schon so steif gewesen, dass sie kaum mehr auseinanderzubringen waren. Die Altenpflegerinnen hatten Oma aus diesem Grund täglich frische Mullbinden durch die Zwischenräume der Finger gewickelt, um zu verhindern, dass sich zwischen den ungelüfteten Hautfalten ein Pilz bildete.

Donnerstag. Also Badetag. Opa wurde von David auf dem Toilettenstuhl ins Zimmer geschoben. Bekleidet war er lediglich mit einem zartgemusterten Flügelhemd, das im Nacken mit einer Schleife zugebunden war. Seine Füße glänzten knallrot. David setzte Opa in sein Bett und drehte ihn auf die Seite, damit er ihm eine Inkontinenzunterlage unter den Po schieben konnte. Danach wollte er ihm eine Einlage (Windel) und eine Netzhose anziehen. Genau in diesem Moment hatte Opa Stuhlgang. Es ging auf die Unterlage.

Schwester Jitka brachte die Essenstabletts herein. Perfektes Timing.

David reinigte Opas Po mit Zellstofftüchern, cremte ihn ein und zog die verschmutzte Unterlage heraus. Opa hatte wieder Stuhlgang. Diesmal auf das Leintuch.

David reinigte wieder Opas Po und wechselte das Laken.

»So ist es halt«, sagte David, als er mich schlucken und das Gesicht verziehen sah. »Wir sind das gewohnt«.

Ich zwang mich, den unangenehmen Geruch im Zimmer zu ignorieren, wegzusehen und Oma zu füttern. Heute konnte ich sofort nachvollziehen, dass sie keinen Appetit hatte. Wenn auch aus anderen Gründen.

Simon war gerade zu Besuch, als ich ins Heim kam. Er hatte für Oma und Opa drei wunderschöne große Sonnenblumen mitgebracht. Er steckte sie gerade in eine Vase, die er auf das Fensterbrett stellte. Er ging erst zu Oma und dann zu Opa ans Bett. Jedem erzählte er einzeln laut und deutlich, dass er Sonnenblumen mitgebracht hätte, die er selbst auf einem Feld geschnitten hätte. Oma griff das Wort »Feld« auf und redete irgendetwas von arbeiten, schnell machen usw. Opa freute sich! Er drehte seinen Kopf mit Mühe zum Fenster und schaute lange auf die Blumen. Er lachte!

Oma fragte: »Ist denn heute Weihnachten?«

Simon erzählte Oma etwas von seiner kaputten Vespa. Irgendwie gelang es ihm viel besser als mir, mit ihr in ein Gespräch zu kommen, auch wenn sie nicht wirklich auf seine Sätze oder Fragen reagierte.

»Ich habe meine Vespa hier in der Nähe zur Reparatur gebracht. Weißt du noch, das alte Radlgeschäft in der Hauptstraße? Die verkaufen jetzt Motorroller. Sie rufen mich nachher an und sagen mir, wie viel die Reparatur kosten wird und wann ich die Vespa wieder abholen soll. Gell Oma, meinst du auch, ich soll sie reparieren lassen?«

»Ja, unbedingt! Schnell, schnell! Ja bitte! So schnell wie möglich, in 10 Minuten!«, erwiderte Oma.

»Na ja, so schnell wird es leider nicht gehen. Es wird schon mehrere Wochen dauern.«

»… ich kann nicht mehr…« seufzte Oma.

»Was kannst du nicht mehr?«, fragte Simon einfühlsam.

Oma antwortete, aber wir konnten nichts verstehen.

»Gell, Oma, du willst uns etwas sagen und keiner versteht, was du sagen willst. Das ist sicher sehr schlimm für dich!«

»Ja, ja… kann niemand von euch? … ein Kind?«

»Gell, das strengt dich so an, Oma!«

»Oh Gott, oh Gott! Ich habe immer so Angst!«

»Vor was hast du Angst, Omi?«

»… es geht ja nicht, ich kann hier nicht mehr ausziehen! Die machen nichts! Und ihr macht auch nichts! Ich muss doch ins Bett…«

»Oma, du bist schon im Bett.«

»Das ist doch kein richtiges Bett!«

»Stimmt es, Mama«, fragte mich Simon später, »dass dich mit deiner Mutter früher mehr eine Art Hass-Liebe verband?«

»Oh ja, da hast du recht! Erst jetzt habe ich zu ihr ein besseres Verhältnis. Mit Opa kam ich als Mädchen und als junge Frau immer besser aus. Mit ihm konnte ich vernünftig reden. Oma war dann häufig eifersüchtig, wenn ich ein Erlebnis zuerst Opa erzählte.

»Ja bin ich denn nichts?«, fragte sie mich dann eingeschnappt. Aber wenn ich über Probleme reden wollte, wandte ich mich trotzdem immer an sie. Sie konnte mich meistens gut trösten und erzählte mir im Gegenzug von ihren Sorgen.

Und jetzt – jetzt war ich allein. Jetzt musste ich mit mir selbst zurechtkommen. Sie meckerte bis zuletzt an mir herum. Anstatt mich zu wehren, benahm ich mich ihr gegenüber bis ins Alter von 65 Jahren oft wie ein aggressives, störrisches Kind.

Dienstag, 31. Juli 2007

67. Hochzeitstag meiner Eltern.

»Vati, Vati, was sagst du zu deinen zwei Kindlein?«, fragte Oma. Opa hörte sie nicht.

Mir kam eine neue Erklärung, warum Oma das Leben noch nicht loslassen konnte. Ich musste an die Zeit denken, in der die beiden sich kennenlernten. Meine Mutter sagte damals zu ihren Eltern:

»Ich muss unbedingt jetzt zu ihm nach München fahren, wenn er bald in den Krieg einberufen wird, weil er so allein ist. Er hat keinen Menschen, der bei ihm ist, niemanden, mit dem er reden kann.«

Vielleicht hatte Oma immer noch diesen Beschützerinstinkt in sich, der sie auf jeden Fall ihren eigenen Mann überleben ließ? Gerade in letzter Zeit rief sie vermehrt nach ihm, nach »Vati«. Dachte sie immer noch, was wohl aus ihm werden würde, wenn sie nicht mehr war? Fühlte sich noch für ihn verantwortlich? Ach, wüssten wir nur, was im Gehirn eines Demenzkranken noch alles vor sich ging. Könnte Oma ruhiger werden, wenn Opa vor ihr das Zeitliche segnete? Könnte sie dann besser loslassen? Ihre Angst loslassen?

Beim Einkaufen traf ich Veronika, eine Bekannte. Wir redeten so über dies und das, aber kamen dann wieder auf das leidige Thema Altersheim zu sprechen. Immer und überall drängte sich dieses Thema in den Vordergrund, beherrschte die Gedanken, die Gefühle, die Gespräche.

Veronika sagte zu mir: »Vielleicht will es Gott so, dass deine Mutter noch nicht stirbt und du immer wieder ins Altersheim gehen musst. Um sie in diesem Zustand zu sehen und dich mit ihr auszusöhnen. Was du im Leben – äh, als ihr eben noch zusammen in einem Haus gewohnt habt – nie konntest. Vielleicht ist dieser Zustand für dich und für deine Mutter gut oder hat zumindest einen Sinn!«

Was war das nur für ein gemeinsames Leben, wenn die Aussöhnung so lange dauern soll?

In letzter Zeit verliefen die Besuche sehr ruhig. Oma redete weniger, da sie mehr schlief. Von Opa hörte ich oft nur einen Satz pro Stunde. Umso mehr freute es mich, wenn er überhaupt auf mich reagierte. Als ich heute an sein Bett trat, hellte sich sein Gesicht auf. Und obwohl es ihn sichtlich große Mühe kostete, streckte er mir seine rechte Hand zum Gruß entgegen! Ich schüttelte ihm die Hand und streichelte ihm über die Wange. Das tat ihm mindestens so gut wie mir, das spürte ich.

Bei Oma konnte ich heute auch nichts anderes tun, als ihr ein paar Mal liebevoll über ihr Gesicht zu streicheln. Sie schlief die ganze Zeit. Nur einmal wachte sie kurz auf, sagte überraschend deutlich »Ich heiße Tante Maria, die Fleißige!«, öffnete das linke Auge einen winzigen Spalt und schlief auf der Stelle wieder ein. Ich blieb nur deswegen länger im Heim, weil ich eine Lücke zwischen zwei Regenschauern abwarten wollte, um beim Nachhauseradeln nicht klatschnass zu werden.

Wie immer warf ich beim Betreten des Altersheims einen Blick auf die Pinnwand, an der Neuigkeiten und Terminankündigungen aushingen. Der meiste Platz wurde stets von den Sterbeanzeigen eingenommen. Heute stand ein kleiner Tisch unter der Pinnwand. Er war mit einer Tischdecke, frischen Blumen und einer brennenden Kerze geschmückt.

»Wir nehmen Abschied von Schwester Margot, 43 Jahre alt.« Der Gedenkgottesdienst für die Mitarbeiterin des Altenheims würde morgen um 14 Uhr in der hauseigenen Kapelle stattfinden. »Margot, wir vermissen dich so sehr!«, hatte jemand auf ein rotes Papierherz geschrieben, das im Blumenstrauß steckte. Diesmal hat sich Gott jemanden von der anderen Seite ausgesucht.

Elisabeth rief mich am Morgen an. Der Antrag auf Pflegestufe III für Opa war genehmigt worden, rückwirkend ab dem 1. Juni. Immerhin, so machte es nicht so viel aus, dass der Antrag über zwei Monate bei der Obrigkeit unterwegs war. Ab sofort wird die Pflegekasse also etwas mehr zahlen als bisher, aber zugleich wird jeden Monat etwas mehr von Opas Konto abgebucht werden.

Ich versuchte, Oma zu füttern, obwohl sie zu schlafen schien. Sie aß den ganzen Schokoladenpudding auf, ohne sich zu verschlucken. Bei Opa war nach zwei Löffeln Suppe Schluss. Sein Rachen war dermaßen verschleimt, dass er die meiste Zeit mit Räuspern und Husten beschäftigt war. Beim Atmen drang ein lautes Rasseln aus seinem Brustkorb. Zwei seiner Finger waren verbunden. Das Bettgitter, das ihm vor etwa eineinhalb Jahren verordnet worden war, hatten sie heute nicht hochgefahren. Was war nun schon wieder los? Zum Glück kam gerade Jitka ins Zimmer, um mich auf den aktuellen Stand zu bringen. An den Fingern habe Opa mehrere entzündete Stellen, woher auch immer, sagte sie. Und das Bettgitter bei Opa würden sie jetzt unten lassen, da er sowieso nur unbeweglich im Bett läge und sie keine Gefahr sehen würden, dass er herausfallen könnte.

»Bei ihrer Mutter ist das etwas anderes«, sagte sie. »So steif sie auch ist, ab und zu dreht sie sich von selbst so zur Seite, dass sie beinahe über den Rand hinauspurzelt. Das Risiko, dass sie auf den Boden fällt, können wir bei ihr nicht eingehen.«

Ich machte mir aber wegen Opa auch Sorgen und wandte ein: »Wir haben doch mit Dr. Legnau einvernehmlich entschieden, dass bei beiden die Bettgitter oben bleiben!«

Jitka entgegnete: »Vertrauen Sie uns. Wir kontrollieren mehrmals am Tag, ob ihr Vater unverändert im Bett liegt, und wenn wir nur einen kurzen Blick ins Zimmer werfen, da kann nichts passieren.«

Na gut, sie werden es schon wissen.

Katharina, am 20. September 2007

Im Altersheim. Hat mich einige Überwindung gekostet, hierher zu fahren. Nach vielen Wochen Freizeit und Sommerferien. Woher kommt diese Blockade? Die Angst? – Nein, eher die Unsicherheit – was ich hier soll. Wie ich mich verhalten soll. Eine Unterhaltung ist nicht mehr möglich. Omi schläft. Und ich freue mich ehrlich, sie zu sehen. Opi ist erkältet. Sobald er versucht, etwas zu sagen, fängt er zu husten an. Jetzt redet er was, aber ich verstehe ihn leider nicht. Ich glaube, er hat mich erkannt. Ein Lächeln huschte über sein Gesicht, als ich mich über ihn beugte und seine Hände streichelte.

Ist es das? Dieses eine Lächeln, für das es wichtig ist, die Großeltern zu besuchen? Ich – und wohl auch viele andere (damit tröste ich mich) – haben keine Ahnung, wie wir uns in solchen Situationen, bei solchen Begegnungen verhalten sollen. Wenn ich selbst mal in einer so absolut hilflosen Lebenslage bin, werde ich es wissen. Oder auch nicht, weil ich dann schon zu dement bin? Aber dann ist's eh zu spät, meine Erfahrung noch für den Umgang mit anderen Menschen zu nützen. Soll ich Opa einfach irgendetwas erzählen? Jetzt ist er schon so lange ein schwerer Pflegefall und ich komme mir immer noch fürchterlich blöd vor, ins Leere zu reden, denn seine Hörgeräte sind schon lange nur noch aus Gewohnheit drin. Aber weiß man's? Ich schäme mich für all diese Gedanken. Auch für den Wunsch, bald wieder zu fahren und mein Leben weiterzuleben.

Wie wird es einmal sein, wenn meine eigenen Eltern einmal so alt werden? Werde ich die Kraft haben, mich um sie zu kümmern, ohne dass ich selbst dabei kaputt gehe? Wo ist der Mittelweg zwischen Asozialität und (gesundem) Egoismus?

Alle Gedanken hin oder her: Dass alte Menschen jahrelang so dahinsiechen müssen, werde ich nie verstehen. Das hat für mich nichts mehr mit Menschenwürde zu tun. Ich wünsche den beiden nichts stärker, als dass sie endlich gehen dürfen. Kein Mensch hat so etwas verdient! Es ist einfach bitter, diese Lebensphase mit ansehen zu müssen.

»Ab sofort wird ihre Mutter keine Windelhosen mehr tragen«, erklärte mir Birgit, die gerade dabei war, Oma sauber zu machen.

»Wie machen Sie es dann?«, erkundigte ich mich.

»Ihre Mutter bewegt sich ja kaum mehr, da genügt es, wenn wir ihr große Einlagen zwischen die Beine klemmen. Ihre Haut ist in den letzten Monaten dünner und empfindlicher geworden. Unter den Windelhosen schwitzt sie so, dass wir befürchten, es können sich Pilze bilden oder die Haut könne wund werden. Es hat keinen Sinn, dass wir sie ständig pudern und eincremen, nur damit sie die Windeln auf der Haut verträgt, finden Sie nicht auch? – Wenn wir merken, dass es nicht geht, greifen wir natürlich wieder auf die Windelhosen zurück. Wundern sie sich also nicht, wenn auf den Windelrechnungen demnächst eine andere Bezeichnung steht.«

Sie drehte Oma auf den Rücken, schüttelte ihr Kissen auf und kämmte ihr sanft die seidigen, weißen Haare.

»Gute Nacht!«, sagte Oma.

Das Mittagessen wurde hereingetragen.

Opa baut ab
(2.10.07-15.11.07)

Ich hatte den Eindruck, Opas Zustand hat sich verschlechtert. Er schlief immer öfters, wenn ich mittags kam, und sein Essen musste wieder unberührt aus dem Zimmer getragen werden. Doch Schwester Jitka meinte, es sei alles gleich geblieben. Für sein Alter sei er noch gut beieinander.

Sonntag, 7. Oktober 2007

Schweigend beobachteten Pfleger David und ich die schlafende Oma.

»So, wie sie daliegt, denke ich mir immer, sie war bestimmt eine herzensgute Frau…«

»Zu Hause, meinen Sie? Nicht wirklich, Oma hatte zu Hause das Sagen. Ich stand immer unter ihrer Fuchtel. Angeblich war Oma nicht immer so dominant gewesen. Man erzählte mir, dass sie ein sehr schüchternes Kind gewesen sei. Erst seit Ausbruch des Krieges entwickelte sie sich zu einer resoluten Frau. Blieb ihr auch nichts anderes übrig, jetzt, wo sie sich allein um Haus und Kinder kümmern musste. Lediglich ihre Eltern, die auch noch im Haus wohnten, halfen ihr ein klein wenig dabei. Meine Mutter musste im Krieg eine Menge organisieren, vor allem Nahrungsmittel heranschaffen. Mit ihrem kleinen Bruder ging sie dazu häufig zum Hamstern auf die angrenzenden Felder und Bauernhöfe.«

»Und ihr Vater?«

»Der war der Gütige. Er wusste zwar genau, was er wollte, und hat es auch weit gebracht in seinem Leben, aber im Privaten hat er meistens nachgegeben. Hauptsache, es gab keinen Streit in der Familie!«

Moment – da wurde mir etwas klar! Ein ähnliches Muster hatte ich meiner Mutter gegenüber an den Tag gelegt. Mich wehren hätte auch Disharmonie bedeutet. Und die galt es, um jeden Preis zu vermeiden. Ein hoher Preis …

Ich fühlte mich David in diesem Moment so nahe, dass ich ihm sogar von diesen Gedanken erzählte.

Donnerstag, 11. Oktober 2007

»Wie geht es Ihnen, Frau Wagner?«

Ich schreckte hoch.

»Ach Sie sind es!«

Schwester Jitka stand vor mir und lächelte mich warmherzig an. Ich war dermaßen müde und weggetreten, dass ich nicht mal mehr wusste, was ich ihr auf diese Frage antworten sollte. Wie es mir ging? Ich spürte es nicht.

»Mir geht es gut«, antwortete ich routinemäßig. Und im selben Moment wurde mir bewusst, dass dies nicht stimmte. Ich war nur nicht auf diese Frage gefasst. Sie öffnete mir die Augen, dass ich wieder in meine alten Verhaltensmuster zurückgefallen war. Auch wenn es mir in letzter Zeit immer öfter gelungen war, auch meine eigenen Bedürfnisse wahrzunehmen, und ich mich darum kümmerte, Auszeiten zu haben, mich zu entspannen, mich mit Menschen in meinem Alter auszutauschen, hatte mich die Unruhe, die mich antrieb, für meine Eltern da zu sein, scheinbar wieder gefangen genommen. Schon war ich wieder zurückgekehrt zu den Gedanken, Zweifeln und Fragen, um die ich schon vor zwei Jahren immer wieder kreiste, ohne irgendeinem Ziel näher zu kommen. Wieder hörte ich Omas Stimme in mir fordern:

»Ich habe so viel für euch getan in meinem Leben, jetzt könnt ihr auch was für uns tun!«

War es dieser Satz, der für den immensen Druck in mir verantwortlich war? Dieser Satz, der sich in mein Hirn eingebrannt hatte, der mir das Gefühl gab, meinen Eltern etwas schuldig zu sein? Ein Schuldgefühl, das mich auch unfreiwillig ins Altersheim gehen ließ. Immer öfter unfreiwillig. Halbherzig. Hatte es einen Wert, dies aus reinem Pflichtgefühl zu tun? Spürten meine Eltern meinen Widerwillen? Mein Unvermögen, mich richtig auf sie einzulassen und die Energie aufzubringen, die es kostete, mit ihnen ein Gespräch zu führen? Manchmal setzte ich mich nur auf einen Stuhl und schwieg. War froh, wenn mich keiner von beiden bemerkte. Ich tat nichts außer da sein. Das genügte, um meinem lästigen inneren Zeigefinger zuzurufen: »Ich war doch da!« Wenn an solchen Tagen eine Schwester das Zimmer betrat und zu einem meiner Eltern sagte: »Sehen Sie, wer da kommt, ihre Tochter ist da!«, ärgerte ich mich darüber, als hätte jemand mein Geheimversteck verraten.

Nicht nur der Satz meiner Mutter, auch einige Aussagen der Bibel oder besser gesagt einige ihrer Auslegungen, mit denen ich groß geworden bin, beeinflussten meine innere Stimme. »Du sollst Vater und Mutter ehren!«, heißt es in den zehn Geboten. Und irgendwo stand auch, wir sollen uns um Leidende und Kranke kümmern. Denn vor dem Jüngsten Gericht würden wir gefragt werden: »Was hast du getan, als deine Nächsten alt und krank waren?« Diese Gebote hatten sich so tief in mir eingefressen, dass ich auch noch »hinging«, (»Hingehen« war mein Wort für »ins Heim gehen«), wenn ich mich körperlich und geistig bereits auf dem Boden befand, da ich meine Grenzen nicht respektiert und den zweiten Teil des Satzes vergessen hatte: »Liebe deinen Nächsten – so wie dich selbst!«

Wie froh war ich über ein paar neue Freiheiten, die ich der inneren Befehlsstimme bereits abringen konnte. Eine davon: Dieses Jahr werde ich nur eine kleine Menge Weihnachtsplätzchen backen! Nicht so wie bisher, als die Weihnachtszeit bereits im November anfing. Wie hätte ich es auch sonst schaffen können, das »Gebot« zu erfüllen, Weihnachtsplätzchen, Christstollen und Früchtebrot für alle engeren und entfernteren Familienangehörigen zu backen? Und damit nicht genug: auch für die Nachbarn, Omas viele Ärzte, für die Fußpflegerin, die Krankengymnastin, für den Pfarrer… Oma sagte immer:

»Das haben wir früher so gemacht und das möchte ich auch heute so machen.«

Auch wenn es nicht mehr sie war, die die meiste Arbeit damit hatte.

Das macht man so. Aus. Basta. Amen.

Immer stärker schlichen sich Zweifel an der Richtigkeit dieser Botschaften in mir ein. Zweifel, die es verdammt schwer hatten, sich gegen ein Leben von 65 Jahren durchzusetzen … Drei Jahre Eltern im Pflegeheim hatten dafür jedenfalls noch nicht ganz gereicht.

Doch eines muss ich einräumen: Die (räumliche) Nähe zu meinen Eltern hatte auch ihre guten Seiten. Sonst hätte ich es nicht so lange ausgehalten. Auch wenn mein Mann fand, mit meinen Eltern könnte man sich nicht richtig unterhalten, ich war froh und es war schön für mich, dass immer jemand da war, im selben Hause, zu dem ich gehen konnte, mit dem ich reden konnte. Klar, man konnte mit ihnen nicht gut diskutieren oder Konflikte austragen, da hatte Hans schon recht. Die kehrten sie unter den Teppich wie die Krümel auf dem Küchenboden. Nur Letztere wurden einmal die Woche von der Putzfrau aufgekehrt, die Konflikte schwelten weiter. Sie wollten nur Frieden haben in der Familie. Trotzdem setzte ich mich gerne zu ihnen an den Tisch und Oma erzählte mir von früher, von ihrer Kindheit, von ihrer Jugend. Oder auch von ihren Schwierigkeiten, die sie früher mit ihrem Mann hatte, ihrer ungestillten Sehnsucht danach, mit ihm Händchen zu halten oder von ihm ein Kompliment für ein neues Kleid zu bekommen. Mit dem sie jetzt so gut auskam. Der seine Liebe auch darin ausdrücken konnte, ihr jeden Samstag nach seinem Saunabesuch eine frische Brezel mitzubringen.

Mir fiel ein Radiobeitrag ein, den ich vor Kurzem gehört hatte. Eine Ordensschwester, die religiöse und psychologische Kurse leitet, erzählte von einer Frau, die seit Jahren unter Arthritis in verschiedenen Gelenken litt. Mit keinen Mitteln konnte sie ihren Beschwerden Herr werden. Da fragte die Ordensschwester: »Was haben sie denn das ganze Leben lang gemacht?«

Die Frau antwortete: »Die letzten acht Jahre habe ich meine Mutter gepflegt, weil sie so krank war. Das habe ich gemacht und ich bin dankbar dafür. Ist das nicht recht oder nicht genug?«

Die Ordensschwester fragte: »Haben sie ihrer Mutter vergeben?«

Die Frau stutzte. Sie meinte: »Wieso? Ich habe sie doch die ganzen Jahre über gepflegt, als sie krank war!«

Die Ordensschwester fragte ein zweites Mal: »Haben sie ihrer Mutter vergeben?«

Habe ich meiner Mutter vergeben? Schaffe ich das noch, solange sie lebt?

Was müsste ich meiner Mutter, meinen Eltern vergeben? Die Art und Weise, wie sie mich erzogen haben? Wie sie mich zu der Frau gemacht haben, die ich jetzt bin? Sie haben mich so gut wie möglich erzogen, ich darf ihnen keine Vorwürfe machen. Tue es aber dann doch. Und verbiete es mir zugleich wieder. Sie können nichts dafür.

12. Oktober. Omas 94. Geburtstag. Auf ihrem Nachtkästchen lag ein kleines Buch, das ihr jemand von der Kirchengemeinde vorbeigebracht hatte. »Quellen der Freude«. Oma würde die wunderschönen Fotografien und Texte darin nie sehen und in sich aufnehmen können, genauso wenig wie Rosemaries Glückwunschkarte, die Jitka am Kopfende von Omas Bett an die Wand geheftet hatte. Ich las ihr die Postkarte und ein paar Gedichte aus dem Büchlein vor, aber sie reagierte nicht, zumindest nicht sichtbar oder hörbar.

Mit wenigen Ausnahmen wurde es mit Opa immer schwieriger, was das Essen anbetraf. Seine Schläfrigkeit tagsüber nahm immer mehr zu. Häufig schafften es weder die Schwestern und Pfleger noch Elisabeth oder ich, ihn so weit aufzuwecken, dass wir ihm Essen hätten eingeben können. Und wenn es uns gelang, mit Müh' und Not zwei bis drei Löffelchen Nahrung in ihn hineinzubekommen (wie das klingt, aber so war es...), spätestens dann kniff er seinen Mund so fest zusammen, dass wir aufhören mussten. Obwohl auch er seit Langem nur noch pürierte Kost oder weiche Nahrungsmittel wie Kartoffelbrei oder Pudding bekam. An den Tagen, an denen er gar nichts aß, gaben ihm die Schwestern auch von der Astronautennahrung.

Dennoch lachte mich Opa heute an, als ich ihn begrüßte! Ein Moment, für den sich mein Weg gelohnt hat!

Sonntag, 4. November 2007
Rosigere Wangen, rosigere Zeiten bei Opa.
Statt Astronautennahrung Kartoffelbrei mit Soße.
Statt Dauerschlaf Hände, die ständig in Bewegung waren.
Die Tabelle, in der die Flüssigkeitszufuhr eingetragen wurde, gut gefüllt.

Nur vier Tage später lag Opa wie erstarrt im Bett. Seine Arme waren wie ein X vor der Brust verschränkt, die Fingerspitzen zeigten zum Hals. Ich musste daran denken, wie schwer es die Schwestern hatten, ihm bei dieser Körperhaltung das Nachthemd zu wechseln.

Er starrte an die Decke. Wollte etwas sagen, aber es gelang ihm nicht. Mit Schrecken musste ich danach beobachten, wie Schwester Birgit ihn beim Esseneingeben vollstopfte. Nur den Nachtisch ließ sie übrig und deponierte ihn für den Nachmittag auf dem Nachtkästchen, abgedeckt mit einer Serviette. War es nicht furchtbar, was sie da machte? Ich dachte, das würde nicht mehr vorkommen. Auch wenn er nichts sagen konnte, so merkte man doch an seinen Gesten, wenn er genug hatte. Seine einzig wirksame Art der Weigerung war das Zusammenpressen der Lippen, was er aus irgendeinem Grund aber heute nicht tat.

Birgit versuchte noch, die Verkrampfung in seinen Armen etwas zu lösen. Aber es ging nicht.

»Tut ihnen das weh?«, fragte sie.

Sein Gesichtsausdruck verriet, dass es ihm mehr als unangenehm war, wenn man seine Hände und Arme nach unten bog.

»Klar, dass Opa nichts sagt«. Hans lachte. »Er hatte ja auch zu Hause nichts zu sagen.«

Elisabeth rief abends an. Opas Lohnsteuerkarte sei wieder aufgetaucht, im Stationszimmer. Sie war in einem Fach, in dem die Post für die Patienten aufbewahrt wurde, hinter ein großes Kuvert gerutscht. Ich müsste keine neue im Rathaus beantragen. Lohnsteuer! Musste Thomas für Oma und Opa tatsächlich noch eine Steuererklärung machen? Die Bürokratie verfolgt einen noch bis über das Ende hinaus!

Mitte November befanden sich fünf neue Todesanzeigen am Schwarzen Brett. An jedem der letzten fünf Tage eine neue. Wann würden meine Eltern endlich dabei sein?

Opa lag so ruhig im Bett, als wäre er gerade gestorben. Seine Augenhöhlen wirkten noch eingefallener als sonst. Die Augäpfel traten stärker unter den geschlossenen Lidern hervor. Als ich ihn begrüßte und streichelte, lächelte er mich an! Er aß heute gut. Als nur noch die Hälfte des Nachtischs übrig war, sagte er laut und deutlich:

»Es ist genug.«
Ich bin satt.
Ich habe das Leben satt.
Es ist genug.

Er hat es geschafft
(22.11.07 – 27.11.07)

22. November 2007

Es war jetzt genug.

Er hatte es endlich geschafft.

Als ich nach dem Einkaufen noch kurz nach Hause kam, holte mich Hans sofort ans Telefon. Jitka war am Apparat. Mein Herz begann laut zu pochen. Wenn sie anrief, musste etwas Besonderes los sein.

»Ihr Vater ist heute früh um Viertel nach 9 Uhr verstorben.«

Sie war bei ihm gewesen. Kurz nach dem Frühstück schnappte er plötzlich drei Mal nach Luft und war tot.

Ich sagte lange gar nichts. Ich fühlte gar nichts.

»Oh je, was muss ich jetzt zuerst machen?«, schoss es mir durch den Kopf. Ich war so aufgeregt. Wen sollte ich zuerst anrufen? Meine Schwester? Die Enkel? Das Beerdigungsinstitut? Den Pfarrer?

Hans legte seinen Arm um meine Schultern und führte mich sanft zum nächstbesten Stuhl.

»Ganz ruhig. Komme erst einmal zu dir, lass dir Zeit, setze dich wenigstens hin. Atme tief durch! Die Leute kannst du später anrufen. Nimm dir Zeit.«

Wie gut, dass ich ihn hatte.

Jetzt ist also das eingetreten, was wir alle eigentlich schon lange erwartet hatten. Unser lieber Vater und Opa ist als erster von uns gegangen. Er ist friedlich eingeschlafen. Exakt einen Monat vor seinem 98. Geburtstag. Er ist eingeschlafen, so wie wir es uns gewünscht haben. Ohne Kampf. Das ist so ein gutes Gefühl! Ich spürte eine tiefe Dankbarkeit Gott gegenüber. Er hat ihn endlich zu sich geholt.

Mir jetzt Zeit für mich, für meine Gefühle zu nehmen, fiel mir unendlich schwer. Ich konnte es nicht oder wollte es zu diesem Zeitpunkt noch nicht. Voller Eifer stürzte ich mich in die Aufgaben, die ich im Kopf schon unzählige Male durchgespielt hatte.

Zuerst benachrichtigte ich die Münchner Zentrale des Beerdigungsinstituts. Diese leitete mein Anliegen an Frau Frank, die Leiterin der Filiale vor Ort, per Fax weiter. Es dauerte nur wenige Minuten, bis mich Frau Frank zurückrief. Sie würde bereits in einer Viertelstunde bei uns sein, wenn wir nicht lieber selbst zu ihr ins Büro kommen möchten.

»Nein, es wäre gut, wenn Sie kommen«, sagte ich.

Puh, ging das alles schnell. Sie hatte bereits die Akten über meinen Vater herausgesucht. Die meisten Dinge waren von ihm selbst noch zu Lebzeiten geregelt worden. Aber einiges war eben doch noch offen. Hans setzte sich bei dem Gespräch zu uns. Zu dritt gelang es uns, alles Notwendige ganz gut hinzubekommen.

Mit dem Pfarrer telefonierte ich gleich anschließend. Wir könnten morgen, am Freitag, um 17 Uhr 30 einen Gesprächstermin bei ihm bekommen. Wegen der Messe und den Liedern und so weiter. Die Beerdigung setzten wir für Dienstag, den 27. November fest. Um 10 Uhr würde eine Messe in der Pfarrkirche stattfinden, um 11 Uhr die Beerdigung auf dem neuen Teil des Friedhofs.

Katharina

Mama rief mich an, als ich gerade vom Klettern zurück war und aus der Dusche kam. Es war Viertel vor 12. Ich war superglücklich, weil ich nette Leute getroffen hatte und eine schwere Kletterroute geschafft hatte. Glücklich und bei mir. Und das schreibe ich, obwohl Opi gestorben ist? Der Alltag wird angehalten und geht zugleich auch weiter. Vielleicht musste ich das mit dem Klettern zuerst schrei-

ben, um mich zu wappnen gegen den Tod. Selbst wissen, dass ich noch lebe und es noch Ziele für mich gibt auf der Welt.

Mamas Anruf. Ihre Stimme klang anders als sonst. Aber (noch) nicht emotional. Ich wusste bis heute nicht, wie ich auf die Nachricht von Opas Tod reagieren würde. Dass Omi und Opi endlich gehen dürfen, wurde mehr und mehr zum Wunsch von uns für sie, mehr als eine realistische Tatsache: Ihr desolater Zustand hielt sich so gut, dass man fast glauben könnte, es würde immer so weitergehen. Unverändert und unsterblich. Monatelang veränderte sich nichts. Wie geht es ihnen? Unverändert.

Dann also der Anruf. Ich fing sofort zu Weinen an. War offen für die Tränen. Mein Opi! Mein geliebter Opi! Der beste Opi der Welt, so gütig, so lieb. Wir waren so viel mit ihm zusammen, haben so viel von ihm gelernt. Mein erster Impuls war, ich will ihn noch einmal sehen, mich richtig von ihm verabschieden. Um 9 Uhr etwa war er gestorben. Mama war noch gar nicht dort – und hatte es auch gar nicht vor. Ich glaube, sie konnte dafür noch nicht klar genug denken. Während unseres Telefonats unterbrach sie Papa von hinten immer wieder. Es würde zu viele Schwierigkeiten machen, wenn wir jetzt im Altersheim auftauchen würden, wo Opa bald vom Bestattungsinstitut abgeholt werden würde und so weiter. Keine Gefühle. Papa, wieso bist du so kalt, fragte ich mich. Seine Meinung beeindruckte mich diesmal nicht im Geringsten. Ich ließ mir die Telefonnummer vom Altersheim geben. Es war belegt, als ich anrief. Bei Mama war auch belegt. Sie war schneller gewesen. Ein paar Stunden lang können wir noch zu Opa. Also alle Termine absagen. Das Auto stand vor der Tür. Mama musste ich richtiggehend »in den Hintern treten«, wie man so schön sagt, aus ihrer Lähmung herausreißen, dass sie mitkam.

»Mama«, sagte Katharina, »in einer halben Stunde bin ich bei euch. Wenn du willst, kannst du mit ins Auto steigen und wir fahren zu Opa.« Und legte auf.

Genau 30 Minuten später war sie da. Ich wartete bereits am Gartentor auf sie.

Opa lag im sogenannten »Krankenzimmer«, zumindest stand diese Bezeichnung auf dem Türschild. In dem kleinen Raum befanden sich lediglich ein Stuhl, ein winziger Tisch, ein Bett und ein kleines Waschbecken. Und natürlich Opa.

Es herrschte vollkommene Stille. Friedliche Stille. Die Luft war kühl. Durch die zugezogenen, aber hellen Vorhänge drang schwaches Tageslicht herein. Opas Arme lagen auf der Bettdecke, die Hände waren wie zum Gebet gefaltet. Auf seiner Brust lag ein kleines Messingkreuz, das ich Oma vor einiger Zeit ins Altersheim mitgebracht hatte. Der einzige Farbfleck auf seinem Bett war eine kleine, leuchtendgelbe Blüte, die ihm irgendjemand zwischen die starren Finger gesteckt hatte.

Auf dem Tisch war ein Kreuz aufgestellt. Zwei Kerzen warfen ihren flackernden Lichtschein auf ein kleines Marienbild.

Katharina streichelte Opa und sprach leise mit ihm.

»Opa, du bist jetzt endlich erlöst und beim lieben Gott. So lange hast du darauf warten müssen, bis er dich zu sich geholt hat. Aber jetzt hast du es geschafft!«

Sie sah ihn lange mit liebevollem Blick an. Mit Tränen in den Augen sagte sie zu mir: »Der Opa war der beste Opa auf der ganzen Welt!«

Ich hoffe, Katharina konnte genügend Abschied nehmen in der kurzen Zeit, in der wir bei dem Leichnam waren.

Katharina

Opi. Ich wollte gar nicht mehr von deiner Seite gehen. Und doch war deine Seele schon woanders. War sie es schon? Beim lieben Gott? Es war diesmal anders als bei den vielen Toten, die ich während meiner Arbeit im Altersheim zu Studienzeiten schon gesehen hatte. Bei den Fremden war der Körper viel schneller nichts als ein lebloser Körper. Es war immer sofort klar, dass die Seele, das, was die Persönlichkeit eines Menschen ausgemacht hatte, woanders sein MUSSTE. Doch bei Opi war es anders. Die Seele schien nicht so schnell zu entweichen – in meiner Wahrnehmung. Beinahe hatte ich Halluzinatio-

nen, bildete mir ein, die Bettdecke würde sich heben und senken. Ich war mir sicher, dass sich seine Augen gleich öffnen würden. Erst später kam ich darauf, dass es mein eigener Atem ist, der diese Bewegung verursacht und die Sinne täuscht. Die Augen sehen, was sie sehen wollen. Oder sie sehen, was sie gewohnt sind zu sehen.

Erst heute fiel mir so richtig auf, wie dürr auch er geworden war. Im Gesicht sah er schon lange so aus, als könnte er auch tot so daliegen. Der Unterschied heute war: Diesmal war er ganz kalt.

Am Anfang nur streicheln und weinen. Ich fand es schön, dass meine Tränen auf sein Kopfkissen tropften. Mama betete. Ich konnte nicht richtig mitsprechen. Ich durfte weinen! Ich bin erwachsen genug! Keine Eltern, die sagen, Kind, höre mit dem Weinen auf! Nein! Ich bin jetzt groß und darf weinen.

Ich streichelte Opa auch und sagte beinahe dasselbe wie Katharina. Wir beteten gemeinsam ein »Vater unser« und fünf »Ave-Maria« für ihn.

Während wir so in Ruhe Abschied nahmen, kam Dr. Legnau ins Zimmer. Er fragte Katharina:

»Wissen sie, wie man feststellen kann, ob ein Mensch verstorben ist? Sie sind doch Ärztin?«

Das mit dem Arzt verwechselte er mit Simon, aber Katharina war trotzdem interessiert.

»Man kann feststellen, ob ein Mensch verstorben ist«, erklärte er, »wenn man ihn auf die Seite dreht und merkt, dass sich am Rücken bereits dunkle Flecken gebildet haben.«

Dr. Legnau zog sich Gummihandschuhe an und vollzog vor unseren Augen das ganze Prozedere, das nötig war, um den Totenschein ausstellen zu können.

»Das darf ich doch in ihrem Beisein machen, nicht wahr, ich kenne ihren Vater doch gut«, versicherte er sich.

Katharina

Dr. Legnau, der beeindruckend sympathische Hausarzt von Omi und Opi, kam vorbei, um Opas Tod quasi »offiziell« festzustellen. Er sagte viele gute Dinge, die uns nicht bewusst waren. Wir waren schließlich Neulinge im Umgang mit dem Tod naher Angehöriger. Er bestärkte uns darin, uns so viel Zeit für den Abschied zu nehmen, wie wir bräuchten. Denn läge Opa erst mal im Sarg und wird abgeholt, würden wir ihn nie wieder sehen. (Genau deshalb wollte ich heute ja kommen, nicht erst auf der Beerdigung einen Holzdeckel anstarren) Mama und ich waren letztendlich die einzigen Angehörigen, die sich persönlich von Opa verabschieden konnten. Ich bin so dankbar dafür.

»Bleiben sie nur ganz ruhig beim Opa oder Vater. Dableiben und Abschied nehmen gehört dazu. Gehen sie dazwischen immer wieder eine Runde spazieren und kommen dann wieder zu ihm zurück, um weiter Abschied zu nehmen. Bei jedem neuen Eintreten in das Zimmer wird sich etwas in ihrer Wahrnehmung geändert haben«, ermunterte uns Dr. Legnau.

Seine Worte taten uns gut. Es ging viel darum, die Situation anzunehmen, sie in uns aufzunehmen, wahrzunehmen – ohne sie gleich wieder loslassen, ohne gleich den nächsten Schritt tun zu müssen.

Falls noch andere Angehörige oder Freunde zum Abschied nehmen kommen würden, bot er uns an, das Beerdigungsinstitut zu bitten, Opa erst ein paar Stunden später abzuholen. Von denen sollten wir uns nicht unter Druck setzen lassen, sagte er. Die wollten immer schnell ihre Aufträge hinter sich bringen, vor allem die großen Institute. Die Angehörigen müssten sich selbst für ihr Recht einsetzen, noch ausreichend Zeit mit dem Verstorbenen verbringen zu können.

Katharina

Dr. Legnau hatte recht. Irgendwann änderte sich mein inneres Bild tatsächlich. Die Trauer ging über in – Glück? Nein. Ruhige Freude –

oder so ähnlich – darüber, dass Opa jetzt endlich seine Ruhe gefunden hat. In mir tauchten Bilder auf. Opi im Alter von etwa 70 Jahren, in seinen typischen abgewetzten braunen Hosen, Hosenträger, helles Hemd, dünne braune Strickjacke darüber, braune Cordschlappen an den Füßen. Er schwebte in der Luft, wie ein Engel. Noch gestern hätte ihn meine Erinnerung in den Fernsehsessel gesetzt. Jetzt konnte er bereits fliegen.

70 Jahre alt? Also 1979. Ich: zweite Klasse Grundschule. Wie viel haben wir von Opi gelernt. Am deutlichsten erinnere ich mich daran, wie er uns alle europäischen Hauptstädte beibrachte. Er saß im Fernsehsessel, wir auf seinem Schoß. Er strahlte Ruhe und Wärme aus.

Der Doktor riet uns auch noch, dabei zu sein, wenn Opa in den Sarg gelegt wird. Um uns zu vergewissern, ob er auch gut liegt. Und ihn zum ...- es heißt Leichenwagen, das Wort stört mich auf einmal – ihn also zum Auto zu begleiten. Abends war dann niemand mehr da, aber ich fühlte mich gut mit unserem Abschied. Am Grab wird es noch ruhigere längere Momente geben. Ich habe Opi doch als kleines Mädchen versprochen, dass ich ihn gieße, wenn er mal dort unter der Erde liegt.

Nach einer Weile gingen wir zu Oma. Ihr Bett wirkte in dem Doppelzimmer nun völlig verloren. Katharina setzte sich zu ihr auf die Bettkante und nahm ihre Hand.

»Dein Mann ist heute zum lieben Gott in den Himmel gekommen.«

»Wie schön!«, sagte Oma leise.

Katharina

Ich hätte Omi am liebsten auf die Arme genommen und zu Opi getragen, damit sie ihn noch ein letztes Mal berühren kann. Sie wog bestimmt nicht mal mehr 30 kg, das wäre schon gegangen. Aber diese Aktion wäre zu ungewöhnlich gewesen. Hey, warum macht man so etwas nicht einfach? Wäre es ein Film, würde es so geschehen. Mut, Katharina, Mut.

254

*Luca fragte mich nach dem letzten Kinderbibeltag: »Mama, bist du
auch so mutig wie König David?« Oh nein, bei Weitem nicht. Auch
wenn die Erwachsenenängste nichts mehr mit Wölfen oder Löwen zu
tun hatten – wenn es Stöcke gäbe, mit denen man diese Erwachsenenängste so einfach vertreiben könnte – das wäre was. Zum Beispiel
die Angst, aus den Erwartungen der anderen auszubrechen. Omi ins
Sterbezimmer rüber tragen.*

Katharina sprach noch eine Weile mit ihr, Omas Äußerungen
waren jedoch kaum mehr verständlich. Erst als es wieder um
Opa ging, wurde sie klarer.

»Opa hat jetzt ganz viel Frieden, er muss nicht mehr leiden«,
sagte Katharina.

»Das ist aber gut, da bin ich aber froh!«, seufzte Oma. »Ich
bin froh … das merke ich natürlich… das kann ich genau nicht
anders… ich habe einen-zwei gehabt…«

Oma schlief ein.

Katharina fuhr mich nach Hause. Vorher rief sie vom Handy
aus zum wiederholten Mal Simon an. Er war den ganzen
Nachmittag schon nicht zu erreichen. Wir hatten bereits seinen
Anrufbeantworter besprochen, bis uns ein langer Piepton das
Ende des Bandes signalisierte.

Schlaftrunken hob er diesmal ab.

»Ich bin gerade erst aufgewacht, ich hatte Nachtdienst.«

Katharina entschuldigte sich für den Telefonterror und erzählte ihm alles. Er zog sich sofort an und lief zur U-Bahn. Als
er beim Altersheim ankam, konnte er gerade noch beobachten,
wie Opas Sarg in den Leichenwagen geschoben wurde und
sich die Türen des Autos hinter ihm schlossen. Es tat mir im
Herzen weh, dass Simon Opa nicht mehr sehen konnte.

Auch Elisabeth, die tagsüber beim Wandern war, schaffte es
nicht mehr rechtzeitig.

So waren Katharina und ich die letzten Angehörigen, die Opa gesehen haben. Ich war froh. Froh, dass wir noch Abschied nehmen konnten, auch wenn es nur kurz war.

Große Dankbarkeit verspürte ich auch meinem Mann gegenüber, der mir heute so viel Halt gab. Besonders hatte mich berührt, sogar in seinen Augen ein paar heimliche Tränen glitzern gesehen zu haben. Man sollte es ihm bestimmt nicht anmerken. Er sagte:

»Als meine Eltern gestorben sind, konnte ich sie nicht mehr persönlich sehen, nicht so Abschied nehmen wie du.«

Ich glaube, das stimmte ihn jetzt noch traurig. Ich war sehr froh, dass er bei mir war.

Als ich mich am Abend an den Esstisch setzte, um in meinem Tagebuch zu schreiben, scherzte er bereits wieder.

»Schreibst du weiter an deinen Memoiren? Ab jetzt brauchst du nur noch halb so viel schreiben, jetzt, wo Opa weg ist.«

Katharina

Vorhin Gespräch über Opas Beerdigung, mit Mama am Telefon. Keiner dachte bei all der Organisation an Oma! Ich will nach der Beerdigung gleich zu ihr und alles erzählen! Hans findet das nicht gut, sagt Mama. Katharina soll gleich zu den anderen Gästen mit in die Wirtschaft kommen. Verdammt – Omi ist doch so allein! Ich wünsche mir – und bin mir auch sicher – dass ihre Seele Opa bald nachfolgen wird, noch eher, wenn sie weiß, wo er ist. Auf einmal glaube ich wieder viel stärker an das Weiterleben der Seelen nach dem Tod. Die Seelen sollten sich jedoch im Jenseits das Alter aussuchen dürfen, in dem sie dort leben möchten. Falls das Alter dort oben eine Rolle spielt. Das können wir uns hier unten eh nicht vorstellen.

Wir alle glaubten, dass Oma ihrem Konrad ganz bald folgen würde. Wir fänden es auch schön für sie, wenn sie nicht lange allein auf der Welt bleiben müsste. Würde es Tage dauern?

Wochen? Mehr als ein paar Wochen gaben wir ihr nicht. Auch wenn Hans ironisch meinte, sie sollte sich zum Sterben wenigstens eine wärmere Jahreszeit aussuchen.

Wir waren erleichtert, dass alles Weitere an Organisation das Beerdigungsinstitut übernahm.

Oma war jetzt allein im Zimmer.

Das leere Bett neben ihr bedeutete einen neuen freien Platz im Pflegeheim. Und die Warteliste war lang.

Ich war meiner Schwester sehr dankbar, dass sie sich gleich heute an die Heimverwaltung wandte, um zu besprechen, wie es mit Oma weitergehen sollte. Ob sie in ein Einbettzimmer verlegt werden sollte oder ob eine neue Patientin – eine Fremde – zu ihr mit ins Zimmer gelegt werden würde. Wir telefonierten lange, um das Für und Wider abzuwägen. Im Endeffekt verblieben wir so: Eine neue Bewohnerin würde zu Oma mit ins Zimmer kommen. Versuchsweise. Wenn es sich als schwierig herausstellen sollte, würden wir weitersehen. Auf Station 1 war zu diesem Zeitpunkt sowieso kein Einzelzimmer frei. Wir wollten auf jeden Fall, dass Oma auf Station 1 bleibt, da wir mit den Schwestern im Großen und Ganzen sehr zufrieden waren. Auch wir wollten uns nicht an neues Pflegepersonal gewöhnen müssen. Über dieses Argument freuten sich die Schwestern sehr!

Ich hatte Hochachtung vor den Schwestern, vor allem vor Emma. Schwester Jitka hatte sie gestern sofort dazu geholt, als sie vermutete, dass Opa gestorben sei. Ob sie noch den Notarzt benachrichtigen solle, fragte Jitka.

Emma sagte: »Nein! Das machen wir jetzt nicht! Es ist gut so! Es ist gut so, dass er friedlich eingeschlafen ist. Das ist besser so!«

Das war ein starkes Wort von Schwester Emma. Super dachte ich mir, sie haben unserer aller Wünsche ernst genommen:

Keinen Notarzt, keine Reanimation, kein Krankenhaus. So konnte Opa friedlich einschlafen.

Am späten Nachmittag hatten wir das Gespräch mit unserem Pfarrer. Er sprach mir sein Beileid aus. Er konnte die Nachricht vom Tod unseres Vaters erst gar nicht glauben.

»Ich dachte, er hätte das ewige Leben bereits auf Erden, so alt, wie er geworden ist«, sagte er.

Ich unternahm heute keine großen Anstrengungen, um Oma zum Essen zu überreden. Ein Löffelchen Kartoffelbrei hin oder her, was soll es? Es schien mir heute noch wichtiger, einfach nur da zu sein. Wenn sie etwas sagte, war es zwar deutlich, aber ich konnte keinen Sinn in ihren Worten erkennen. Es waren keine anderen Äußerungen als sonst, auch nicht, wenn ich Opas Tod ansprach. Wir beteten zusammen. Ich muss ihr unbedingt noch ihren Rosenkranz von zu Hause mitbringen, bevor sie stirbt. Sie soll ihn mit ins Grab nehmen dürfen!

In einer gutbürgerlichen Gaststätte in der Nähe des Friedhofs ließ ich 20 Plätze reservieren. Sogar Verwandte von Hans wollten von weither zur Beerdigung kommen!

Dienstag, 27. November 2007
Opas Beerdigung.
Totenmesse: 10 Uhr in der Pfarrkirche
Beerdigung: 11 Uhr in der neuen Aussegnungshalle auf dem Friedhof
Es war bereits 9 Uhr und ich war gerade dabei, mich für die Beerdigung anzuziehen (schwarze Kleidungsstücke hatten wir alle schon seit Längerem im Schrank hängen), als das Telefon klingelte. Elisabeth. Schwester Emma hätte sie vorhin angerufen. Sie müssten unsere Mutter in ein anderes Zimmer verlegen. Ihr jetziges Zimmer bräuchten sie, da ein Mann auf Stati-

on kommt, den sie natürlich nicht zu einer Frau legen könnten. Ob wir damit einverstanden wären. Oma würde zu einer gewissen Frau Richter verlegt werden, nur ein paar Zimmer weiter, auf demselben Gang. Es klang alles sehr brisant und so, als hätten wir eh keine andere Wahl. Wie sollten wir auch direkt vor Opas Beerdigung solche Entscheidungen treffen oder dazu Stellung nehmen? Nur eines war klar: Dass Oma für ihre letzten Wochen hier auf Erden noch umziehen musste, das hatten wir ihr nicht gewünscht.

Katharina

Opas Beerdigung. Luca kommt mit, von sich aus, das freut mich. Beerdigung ist ihm lieber als Kindergarten. Es schneit. Wie können die da ein Loch in die gefrorene Erde buddeln?

Zum Trauern war leider nicht genug Zeit bisher, der Alltag holte uns in rasender Geschwindigkeit wieder ein. Die gespürte und gelebte Trauer war jedoch schon der Gewissheit gewichen, dass es Opi jetzt gut geht. Simon und ich haben eine kleine »Aktion« für die Totenmesse vorbereitet. Er schnitt im Englischen Garten heimlich einen großen Ast mit vielen Blättern daran ab, ich besorgte breite Geschenkbänder in den Farben weiß, gelb, rot, blau, grün. Die Farben der tibetischen Gebetsfahnen. Uns gefiel der Gedanke, dass unsere Gebete durch den Wind hinaufgetragen werden zu IHM. Zu Gott. Während des Gottesdienstes luden wir die Trauergäste ein, Wünsche, Botschaften, Gebete… auf die Bänder zu schreiben und diese an den Ast zu binden. Wir würden das bunte Bäumchen dann auf Opas Grab stecken.

Die Ansprache vom Pfarrer war sehr schön. Nicht schön war seine Widerspenstigkeit, was unsere Aktion mit den Gebetsfahnen anbelangte. Es würde zu lange dauern, der Zeitplan käme durcheinander und und und. Der soll sich nicht so haben, das war uns jetzt völlig egal. Es ist schließlich unser Opa! Die meisten Gäste fanden dieses Ritual gut.

Jetzt, wo Opi »oben« ist, kann ich besser mit ihm reden. Er hat wieder eine Sprache. Es ist, als würde er alles sehen. Seine erste Botschaft, die ich vorgestern auf dem Balkon »empfing« war: »Gib nicht auf!« Das Motto seines Lebenswegs. Gib nicht auf, rief er mir zu. Genau in dem Moment, wo gerade ein wenig die depressive Seite angesichts seines Todes durchblitzte: Er hat es gut, sagte sie, er hat seine Ruhe. Ich würde am liebsten mitgehen, muss aber leider noch weiterkämpfen. Aber Opa sagt: »Gib nicht auf!«.

Geweint habe ich nur in der Aussegnungshalle, angesichts des Sarges bei trauriger Musik. Da war Opas Körper so nahe. Eigentlich weinte nicht ich, sondern das kleine Mädchen in mir, vielleicht aus Nostalgie, aus Erinnerung an die schönen Zeiten zusammen. Diese Zeiten waren seit Jahren tot. Aber noch nicht verabschiedet worden. Vielleicht weinte ich aus Liebe und Dankbarkeit. Es war so gut, dass mein kleiner Sohn dabei war...

Luca war es in der Kirche furchtbar langweilig, er hielt aber trotzdem gut durch. Auf dem Friedhof fand er es besser. Seine kindliche Neugier war so erfrischend. Als erstes lief er zum Sarg.

»Den muss ich mir mal anschauen«, sagte er laut. »Mama, findest du den Sarg schön?« Er zählte die Griffe. »Sechs Leute braucht man zum Tragen, Mama.«

Es waren nur vier. Totengräber? Sargträger? Wie heißen sie eigentlich?

Am Grab stellte Luca seine Fragen immerhin so leise, dass die Gebete davon nicht gestört wurden. Wie tief ist das Loch? Warum werfen sie da nicht mehr Erde rein? Machen sie den Deckel wieder auf, wenn der Sarg unten angekommen ist? Warum nicht? Mama, ich habe Hunger. Das ist das Leben!

Es fror mich innerlich, als Opas Körper in den dunklen, kalten Boden hinabgelassen wurde. Seit gestern lag etwas Schnee. Aber – aus der Erde seid ihr geschaffen und zur Erde kehrt ihr zurück. Oder so ähnlich.

Ich war wie besessen von der Frage, auf welcher Seite des Sarges nun Opas Kopf liegt. Tragen sie ihn richtig herum? Rutscht er im Sarg nach unten, wenn sie ihn kippen?

Oma muss umziehen
(3.12.07-27.12.07)

Nun lag Oma also bei Frau Richter im Zimmer. Wenn diese Entscheidung nicht gerade am Morgen von Opas Beerdigung angestanden hätte, hätten wir uns sicher nicht so überrumpeln lassen. Elisabeth und ich waren mittlerweile beide schon in Omas neuem Zimmer gewesen. Es war eine eigenartige Situation. Der Fernseher lief ununterbrochen. In einer Lautstärke, die auf Schwerhörigkeit bei Frau Richter schließen ließ. Und wenn im Fernseher niemand sprach, redete Frau Richter lautstark dazwischen. Frau Richter war eine freundliche Person. Ihr Mitteilungsbedürfnis war jedoch so groß und ihrer Freundlichkeit so überbordend, dass wir schnell das Bedürfnis bekamen, uns abzugrenzen. Außerdem wollten wir doch Oma besuchen und nicht Frau Richter. Oma wirkte gegen diese energiegeladene Person noch mehr wie ein winziges Häufchen Elend. Sie sprach heute wenig. Ein paar Mal »Hallo, hallo«. Das war's. Wir fühlten uns beobachtet und beschränkten uns auf ein paar Sätze im Flüsterton.

Elisabeth sprach gleich heute mit Schwester Emma darüber, wie unzufrieden wir mit der neuen Situation wären. Emma zeigte sich jedoch überrascht darüber. Das hätte sie gar nicht gewusst! Hätten wir ihr doch früher schon etwas gesagt!

»Sie haben uns die Lage am Telefon dermaßen brisant dargestellt«, wandte Elisabeth ein. »Als müsste das Zimmer von Oma und Opa sofort frei gemacht werden für diesen neuen Herrn! Was hätten wir denn tun sollen? Außerdem waren wir gerade auf dem Sprung zu Opas Beerdigung!«

»Also gut, es tut mir leid. Ich habe eine gute Nachricht für sie: Heute hat sich eine Alternative ergeben. Durch einen neuen

Todesfall wird im Zimmer von Frau Loos ein Bett frei. Und ich kann ihnen versichern, Frau Loos ist eine sehr ruhige und bescheidene Frau. Ich wüsste nicht, dass für das freigewordene Bett schon jemand anderes eingeplant wäre. Die Pflegedienstleitung ist eh bis übermorgen nicht da, also wird sie auch keine diesbezüglichen Entscheidungen treffen. Wir könnten den Umzug bereits heute vornehmen, wenn sie möchten.«

Wir waren einverstanden.

Schwester Emma rief Elisabeth an. Sie wollte jetzt doch bis Donnerstag warten, um auch von der Pflegedienstleitung grünes Licht für den erneuten Umzug zu bekommen. Aber sie versprach uns, dass diese Maßnahme mit 99 Prozent Wahrscheinlichkeit klappen würde. Emma machte Elisabeth noch am selben Tag mit der zukünftigen Zimmernachbarin bekannt. Frau Loos saß ruhig und friedlich in ihrem Rollstuhl am Tisch und blätterte in verschiedenen Klatschmagazinen. Es war eine sehr freundliche und höfliche Person. Bis auf wenige Ausnahmen war ihr Gehirn wohl noch in Ordnung. Wenn auch mit großer Anstrengung verbunden, konnte sie sich noch selbst mit ihrem Rollstuhl im Zimmer bewegen und ohne Hilfe essen und trinken. Für alles andere war sie auf fremde Hilfe angewiesen. Die Wand neben ihrem Bett war bis auf den letzten Fleck voll gehängt mit gerahmten Fotografien von ihrer Familie und ihrem Mann, der wohl schon früh verstorben war. Oma würde das Bett auf der Fensterseite bekommen, mit Blick auf den Teich und den kleinen Park vor dem Eingang des Altenheims. Für Oma völlig egal, was vom Fenster zu sehen war. Aber die Atmosphäre würde sie trotzdem spüren, insbesondere das Tageslicht, das sie auch mit ihren stets geschlossenen Lidern noch wahrnehmen wird. Uns gefiel es hier.

Also warteten wir auf den Donnerstag. Hoffentlich klappt es!

Es wird nicht nur für Oma eine Umstellung, sondern auch für uns. Auch wir würden jeden Tag mit einer zunächst fremden Person konfrontiert werden, die bei allem, was wir für Oma taten und was wir mit ihr sprachen, dabei sein würde!

Die Fotografien ihrer Eltern und Schwiegereltern, die bei Oma noch an der Wand hingen, nahm ich mit nach Hause. Ich könnte sie wieder mitbringen, wenn das mit dem zweiten Umzug feststand. Das Gemälde von Katharina hing noch an der Wand. Hoffentlich ging es nicht verloren.

Meine Gedanken wanderten zu Opa. Ich war glücklich, dass ich in ihm einen Menschen gehabt hatte, der an mich geglaubt hat, der mir Vertrauen entgegengebracht hat. Und jetzt war dieser Mensch, dem ich mich so verbunden fühle, tot. Ich konnte ihm nichts Gutes zukommen lassen. Nur noch für ihn beten. Das würde jetzt auch das Wichtigste sein.

Abends rief ich eine Bekannte an, um mich bei ihr für ihre Beileidskarte zu bedanken. Sie riet mir, meiner Mutter möglichst bald alles zu sagen, was ich ihr zu Lebzeiten noch sagen möchte. Etwas wehrte sich in mir dagegen. Vermutlich, weil ich mir über meine Gefühle überhaupt nicht im Klaren war. Ich hätte ihr zum Beispiel so gerne gesagt, Mutti, ich habe dir vergeben – aber war ich schon so weit? Schwangen dabei nicht immer noch Vorwürfe mit? So, wie sich Omas körperlicher und geistiger Zustand in den letzten Jahren verschlechterte, verwandelten sich meine Aggressionen gegen sie in Mitleid. Mitleid und Liebe vermischten sich und waren manchmal nur schwer auseinanderzuhalten. Ebenso verschwommen war für mich, wer von uns nun die Mutter und wer die Tochter war.

Auf jeden Fall möchte ihr danken für ihren Trost, für ihr Zuhören, für ihre Gebete für uns und die Kinder, ich möchte sie um Vergebung bitten für alle Ablehnung, die ich ihr oft entgegenbrachte, obwohl sie es gut mit mir meinte, wenn sie mich umklammerte – und ich es geschehen ließ. Ich brauchte sie – und sie brauchte mich.

Ach, so ein Durcheinander im Kopf.

Heute schlief sie. Obwohl der Fernseher von Frau Richter in voller Lautstärke durchs Zimmer dröhnte.

Ich streichelte sie immer wieder und machte ihr ein Kreuzzeichen auf die Stirn.

Der Rosenkranz lag seit heute in der Schublade ihres Nachtkästchens.

Auch Elisabeth glaubte, dass Oma es nicht mehr lange machen würde. Sie schlief jetzt immer häufiger tagsüber. Würde sie Weihnachten noch erleben? Oder das neue Jahr? Nein, so weit in die Zukunft dachte ich momentan gar nicht mehr. Nur ein pragmatischer Gedanke kam mir in den Sinn: Wenn Oma zwischen den Feiertagen sterben würde, dann hätten die Enkelkinder alle frei und könnten beim Trauergottesdienst wieder die Lesung und die Fürbitten übernehmen ... Der Trauergottesdienst ... Oma wünschte sich ihr Leben lang, dass zu ihrer Beerdigung die Lieder aus der Schubert-Messe gesungen werden.

Omas Umzug. Sie brabbelte mehr als in den letzten Tagen, ganz aufgeregt. Vor allem, während ihr Bett in das andere Zimmer geschoben wurde. Leider gab es noch keine Nägel an der Wand, um ihre persönlichen Bilder und ein Kreuz aufzuhängen. Müssen wir noch von zu Hause mitbringen. Elisabeth will sich Gedanken machen, was wir zum Verschönern noch unternehmen können.

Bevor ich zu Oma ging, setzte ich mich für ein paar Minuten in die Kapelle und stammelte Gott etwas vor ... und bat ihn, dass ich mit Oma ins Reine kommen würde, bevor sie stirbt.

Ich fuhr mit dem Aufzug ins Erdgeschoss und suchte Omas neues Zimmer. Frau Loos begrüßte mich bereits freundlich an der Tür.

Ich zog mir einen Hocker zu Omas Bett und flüsterte ihr zu, wie lieb ich sie habe.

»… das ist gesünder!«, sagte Oma.

Ich erzählte ihr auch, dass ich ihr vergeben möchte und mit Gott über dieses Thema gesprochen hätte.

»Ja, ja, ja«, sagte Oma.

Vom Altersheim zum Friedhof waren es nur ein paar Hundert Meter, wie praktisch. Ich entfernte die Kränze und Schleifen von Opas Grab. Das Bäumchen mit den beschrifteten bunten Bändern, das Katharina und Simon hineingesteckt hatten, packte ich in eine riesige Plastiktüte, um es mit nach Hause zu nehmen. Kahl und unfreundlich starrte mich nun die hart gefrorene Erde an. Um das Grab zu bepflanzen, war es jedoch noch zu kalt. Und wir waren uns sicher, dass es sowieso bald wieder aufgegraben würde.

Oma schlief. Als ich sie streichelte, öffnete sie ihre Lider einen winzigen Spalt. In ihren dunkelbraunen Augen konnte ich keinen Ausdruck erkennen. Nach wenigen Augenblicken zog sie sich wieder in ihre Welt der ewigen Dunkelheit zurück.

Ihr Rosenkranz hing nun an dem Bügel über ihrem Bett.

»Weißt du, dass Opa im Himmel ist?«, fragte ich sie.

»Der Opa! Der Vati!«, murmelte sie. »Mein Großvater! … jetzt muss man was… der Opa, der Opa …«. Die Laute verschwammen wieder.

»Bald darfst du bei ihm sein!«, sagte ich.

Oma antwortete deutlich: »Also gehen wir jetzt. Das ist das Gute. Fertig. Das ist fertig. Fertig. Fertig. Bitte Mutter, ich kann nicht mehr!«

Und in ihrem Befehlston, den ich von früher kannte: »Dann mache es aber gleich! Er … du!«

Noch bevor ich ihr zu essen geben konnte, schlief sie ein. Ich stellte mich ans Fenster und blickte mit einem Lächeln hinaus. Was war passiert? Mit Überraschung hatte ich festgestellt, dass ihr Befehlston in mir nicht mehr die alte Angst ausgelöst hatte, die Angst, was passieren würde, wenn ich einen »Befehl« falsch oder nicht ausführen würde. Erste Anzeichen von Freude machten sich breit, Freude auf ein Leben, in dem mir niemand mehr hineinreden würde, in dem ich die Stimme meiner Eltern ersetzen könnte durch einen Wegweiser, der aus meinem Innersten kam.

Was wäre, wenn ich jetzt vor das Jüngste Gericht zitiert würde und Gott mich fragen würde: »Was hast du aus deinem Leben gemacht? Hast du dich bemüht, aus dem Leben, das ich dir geschenkt habe, etwas zu machen?«

Ja, werde ich sagen können, ich habe viel für andere Menschen gemacht. Missachtet habe ich, dass dazu nicht gehört, mir ständig Vorschriften machen zu lassen. Und mit Bissigkeit oder Rückzug darauf zu reagieren. Bis vor Kurzem kannte ich nur keinen anderen Weg. Vergib mir, lieber Gott! In meinem Innersten war ich nicht aggressiv, ich war nur ängstlich. Wenn mich jemand so in Beschlag nahm, wie es meine Mutter getan hat, dann hätte ich am liebsten um mich geschlagen. Um das nicht zu tun, zog ich mich in mein Schneckenhaus zurück und sagte gar nichts mehr.

Wenn mir jetzt jemand sagt »Du sollst oder du sollst nicht«, dann mache ich innerlich zu. Ich sage mir: Nein! Ich will mich selbst entscheiden, was ich tun will oder nicht. Nie mehr diesem Zwang und Druck unterworfen sein. Lange genug hat es gedauert, bis ich beginnen konnte, mir mein Leben selbst einzurichten. Und lange wird es noch dauern… wenn Gott so will.

Telefonat mit Simon. Ich berichtete ihm von dem Gespräch mit der Bekannten, die mir geraten hatte, Oma noch zu Lebzeiten »alles Wichtige« zu sagen. Gutes und Schlechtes. Er ermunterte mich ebenfalls zu diesem Schritt. Meinte aber, dass die Botschaft sicherlich genauso bei Oma ankäme, wenn ich diese Worte in einem Brief an sie formulieren würde (ohne ihn vorlesen zu müssen) oder mich neben sie zu setzen, ihre Hände zu nehmen und in Gedanken mit ihr zu kommunizieren.

Ich erzählte ihm, dass ich den bunt mit Bändern geschmückten Ast, der während des Trauergottesdienstes entstanden war, von Opas Grab entfernt habe. Und dass mir die Tränen kamen, als ich las, welch liebe Botschaften die Enkelkinder auf die Bänder geschrieben hatten.

»Ihr Enkel hängt ganz schön an eurem Opa, nicht wahr?«

»Und wie«, sagte Simon. »Bei meinem Einsatz auf der Intensivstation habe ich den Tod so vieler Menschen miterlebt, einschließlich der unterschiedlichen Reaktionen der Angehörigen. Und doch war es für mich etwas völlig anderes, etwas völlig Neues, als Opa starb. Auf diese Gefühle war ich trotz meiner Arbeit nicht vorbereitet und hätte mich auch nicht vorbereiten können. Wenn ein so lieber Mensch wie Opa stirbt, tut es verdammt weh – und das darf es auch, sogar dann, wenn es höchste Zeit für ihn war, zu gehen. Dankbarkeit und Trauer müssen sich zum Glück nicht gegenseitig ausschließen.«

Jetzt war es Frau Loos, die sich über Omas Anwesenheit beschwerte.

»Die da, die redet die ganze Zeit! Sogar in der Nacht! Wie soll ich denn da schlafen können?« Noch im selben Atemzug entschuldigte sie sich dafür. »Ach, es tut mir leid, sie können ja auch nichts dafür.« Zu Oma gewandt sagte sie: »Hör mal, jetzt bekommst du Besuch. Jetzt hörst du mal auf zu reden!«

Gestern erfuhr ich, dass Tini, die Frau von Omas Cousin, mit dem sie in ihrer Jugend sehr viel verband, gestorben war. Heute Nacht träumte ich von ihr. Sie saß in einem wunderschönen Garten neben Opa auf einer himmelblau lackierten Parkbank. Rundherum blühten exotische Pflanzen in allen Farben. Beide schauten durch ein Fernglas. »Ich kann sie sehen!«, rief Tini.

»Wieso kommt die Maria denn nicht? Die müssen wir bald zu uns holen, hier ist es doch so schön!«

Abends sprach ich mit Elisabeth über Frau Loos' Beschwerden über das viele Gerede von Oma. Elisabeth hatte dieses Problem bereits mit der Stationsleitung erörtert. Dabei erfuhr sie, dass Frau Loos zufälligerweise seit dem Zeitpunkt, zu dem Oma zu ihr ins Zimmer zog, abends keine Schlaftablette mehr bekam. Sonst hätte sie zumindest das nächtliche Gerede gar nicht als störend empfunden. Sie werden ihr die Schlaftablette ab sofort wieder verabreichen, dann wird man sehen.

Liebe Mama!

Sitze im Pflegeheim neben Omi am Bett. Draußen alle Pflanzen und Dächer mit Raureif überzogen. Auch am Friedhof. Wegen meinem Krankenhausaufenthalt mein erster Besuch bei Opi allein – nein, nicht bei Opi, an seinem Grab. Familiengrab, in dem Omas Eltern und ihr Bruder liegen (was auch immer noch von ihnen dort unten liegt), irgendwie unvorstellbar, dass Opi dort unten nicht friert – aber ist ja schon wo ganz anderes. Im Himmel. Im Himmel wie der aus »Brandner Kaspar«, so stelle ich ihn mir spontan vor, andere Bilder dafür wurden mir nicht so einprägsam geliefert. Im Himmel, in dem sich in herrlicher Natur, auf saftigen Almwiesen, vor schönen Bauernhäusern die Menschen wiedersehen, die sich auf Erden nahestanden. Für die, die's mögen, gibt es Weißwürstl mit Hendlmaiersenf.

Ich werde dich gießen, Opi, aber erst im Frühling. Noch wächst eh nichts, noch ist der Boden gefroren.

Irgendwie ist es so ruhig am Friedhof, so ruhig und friedlich wie in einem Wald. Kostet erst viel Überwindung, heute auch, diese Fahrt zu unternehmen, noch dazu durch Krücken verkompliziert. Dann erscheint es auf einmal das einzig Richtige zu sein.

Fällt mir heute auf einmal leichter, Omi etwas zu erzählen, auch wenn sie nicht darauf reagierte. Und ihr auch ganz offen zu sagen, dass ich ihr wünsche, dass sie bald in Frieden zu Opi gehen darf.

Spontane Botschaft an mich im Umfeld all der Toten – was bedeutet das für mein Leben, dass wir eh alle mal hier enden? Erste Antwort, die ich bekomme: Nimm dich nicht so wichtig (auch nicht das, was du alles erreichen könntest, solltest, müsstest…), sondern lebe! Würde Opi tatsächlich zu mir sagen, es gehöre auch dazu, einfach nur Spaß zu haben? Ich weiß es nicht. Humpele mithilfe der Krücken über die Hauptstraße zum Altersheim. Ist diese Straße die Grenzlinie zwischen den Lebenden und den Toten?

Neben dem Weg zum Eingang des Altersheims steht eine Parkbank, die dick mit Raureif überzogen ist. Ich zeichne ein Herz in den eisigen, weißen Überzug. Darunter ritze ich »K + M«. Und »22.11.07 +?«. Ich kann dir das Foto davon bei Gelegenheit gerne zeigen!

Liebe Grüße
Katharina

Mittags im Heim. Im Fernsehen lief eine Werbesendung. Oma schlief. Zum Essen war sie kurz wach. Es gab Kartoffelbrei, Rotkraut und Nachtisch. Sie aß fast alles auf! Die einzigen Worte, die ich heute aus ihrem Mund vernahm, waren, dass das Essen noch etwas zu heiß sei.

Erster Weihnachtsfeiertag. Im Altersheim ein Tag wie jeder andere. Die einzige Besonderheit war das Päckchen mit Weihnachtsgebäck auf dem Tisch. Dazu gab es eine Nagelschere und eine kleine Flasche Sekt. Standardgeschenk für alle. Ich packte die Sachen in meine Tasche. Da Oma schlief, ging ich gleich weiter auf den Friedhof und zündete für Opa eine Kerze an. Frohe Weihnachten, Opa! Es war eisig kalt und bereits dunkel. Die Stimmung auf dem Friedhof war wunderschön. Auf den meisten Gräbern flackerte das rötliche Licht der Grabkerzen. Würde man von oben auf den Friedhof blicken, sähe es aus wie ein riesiges, weihnachtliches Lichtermeer.

Obwohl ich stark erkältet war, besuchte ich Oma. Sie schlief. Also unterhielt ich mich mit Frau Loos, ihrer Zimmernachbarin. Es war ein sehr offenes und freundliches Gespräch. Ich freute mich darüber, da mein Besuch auf diese Weise einen neuen Sinn bekam. Sie erklärte mir, wer auf ihren vielen Fotos über ihrem Bett zu sehen war. Erzählte von ihrer Tochter, ihren Enkeln, ihrem Mann. Wie lange sie schon im Altersheim war, das wusste sie selbst nicht mehr. Und dabei war sie selbst erst 71 Jahre alt! Als ich sie fragte, warum sie schon so früh ins Altersheim gekommen sei, sagte sie nur: »Wegen der Krankheit«. Mehr verriet sie mir nicht. Vermutlich hatte sie ein Schlaganfall so früh schon an den Rollstuhl gefesselt und zum Pflegefall gemacht. Ihre Tochter sei erst 50 Jahre alt und noch voll berufstätig. Deshalb könne sie sich nicht um sie kümmern. Auf einem anderen Bild war ihre Enkelin zu sehen. Die sei jetzt 25 Jahre alt.

»Ach«, schwärmte die alte Frau, »die kam immer so gerne zum Mittagessen zu mir. Oma, du kochst so gut, sagte sie immer. Bei meiner Mama schmeckt es nie so wie bei dir!«

Ich erzählte ihr vor meinen Kindern und meinem Enkel. Und auch von den Umständen, warum Oma zu ihr ins Zimmer verlegt worden ist. Niemand hatte ihr das bisher erklärt. Wir schauten gemeinsam aus dem Fenster und bewunderten die winterliche Landschaft. Es hatte zwar noch nicht geschneit, aber das Gras, die Bäume, der Teich, alles war mit einer glitzernden Schicht aus Raureif überzogen.

»Es sieht aus wie an Ostern!«, sagte Frau Loos.

Als das Essen kam, half ich ihr, das große Stück Braten in mundgerechte Stücke zu schneiden und die Geschenktüten, die ihre Tochter vorbeigebracht hatte, auf die Seite zu schieben. Auch damit sie später besser zum Fernseher schauen konnte.

»Danke!« Frau Loos schüttelte mir zum Abschied fest die Hand.

Ich bedankte mich auch bei ihr. Es war ein schönes Erlebnis, eine Bereicherung für mich, im Altersheim zu sein und wieder richtige Gespräche führen zu können. Und es nahm mir etwas das Gefühl von Anonymität, das mich sonst oft beschlich, wenn ich kurz bei Oma vorbeischaute.

Beten hilft
(10.1.08-15.4.08)

Ich konnte nicht erkennen, ob Oma während des Essens schlief oder wach war oder beides abwechselnd. Ab und zu sprach sie undeutliche Worte. Dabei spuckte sie die Suppe jedes Mal in hohem Bogen auf die Bettdecke.

Später fragte ich Frau Loos, wie es ihr geht.

»Es muss halt gehen«, sagte sie. Vor ihr stand ein Eintopfgericht mit einer Brezel.

»Es wäre besser, wenn Butter auf der Brezel wäre. Und die Kartoffeln sind zu Hause besser. Hier machen sie die immer so hart.«

Immer öfter unterhielt ich mich jetzt mit Frau Loos. Vor allem über das Essen, das Wetter und unsere Familien. Mit ihr konnte man wenigstens noch gut reden! Oma konnte ich immer weniger verstehen. Sie weinte viel. Ich konnte nichts anderes mehr tun, als ihr zu versichern, dass ich bei ihr bin und mit ihr zu beten.

Ihr Kreislauf war weiterhin stabil.

Oma murmelte etwas vor sich hin, was ich wieder nicht verstand. Ich begrüßte zuerst sie und dann Frau Loos.

»Sind sie jetzt wieder im Lande?«, fragte sie mich.

»Ja, ja, wir waren nur ein paar Tage weg. Und heute schüttet es dermaßen draußen…«

»Es soll ja schneien, sagt der Fernseher«, sagte Frau Loos. »Und dann graupeln. Vielleicht kommt der Schnee erst heute Nacht. – Waren sie schon beim Schlussverkauf?«

»Nein.« An den hatte ich dieses Jahr nicht gedacht. »Ich glaube, ich war schon seit über einem Jahr nicht mehr in der Stadt zum Einkaufen.«

»Dieses Jahr sollen die Sachen bis zu 70 Prozent billiger sein, sagt der Fernseher.« Sagt Frau Loos.

Ich erzählte ihr, dass der Winterschlussverkauf eine von Omas Lieblingsveranstaltungen war. Sie liebte es, zum Einkaufen mit der S-Bahn nach München zu fahren und das Angebot auf den Wühltischen zu bestaunen. Auf der Jagd nach einem besonderen Schnäppchen. Hatte sie unser Gespräch aufgeschnappt, weil sie sagte »Ich ziehe mir gleich die Hosen an!«?

Wir mussten beide lachen.

Oma winselte. Sie lag mit bloßen Beinen im Bett. Schwester Jitka fasste sie gerade unter den Kniekehlen und unter dem Rücken und hob sie im Bett ein Stückchen höher. Es schien sie keine Kraft zu kosten.

Der Fernseher dröhnte.

Oma weinte.

»Ömchen, es stört dich bestimmt, dass der Fernseher so laut ist.«

»Macht nichts«, murmelte sie. Und weinte.

Oma weinte oft. Meistens geräuschlos. Zumindest verzog sie ihr Gesicht in einer Weise, dass es sich nur um Weinen handeln konnte. Ich betete dann immer mit ihr. Mittlerweile sogar dann, wenn der Fernseher lief. Beten war und blieb die beste Methode, um ihrer wachsenden inneren Unruhe zu begegnen. Was ihre Seele so quälte, war mittlerweile noch weniger als früher aus ihren Worten herauszulesen. Wenn diese noch als solche zu erkennen waren. Außer dem »Nein, nein«, wenn sie nichts mehr zu essen wollte. »Nein« zum Essen konnte sie sagen, egal, in welchem Allgemeinzustand sie sich gerade befand.

»Wie komme ich denn heute nach Hause?«, fragte mich Oma zum Abschied.

Ich freue mich, ich freue mich so sehr! Ich will mein Glück sofort mit Oma teilen!

»Du, Oma«, flüsterte ich ihr ins Ohr, »ich verrate dir jetzt gleich etwas Wunderschönes! Simon bekommt ein Baby! Beziehungsweise seine Freundin, die Vera. Beide bekommen ein Baby! Stell dir das vor, ist das nicht wunderbar? Und du wirst zum zweiten Mal Urgroßmutter!«

Ich hätte zerspringen können vor Freude.

Oma sagte bloß: »So was.«

Hatte sie mich nicht richtig verstanden? Ich hätte mir eine deutlichere Reaktion erwartet! Also wiederholte ich meine Worte, diesmal lauter.

»Jaja«, sagte Oma diesmal.

»Und jetzt gebe ich dir zu essen.«

»Jaja.«

»Ja« sagte sie zu meiner Aufforderung, den Mund aufzumachen, »Ja« sagte sie zum Schlucken, »Ja« sagte sie zum Nachtisch. Und dann sagte sie »Hier hör´ ma wieder auf.«

Ja, dann hören wir auf.

Ich musste an das Baby in Veras Bauch denken. Es würde Mitte September auf die Welt kommen. Ob Oma da noch leben wird? Ich konnte es mir nicht vorstellen. Aber wann auch immer sie gehen wird: Ein alter Mensch stirbt, neues Leben kommt. Vergehen und Werden. Freude und Leid so nah beieinander. Ich betete für das Baby. Es war ein Wunschkind. Simon hatte mir vorgestern davon erzählt. Nein, er zeigte mir zuerst das Ultraschallbild, ohne etwas zu sagen. Ich klatschte vor Freude in die Hände und lachte schallend los.

Es wird schon gut gehen.

Ich teilte den Schwestern noch mit, dass meine Schwester nächste Woche im Urlaub ist. Damit sie wissen, wen sie zuerst anrufen sollen, wenn etwas ist, mit der Mutter.

Im Fernsehen wurde ein Faschingsumzug übertragen.

»Ich kann nicht mehr«, sagte Oma.

Frau Loos sah nicht hin. Sie war seit einiger Zeit damit beschäftigt, die Verpackung von einer Tafel Schokolade zu öffnen. Bisher ohne Erfolg. Ich bot ihr meine Hilfe an.

»Nein, lassen Sie mal, ich will es selbst probieren«.

Etliche Versuche später half ich ihr dann doch.

»Nehmen Sie zuerst ein Rippchen für sich weg«, bot sie mir an.

»Nein, nein, das ist doch Ihre Schokolade«, lehnte ich ab.

»Ach was, nehmen sie sich drei Rippchen. Sonst muss ich alles allein essen. Und herzlichen Dank.«

Na gut, ich wollte nicht unhöflich sein und langte zu.

Frau Loos aß ein winziges Stückchen selbst und versteckte die restliche Schokolade in ein Papiertaschentuch gehüllt unter der Tischdecke.

»So einen schönen Faschingsumzug gibt es in München nicht«, sagte Frau Loos.

»Was pfeifen die da drin?«, fragte mich Oma.

»Das ist, glaube ich, der Karnevalsumzug in Köln.«

»Herrlich«, sagte sie. Und: »Lass mich nicht allein.«

Ich fütterte ihr etwas vom Vanillepudding.

»Das ist aber ein Fest heute«, sagte Oma. »Die machen eine Gaudi. Morgen früh will ich nicht in die Kirche gehen.«

So gut verständliche Sätze hatte ich schon lange nicht mehr aus ihrem Mund gehört. Aber was mich noch viel mehr verblüffte: Morgen früh WILL ICH NICHT in die Kirche gehen. Nicht wollen, das war nie ein Argument gewesen. In die Kirche gehen musste man. Oder musste man wollen. Oma und Opa wollten es wirklich, um sich dort die Kraft für ihren Alltag zu holen. Erst als die körperlichen Gebrechen es nicht mehr zuließen, die 15 Minuten Fußmarsch zur Pfarrkirche zurückzulegen oder auch die 45 Minuten Gottesdienst durchzuhalten, blieben sie immer öfter zu Hause. Oma schon etwas früher, Opa nahm den Weg noch länger auf sich. Auch wenn er irgendwann nach der Hälfte des Gottesdienstes wieder den Heimweg antrat. Oma sah sich stets zur selben Zeit die Übertragung eines Gottesdienstes im Fernsehen an.

Heute wurde der Karnevalsumzug übertragen.

In der letzten Woche keine besonderen Vorkommnisse. Ich gönnte mir vier freie Tage!

Da Oma gerade schlief, kümmerte ich mich um Frau Loos. Sie saß mit dicken Plüschpantoffeln an den Füßen und in eine Wolldecke gehüllt im Rollstuhl. Ihr Gesicht war blasser als sonst.

»Ich kann mich nicht erwärmen«, sagte sie und schaute mich hilfesuchend an.

Ich drehte die Heizung etwas hoch.

Schwester Jitka trug eine dampfende Suppe herein. In höchsten Tönen schwärmte sie von dieser russischen Suppe, von den frischen Zutaten, Kohl, Kartoffeln, Fleisch.

»Kommen Sie aus Russland?«, fragte Frau Loos.

»Nein, ich komme aus der Tschechei. Dort gibt es aber auch leckeres Essen. Denken Sie nur an die böhmischen Knödel.«

Jitka gab uns einen Schnellkochkurs für böhmische Knödel. Es sei eine Heidenarbeit, das Knödel machen. Aus Hefeteig und zwei alten Semmeln, Petersilie und so weiter. Kein weißes Mehl dürfe man nehmen. Eher ein körnigeres.

»Aus dem Teig forme ich eine lange Wurst, die ich mit einem Zwirnfaden in fingerdicke Scheiben schneide. Mmmmh, lecker! Und wenn wir beim Essen zu viel über den Durst getrunken haben, gibt's am nächsten Tag eine Knoblauchsuppe. Die ist fein!«

Für die Knoblauchsuppe gab es auch noch einen Schnellkochkurs. Brühe, Kümmel, Petersilie, Knoblauch. Dazu zwei Tage alte, klein geschnittene und geröstete Semmeln.

»Man stinkt mindestens einen Tag lang aus dem Mund«, sagte sie. »Aber das ist es wert!«

So, jetzt müsse sie aber schnell weiter, den anderen Leuten das Essen bringen.

Frau Loos aß mit Appetit und bat mich danach, die Heizung wieder kälter zu stellen.

Bei Oma nichts Neues. Sie schlief. Schluckte im Halbschlaf ein paar Löffel Apfelmus. Schlief weiter. Es herrschte drückende Hitze im Zimmer. Wegen der anderen Frau. Frau Loos rief mich an ihr Bett. Sie war mit einer Heizdecke zugedeckt. Und klagte: »Ich kann mich nicht erwärmen.«

Wie letzte Woche. Ich packte ihre kühlen, starren Hände unter die Heizdecke und zog diese ein Stückchen weiter in Richtung Kinn. Sie bat mich darum, ihren Teller wegzunehmen.

»Ich habe keinen Hunger«, sagte sie.

Es hätte Brot mit Camembert und etwas Rohkost gegeben. Sie hatte noch nichts angerührt. Oh weh, jetzt ging es bei ihr auch schon los. An diesem Ort gab es eben niemanden, bei dem sich der Zustand noch verbesserte. Hier war für alle Endstation. Ich streichelte heute auch ihr über Gesicht und Haare und zeichnete ihr ein Kreuz auf die Stirn.

Die letzten Wochen waren weitgehend ereignislos. Besser gesagt, die Ereignisse waren stets die gleichen. Oma murmelte. Ich fütterte. Betete mit ihr. Streichelte. Oma murmelte. Oma weinte. Oma schlief. Ich fuhr nach Hause. Und kam am übernächsten Tag wieder.

»Ich dachte, sie kommen heute nicht«, sagte Frau Loos. »Wegen dem starken Wind draußen.«

Heute herrschte draußen nicht nur Wind, sondern es regnete wie aus Kübeln. Hans und ich kamen trotzdem, es war immerhin Ostern. Jesus ist von den Toten auferstanden.

»Ich habe schreckliche Angst vor dem Tod«, sagte Oma.

Gestern hatte ich einen interessanten Gedanken dazu gelesen: Eine sterbenskranke Frau sagte, sie hätte Angst vor dem Tod. Aber nicht vor dem Sterben an sich, das sei sicher schön. Angst hätte sie bloß davor, dass sie völlig allein »hinüber« gehen müsse. Angst vor dem Alleinsein.

»Ist bei Ihnen jemand gestorben?«, fragte mich eine Dame auf dem Flur, die mit ihrem Rollator vorbeikam. Ich musste ein fürchterliches Gesicht gemacht haben, als ich meinen Kopf zur Zimmertür hinausstreckte, um nach dem Essenswagen zu sehen.

»Sie schauen so traurig«, sagte sie.

»Nein, ich bin nur unendlich müde! Lieb von Ihnen, dass sie fragen!«

Draußen war es bereits dunkel. Ich schlich mich ins Zimmer. Die indirekte Beleuchtung, die hinter einer Holzleiste am Kopfende der Betten angebracht war, warf ihren dämmrigen Schein auf Omas Gesicht. Ich betrachtete sie schweigend. Die Augen lagen tief in den Höhlen. Das Kinn ragte wie ein Schiffsbug nach oben. Der Mund stand halb offen, eingerahmt von trockenen, scheinbar zum Zerreißen gespannten Lippen. Oma sah aus wie tot.

»Wie geht es ihr?«, flüsterte ich mit einem Fingerzeig auf meine Mutter, als Schwester Jitka neben mich trat.

»Eigentlich ganz gut«, antwortete sie. »Nur heute Mittag beim Essen murmelte sie so viel, dass sie sich mehrere Male verschluckt hat. Aber sonst gut.«

Die Schwierigkeiten beim Essen und Schlucken dauerten an. Es schien ihr wehzutun. Man sah durch den geöffneten Mund, dass ihr Hals gerötet war. Oder lagen die Schluckbeschwerden daran, dass sie – bildlich gesprochen – nichts mehr schlucken wollte? Nicht mehr wollte und ihr Herz trotzdem noch schlug? Sie weinte.

Um sie etwas abzulenken, erzählte ich ihr von Veras und Simons Nachwuchs, der offensichtlich prächtig gedieh.

»...morgen beten...«, sagte Oma.

Wir beteten gleich. Diesmal sprach sie so viel mit wie schon lange nicht mehr. Ich sprach gerade das »Vater unser«, als sie sagte: »Im Namen des Vaters, des Sohnes und des Heiligen Geistes...«

»Dein Wille...«, fuhr ich fort.

»...geschehe...«, ergänzte sie. Und fing wieder an, zu weinen.

Ich hörte zu beten auf und sagte: »Ist doch gut, Schätzchen. Ich bin bei dir. Du brauchst nicht zu weinen. Der liebe Gott ist auch bei dir. Er beschützt dich. Jetzt schläfst du ein wenig und dann komme ich wieder.«

»Ja, kommst du wirklich wieder?«

»Ja, natürlich. Schlaf du ruhig, dann komme ich wieder.«

»...das ist alles zufällig...«, erwiderte Oma ganz deutlich.

»... es ist doch so ... gleich ...«, murmelte Oma. Es passierte nichts besonders mehr. Ich dachte, erst wenn Oma gestorben ist, dann war wieder was besonders passiert.

Endstation Himmel
(16.4.08 – 22.4.08)

Mittwoch, 16. April 2008

Um Viertel nach 8 Uhr abends klingelte das Telefon. Es war Elisabeth. Das Heim hätte so zwischen 16 und 17 Uhr bei Thomas angerufen, während sie bei einer Gymnastikstunde war. Oma hätte heute nichts gegessen, sei sehr verschleimt im Hals und hätte 39 Grad Fieber. Ob sie den Notarzt rufen sollten. Thomas wehrte das ab. Nur Dr. Legnau sollte kommen. Dieser rief Elisabeth nach seiner Visite umgehend an. Oma sei zwar stark erkältet, hätte aber keine Lungenentzündung. Er bräuchte ihr keine Antibiotika zu geben.

»So wie ich das als Arzt beurteilen kann«, sagte er, »macht sich die Mutti jetzt auf den Weg. Es kommt häufig vor, dass Menschen während des Sterbeprozesses noch einmal Fieber bekommen. Wie lange ihr Weg noch dauern wird, kann ich Ihnen natürlich nicht genau sagen.«

Elisabeth wollte noch heute Abend zu ihr und fragte mich, ob sie mich abholen soll. Diesmal zögerte ich nicht lange und sagte zu. Bevor wir losfuhren, informierte ich noch schnell Simon und Katharina beziehungsweise besprach ihren Anrufbeantworter. Vera hörte ihn ab, rief Simon auf dem Handy an und dieser gab meine Informationen an Katharina weiter, da er zufällig gerade mit ihr in einer Kneipe saß. Sie beschlossen, den Abend noch abzuwarten und morgen zu Oma zu fahren. Das wiederum erfuhr ich von Hans, bei dem die beiden voller Sorge angerufen hatten. Er sagte zu den beiden, er wisse auch nicht mehr, aber wir würden sie schon benachrichtigen, wenn »der Fall« eingetreten sei.

Elisabeth und ich waren dann ungefähr eine Stunde bei Oma. Es war dunkel im Zimmer. Frau Loos schlief. Nur durch den

Spalt der angelehnten Tür drang ein wenig Licht herein. Wir saßen zusammen an Omas Bett, hielten ihre Hände und streichelten sie. Ihr Gesicht hatte sich verändert. Die Haut spannte sich über den Wangenknochen, beinahe so straff wie die Tierhaut über einer Trommel. Sie wirkte noch schmäler – als wäre das überhaupt noch möglich. Nase und Kinn ragten spitz hervor. Sie atmete ruhig. Obwohl sie so hohes Fieber hatte, kam sie uns kalt vor. Es war der kalte Schweiß. Ihre Hände und die Haut am restlichen Körper waren warm. Heiß.

Ich betete leise. In die »Ave-Marias« fügte ich von Zeit zu Zeit »Jesus, der von den Toten auferstanden ist« oder »Jesus, der in den Himmel aufgefahren ist« ein. Oder »Jesus, dein Wille geschehe« und »Jesus, der du die Oma erlösen kannst«.

Elisabeth fragte mich: »Was machst du da? Betest du?«

»Ja.«

Sie ermunterte mich, lauter zu sprechen, damit Oma mithören konnte. Oma reagierte darauf mit ein paar Lauten. Außerdem hoben sich ihre Schultern einige Male, als wollte sie sich aufbäumen, schaffe es aber nicht. Sie schien aufgeregt zu sein, hin- und hergeworfen, in diesem Zustand zwischen Leben und Tod. Wir streichelten und beruhigten sie wieder.

»Wir, die Elisabeth und die Eva, wir sind bei dir. Und besonders der liebe Gott, die Muttergottes Maria und die Engel sind bei dir. Der liebe Gott sieht voller Liebe auf dich herunter. Er hat dich sehr lieb. Wir haben dich sehr lieb.«

Ich wusste, dass ich mich in dieser Nacht von meiner Mutter verabschieden musste.

»Mach´s gut, Schätzchen«, sagte Elisabeth zu Mutti.

Auf dem Flur trafen wir einen netten Pfleger, der seit 4 Jahren überwiegend im Nachtdienst arbeitete und unsere Eltern gut kannte. Er versprach uns, stündlich bei Oma ins Zimmer zu schauen und uns sofort zu benachrichtigen, wenn sich ihr Zustand verändern sollte. Spätestens morgen früh würden wir in jedem Fall angerufen werden. Von Dr. Legnau hätte er die

Erlaubnis bekommen, Oma bei Bedarf drei bis vier Tropfen von einem Beruhigungsmittel zu geben, wenn sie sehr unruhig würde.

Auf der Heimfahrt sprachen wir noch kurz über den Ablauf einer Beerdigung im Allgemeinen.

»Wir haben doch jetzt schon Routine«, sagte Elisabeth lakonisch, »machen wir doch alles genauso wie bei Opa, die Fürbitten, die Lieder. Aber eigentlich ist es mir egal, ich kenne mich da nicht so aus.«

Die Schubert-Messe fiel mir ein! Omas sehnlichster Wunsch für ihre eigene Beerdigung! Die darf ich nicht vergessen!

Ich konnte nicht einschlafen. Also schrieb ich. Es war eigenartig, dachte ich mir, gestern führte ich mit Oma noch so ein erfreuliches Gespräch. Über ihren Mann und seinen Tod im letzten Jahr. Sie antwortete mir und reagierte auf mich, was schon lange nicht mehr der Fall gewesen war. Und heute der Anruf von Elisabeth, Mutti würde sich jetzt auf den Weg machen... War das nicht ein schöner Satz? Ein Mensch macht sich auf den Weg zu Gott. Zu einem liebenden Gott, der einen empfängt wie der Vater den verlorenen Sohn. Ein Vater, der seinen Sohn (oder seine Tochter) liebt, auch wenn er (sie) im Leben nicht alles richtig gemacht hat. Zu Hause Willkommen sein. Daheim. Daheim im Himmel. Diese Vorstellung machte mich froh und beruhigte mich.

So wünsche ich es dir Oma, Mama, von Herzen. Genauso sollst du aufgenommen werden, empfangen von lieben, weit geöffneten Armen. Ich wünsche dir, dass du dort den Frieden bekommst, den du hier auf Erden nie vollständig erreichen konntest. Und dass du dort oben zusammen mit deinem Mann auf ewig glücklich bist. Ich weiß bestimmt, dass dich der liebe Gott nicht enttäuschen wird. Betet dort oben für uns, dass wir die verbleibende Zeit auf Erden noch gut nützen.

Morgen früh muss ich den Anruf vom Altenheim abwarten. Dann mit Elisabeth absprechen, ob wir zusammen zu unserer Mutter gehen oder uns abwechseln. Wir werden sehen. Jetzt aber schleunigst ins Bett. Es ist schon nach ein Uhr morgens. Ich sollte morgen ausgeschlafen sein. Nur noch ein Gedanke:

Auch nach so langem Leiden schien es mir, kommt der Tod plötzlich. Vielleicht war er schon da, während ich dies schreibe?

Donnerstag, 17. April 2008, morgens

Als ich aufwachte, war es noch dunkel. Ungeduldig wartete ich auf einen Anruf, vom Altersheim oder von Elisabeth. Wie war die Nacht? Wie stand es um Oma? Ich ging davon aus, dass sie noch lebte, sonst hätten wir schon etwas gehört. Um 8 Uhr war ich so nervös, dass ich selbst bei Elisabeth anrief. Nein, sie hätte auch keinen Anruf erhalten. Hatte der Pfleger aus der Nachtschicht bei der Übergabe nicht weitergegeben, dass wir das mit dem Anruf gleich in der Früh vereinbart hatten? Elisabeth übernahm es, im Heim anzurufen und die Informationen umgehend an mich weiterzuleiten.

Ich blieb gleich neben dem Telefon sitzen.

Elisabeth rief bereits nach drei Minuten zurück.

»Und?«, fragte ich sogleich, anstatt mich mit meinem Namen zu melden.

»Oma scheint es wieder besser zu gehen. Das Fieber ist auf einmal weg, ihr Atem geht ruhig.«

Elisabeth fuhr verwundert fort:

»Das ist doch unglaublich, was da passiert. Jetzt geht es ihr tatsächlich wieder besser, der alten Dame. Jetzt müssen wir weiterhin abwarten und Tee trinken, wie man so schön sagt.«

Ich hätte das auch nie gedacht, nach gestern. Das kalte Gesicht. Ihr Aufbäumen. Ich war mir sicher, dass das zu ihrem Todeskampf gehörte! Aber vielleicht sollte er noch länger dauern.

Ich sagte zu Elisabeth: »In dem Zustand, in dem sich Oma befindet, hat sie doch keinen Einfluss mehr. Oder doch? Spielt es immer noch eine Rolle, ob sie aufgeben WILL oder nicht? Da müssen wir jetzt auf Gott vertrauen und Oma ihm anvertrauen. Er kennt den Zeitpunkt, zu dem er Oma holen will. Er lässt sich vom Bodenpersonal nicht hineinreden. Auch wir haben keinen Einfluss. Wir können nur abwarten und auf Gott vertrauen. Aber vielleicht Opa? Kann er ein gutes Wörtchen für sie einlegen?«

Ich erinnerte mich, von anderen Angehörigen gehört zu haben, dass sich der Todeskampf ihrer Eltern, teilweise über mehrere Tage hingezogen hat. Vielleicht gibt es dieses erste Aufbäumen, das dann zunächst wieder von einer ruhigen Phase abgelöst wird? Ich hatte mich noch nicht viel theoretisch mit dem Sterbeprozess auseinandergesetzt. Es war dann doch etwas anderes, wenn man mittendrin steckte. »Der Tod kommt auf leisen Sohlen und scheibchenweise.« Wo hatte ich das nur gelesen?

Elisabeth und ich vereinbarten, dass wir uns heute an Omas Bett abwechseln würden. Sie fährt vormittags hin, ich werde mittags dort sein. Am Nachmittag wollten wir uns wieder zusammentelefonieren und berichten.

Donnerstag, 17. April 2008, mittags
Wir trafen uns doch an Omas Bett. Ich hielt es zu Hause nicht mehr aus und ging früher als vereinbart ins Heim. Elisabeth hatte mit Schwester Emma gesprochen. Sie war der gleichen Meinung wie Dr. Legnau. Oma hatte sich auf den Weg gemacht. Seit gestern aß und trank sie nichts. Der Schluckreflex funktionierte nicht mehr. Ihr ging es zwar ein winziges bisschen besser, aber das lag vielleicht auch an den Beruhigungstropfen, die sie bekommen hatte.

Ich dachte: Das ist die Ruhe vor dem Sturm.

Ich setzte mich an ihr Bett. Etwas war ungewohnt: Sonst kam ich meistens zum Esseneingeben. Heute erschien mir das Essenstablett wie ein Besuch aus einer anderen Welt. Der Warmhaltedeckel sah auch wirklich aus wie ein graues Ufo. Ich dachte: Wenn man kurz vor dem Heimweg zu Gott ist, benötigt man keine Nahrung mehr. Dort wird sie schon bekommen, was sie braucht.

Ich setzte mich zu Oma ans Bett und streichelte ihren Kopf und ihr Gesicht. Danach griff ich nach ihren dünnen Händen. Als Jitka das Zimmer betrat, erinnerte ich sie daran, Oma ihren Rosenkranz, der an ihrem Bettgalgen befestigt war, in die Hände zu geben, »wenn es so weit ist«. Der Tod war so nahe, und dennoch fiel es mir immer noch schwer, das Wort in den Mund zu nehmen.

Omas Gesicht war noch stärker eingefallen. Um die geschlossenen Lider herum zeichneten sich rote Ringe ab. Ihre Haut war fahl. An den Händen schauten die Knochen hervor. Oder umgekehrt, die Knochen waren mit etwas Haut überzogen. Die arme Mutti, sie war, wenn man das so sagen darf, nicht mehr als ein Gerippe. Und das Herz, das schlug. Was musste sie alles mitmachen? Ich beobachtete, wie ruhig und langsam ihr Atem ging. Da dachte ich bei mir: Es wäre schön, wenn ich miterleben könnte, wie Oma, während ich bei ihr sitze, ihren letzten Atemzug machen würde. Wenn sie in meinen Armen einschlafen würde. Dann wüsste ich, dass der liebe Gott in diesem Moment bei uns beiden ist.

Freitag, 18. April 2008

Ich bin so dankbar. Gestern Nacht war es endlich so weit.

Morgens gleich um acht Uhr ging ich noch schnell einkaufen. Damit ich den restlichen Tag zur Verfügung stehen konnte. Ich hatte so ein komisches Gefühl im Bauch und in der Brust. Ich war noch nicht einmal richtig durch die Eingangstür des Supermarktes hindurch, als mich Hans mit dem Fahrrad einholte.

Er war völlig außer Atem. »Elisabeth hat gerade angerufen. Oma ist gestorben.«

Ich machte sofort kehrt. Ohne meine Einkäufe zu erledigen. Ab nach Hause, um mich mit Elisabeth abzusprechen.

Ich war nicht so aufgeregt wie bei Opa. Ich war dankbar. Sie hatte es geschafft. Sie durfte gehen. Fünf Monate hatte Opa auf sie warten müssen. Über 67 Jahre waren sie verheiratet und nie voneinander getrennt. Außer während des Zweiten Weltkriegs natürlich. Und während der letzten fünf Monate.

Elisabeth hatte es von Dr. Legnau erfahren. Kurz nach 23 Uhr hatte uns Omas Seele verlassen. Elisabeth fragte mich wieder, ob sie mich mit dem Auto abholen soll. Sie hatte das dringende Bedürfnis, noch von Oma Abschied zu nehmen, nachdem es ihr bei Opa nicht vergönnt war.

Ich wollte diesmal nicht mit. Ich weiß nicht, ob es mir zu viel war – oder mein Abschied gestern schon gut genug. Ich werde jetzt beim Bestattungsinstitut anrufen, sagte ich ihr. Es war Freitag und das Rathaus schloss bereits um 12 Uhr. Ich wollte mit dem Organisatorischen nicht bis Montag warten. Und mit dem Pfarrer müsste ich heute auch noch einen Termin vereinbaren. Elisabeth war ganz aufgebracht, als sie das hörte.

»Das kann doch alles warten! Die Verstorbene hat doch wohl Vorrang vor der ganzen Bürokratie!« Sie war völlig verständnislos. Aber mir tat es irgendwie gut, erst einmal etwas zu tun zu haben.

Muttis Beerdigung legten wir auf Dienstag, den 22. April fest. Um 10 Uhr Messe in der alten Dorfkirche, um 11 Uhr Trauerfeier in der Aussegnungshalle und Beerdigung.

Hans stellte ein paar Zahlenspielchen an. Wir stießen dabei auf ein paar interessante Parallelen:

Oma wird an einem 22. beerdigt.

Opa wurde an einem 22. (Dezember) geboren.

Opa wurde an einem 22. (November) beerdigt.

21 Wochen vor dem Tod seiner Frau.

Oma starb an einem Donnerstag und wird an einem Dienstag beerdigt.

Opa starb ebenfalls an einem Donnerstag und wurde ebenfalls an einem Dienstag beerdigt.

Zahlen bannen das Chaos. Auch das der Seele.

Hoffentlich hat Simon es gestern noch nach Dienstschluss geschafft, zu Oma zu fahren, schoss es mir durch den Kopf. Nachdem er Opa so knapp verfehlt hat, wünschte ich ihm dies so sehr. Ich rief Vera an. Ja, sagte sie, er hat Oma als letzter von den Angehörigen noch lebend gesehen. Ihr Atem war bereits sehr flach.

Ich versuchte, gegen 10 Uhr Katharina zu Hause zu erreichen. Obwohl ich ja wusste, dass sie freitags immer in der Schule arbeitete. Irgendetwas hielt mich davon ab, sie auf ihrem Handy anzurufen. Ihr Freund war am Telefon. Ich informierte ihn über Omas Tod. Katharina könnte mich am Nachmittag anrufen.

Liebe Mama,

Ich möchte dir gerne schreiben, wie es mir heute ergangen ist, nachdem wir uns nicht getroffen haben. Etwa so habe ich in meinem Tagebuch geschrieben:

Omi ist gestorben. Wende im Tag. Ich erfuhr es während des Unterrichts von meinem Freund, der mich per Mailbox um Rückruf bat. Er hatte mir sogar die Telefonnummer vom Altenheim herausgesucht. Ich nahm alle meine Kräfte zusammen und hielt den Unterricht zu Ende. Zum Glück nur bis 11 Uhr 20 heute. Rief dann im Altersheim an, ob Oma noch da sei. Wusste bis dahin nicht, ob ich sie sehen wollte. War schon so lange nicht mehr bei ihr. Auf einmal spürte ich die Antwort in mir. Ich ließ alles liegen und stehen, verließ fluchtartig die Schule, radelte zur U-Bahn. Im Heim waren keine Schwestern aufzufinden. Aber das sogenannte »Krankenzimmer« war nicht abgesperrt. Ich ging einfach hinein. Mein Ömchen! Wie schön, dich noch zu sehen! Zwiespältigere Gefühle als bei Opis Tod, die Beziehung zu

Omi war auch oft schwierig. Wir stritten oft. Dazu ihre vielen mora-
lischen Gebote und so weiter. Und doch eine nahe Beziehung,
manchmal auch zu nah. Und doch gab es so viel, was sie nicht von
mir wusste – und auch nie wissen durfte. Sie hätte sich immer zu vie-
le Sorgen gemacht. Ein paar Tränen kamen dann doch. Die gleichen
Halluzinationen wie bei Opi – als würde sich ihr Brustkorb noch he-
ben und senken – und doch war es nur das Auf und Ab des eigenen
Atems. Ich streichelte sie im Gesicht – und war aufs neue überrascht
von der eisigen Kälte des Todes. Ich klemmte ihr ein paar sattgelbe
Blüten, heimlich gepflückt im Altersheimgarten, zwischen die erstarr-
ten Finger. Draußen beginnt so richtig der Frühling. Doch Omi hätte
davon eh nichts mitbekommen. Wohl nicht mal mehr vom Frühling
letztes Jahr.

Alles andere erzähle ich dir am Telefon.
Mach's gut,
Katharina

Sonntag, 20. April 2008

Nachmittags fuhren Hans und ich zu Opa auf den Friedhof.
Nein, zu Opa und Oma. Sie war auch schon dort, in einem verschlossenen Sarg in einem verschlossenen Raum. Der Termin
ihrer Beerdigung war noch nicht auf der Anschlagtafel ausge-
hängt. Vor ihr waren noch drei andere an der Reihe. Ein 44-
jähriger Bergsportler, der von einer Lawine erfasst wurde, ein
72-jähriger Schriftsteller und eine 92-jährige Hausfrau.

Elisabeth holte Omas Sachen im Altersheim ab. Im Zimmer
fand sie eine völlig aufgelöste Frau Loos vor. Man hatte nicht
mit ihr gesprochen. Sie hatte nur mitbekommen, dass Omas
Bett am Freitagmorgen aus dem Zimmer geschoben wurde. Sie
musste schon geahnt haben, was passiert war. Aber man hatte
ihr nichts gesagt! Seit Oma nicht mehr da war, klingelte Frau
Loos noch öfter nach den Schwestern. Diese waren dann häufig
genervt, weil sie zu ihr rannten und sie dann gar nichts wollte.

Zumindest sagte sie dann nichts. Zuwendung. Ansprache. Mehr Liebe. Gesellschaft. Konnte man danach auch klingeln?

»Als das Bett mit ihrer Mutter aus dem Zimmer geschoben wurde«, sagte Frau Loos, »da dachte ich: Jetzt bin ich die Nächste, die drankommt.«

Montag, 21. April 2008

Liebe Mama,

Ich sitze am Schreibtisch. Ein Tag vor Omas Beerdigung. Das Wetter passt zur Stimmung. Wird Oma bei diesem strömenden Regen beerdigt werden?

Rechts von mir mit einer Stecknadel an die Tapete geheftet: Opis Sterbebildchen. Zu meiner Linken neu dazugekommen: Omis Sterbeanzeige, davor ein kleines Foto von ihr, aufgenommen vor ungefähr 15 Jahren. Sie steht redend und gestikulierend vor ihrem Haus, in unerschöpflicher Gesprächigkeit. Einerseits waren da die vielen Ge- und Verbote, ihre Vorschriften, was sich gehörte und nicht gehöret. Wie wir am Tisch sitzen, uns anziehen und in der Öffentlichkeit benehmen sollten und was alles zu gefährlich sei. Doch in der Überzahl waren die schönen Erinnerungen. Nie werde ich das Gefühl vergessen, wenn Omi mir sanft über die Haare strich. Und das Schmunzeln über ihre täglichen Kämpfe gegen die Versuchung der Schokolade, die Bewunderung für die vielen Bücher, die sie nachts vor dem Einschlafen las...

Vor dem Einschlafen war Omi die Geschichtenerzählerin, wenn unsere Eltern abends nicht da waren. Deutlich habe ich noch das Bild vor Augen, wie sie an der Heizung unseres Kinderzimmers lehnte, zwischen den Betten von Simon und mir und uns ihre selbsterfundenen Märchen von den Trollen erzählte. Später waren es dann Geschichten aus ihrer Vergangenheit, immer wieder die gleichen, immer ein wenig anders. Wir wollten diese Geschichten wieder und wieder hören. Oma hatte trotzdem Angst, sie würde sich zu oft wiederholen und uns langweilen. Was sie aber nicht vom Erzählen abgehalten hätte.

Bald wirst du es sein, Mama, die die Geschichten aus der Vergangenheit erzählen wird. Ich freue mich darauf!
Deine Katharina

Dienstag, 22. April 2008

Die Trauerfeier fand in der alten, barocken Dorfkirche statt.

»Jetzt ist unser Mäuschen tot«, flüsterte mir Elisabeth zu, kurz bevor auf der Orgel die ersten Töne der Schubert-Messe erklangen.

Seine Ansprache begann der Pfarrer mit folgender Begebenheit: Gestern hatte er mit den Erstkommunionkindern einen Ausflug zu der kleinen Wallfahrtskapelle unternommen, in der meine Eltern geheiratet hatten.

»Seht mal her«, sagte er zu den Kindern, »vor diesem Altar kniete vor über 67 Jahren ein junges Hochzeitspaar und ließ sich trauen. Stellt euch mal vor, 67 Jahre lebten die Eheleute zusammen, und jetzt sind sie kurz hintereinander verstorben.«

Die Drittklässler staunten nur mit großen Augen, da sie noch gar keine Vorstellung von dieser Zeitspanne hatten, außer dass es eine kleine Ewigkeit sein musste.

Ich war berührt davon, dass der Pfarrer bei diesem Ausflug an unsere Eltern gedacht hatte! Überhaupt hatte er sich für die Vorbereitung der Ansprache viel Zeit genommen und gab einen umfassenden Rückblick auf Omas Lebensweg und ihre Persönlichkeit.

Später am Friedhof, als das letzte Lied in der Aussegnungshalle erklang (das »Largo« von Händel), schloss ich die Augen und überließ mich voll und ganz dieser wundervollen, ergreifenden Musik. Vor meinem inneren Auge zogen Bilder von Oma vorbei, als würde ich ein Fotoalbum durchblättern. Die Seiten der Kindheit, Jugend und der aktiven Jahre als erwachsene Frau wurden so schnell umgeblättert, dass ich kein Bild länger ansehen konnte. Erst auf den letzten Seiten, auf denen sie mehr wie ein kleines Knochenbündel in einem viel zu großen Bett lag, blieb mein Blick hängen. Nur so kannte ich sie zuletzt. Mein Mäuschen, mein Schätzchen, dachte ich. Ich schickte Stoßgebete für sie in den Himmel. Es war ein liebendes Zurückblicken auf meine Mutter. Ich weinte.

Als Omas körperliche Überreste in das Grab, links neben Opa, versenkt wurden, musste ich daran denken, wie wohl ihr Körper im Sarg jetzt nach vorne rutscht, da die Totengräber ihn so schief hielten.

»Jetzt ist das Mäuschen tot«, schluchzte Elisabeth wieder. Omas Beerdigung ging ihr viel näher als die von Opa. Mir ging es genauso, ich weiß nicht, warum.

Wie farblos und armselig wirkte doch dieser Kranz aus Trockenblumen, den das Bestattungsinstitut im Namen von uns Angehörigen ans Grab gelegt hatte. Und der sollte uns 170 Euro kosten? Das durfte nicht wahr sein!

Das war es auch nicht. Ein Telefonanruf am Nachmittag klärte alles als ein Versehen auf, wenn auch zu spät. Gleich vier Beerdigungen waren für den 22. April angesetzt. Und drei von den Verstorbenen hatten etwas mit »Mar…« im Vornamen gehabt. Maria, Margarethe, Margot oder so ähnlich. Den schönen Kranz, den wir für Oma ausgesucht hatten, gab es schon, aber er war am falschen Grab gelandet! Das Bestattungsunternehmen zahlte uns als Entschädigung einen Teil des Kaufpreises zurück.

Das Kapitel Altersheim ist jetzt abgeschlossen.

Jetzt müssen wir uns mit anderen – unangenehmeren? – Sachen beschäftigen. Und dürfen uns auf andere – angenehmere – Erlebnisse freuen. Eins nach dem anderen wird geschehen, nach und nach werden wir unseren Weg weitergehen. Die Kraft, die nächsten Schritte zu tun, wird kommen.

Nur noch nicht jetzt.

Ich bin müde.

Unendlich müde.

Die Anspannung, die mich die letzten drei Jahre auf den Beinen gehalten hat, ist weg.

Ihr seid auch weg.

Ich habe euch lieb.

Auf Wiedersehen, Mutti und Vati!

Über die Autorin

Angelika Lorenz, geboren am 9. Juni 1972 in München, studierte nach ihrer Schulzeit Lernbehindertenpädagogik. Berufsbegleitend schloss sie eine Ausbildung zur psychoanalytischen Kunsttherapeutin ab. Bis 2017 arbeitete sie als Sonderschullehrerin. Heute lebt sie mit ihrem Sohn in Bad Wörishofen und arbeitet in einer Arztpraxis, als Klettertrainerin und freischaffende Künstlerin.

Seit ihrer Jugend schreibt sie selbst regelmäßig Tagebuch und Gedichte. Die besondere Verbindung zu ihrem ersten Buchprojekt »Endstation Himmel« besteht darin, dass sie selbst mit den Hauptfiguren des Buches in einem Haus aufgewachsen ist. Zudem konnte sie durch eine 7-jährige Aushilfstätigkeit auf einer Pflegestation einschlägige Erfahrungen in der Altenpflege sammeln und interessiert sich seit jeher für psychosoziale Themen, was sich durch ihr vielseitiges Engagement in der Behinderten-, Kinder- und Jugendarbeit verdeutlicht.

Novitäten 2020/2021 im Franzius Verlag

<u>Romane</u>

»Blutspur 629«, Band 3 der »Rich & Mysterious«-Reihe
Krimi von Neal Skye, ISBN 978-3-96050-214-2

**»Die Siegel Asinjas —
Teil 3: Die Macht der Dämonen«**
Fantasy-Roman / Young Adult von Andi LaPatt
ISBN 978-3-96050-212-8

»Fette Sau – Ich bin gegen Mobbing und Du?«
Roman von Christiane Kromp, ISBN 978-3-96050-201-2

**»Nachbeben – Oder gehört das ganze Leben vielleicht in die
Änderungsschneiderei?«**
Roman von Sybille Statz, ISBN 978-3-96050-192-2

»Die Macht der Akademie«
Schweden-Krimi von Neal Skye, ISBN 978-3-96050-190-9

»Das Zugticket«
Roman von Monica Heinz, ISBN 978-3-96050-188-6

»Hüter der Feder«
Fantasy-Roman von L. T. Ayren, ISBN 978-3-96050-093-3

»Bis ans Ufer«
Historischer Krimi von Sophie Heinig, ISBN 978-3-96050-182-4

»Reise zum inneren Avatar«
Spiritueller Roman von Mirjam Wyser, ISBN 978-3-96050-176-3

»Die Heimsuchungen der Familie Bell«
Historischer Krimi von Christiane Kromp
ISBN 978-3-96050-174-9

**»Mörderische Psychospiele –
Zwischen Bremen und der Nordsee«**
Regionalkrimi von Sabine Bruns, ISBN 978-3-96050-172-5

»28 m² – Die Probandenstudie«
Thriller von Perry Payne, ISBN 978-3-96050-168-8

»Redric – Die andere Seite der Angst«
Young-Adult Thriller von Jenny Rubus
ISBN 978-3-96050-160-2

Sachbücher und Ratgeber

**»Entzündungen natürlich behandeln — Die grüne Taschen-
apotheke«**
Von Dr. Nadine Berling
ISBN 978-3-96050-203-6 (Hardcover)
ISBN 978-3-96050-210-4 (Softcover)

**»Magnetic Wealth Attraction – Werde ein Magnet für Wohl-
stand, Überfluss und Fülle«**
Deutsche Erstausgabe des Titels »Magnetic Wealth Attraction«
Von Frederick Dodson, Übersetzung von Petra Liermann
ISBN 978-3-96050-196-1 (Hardcover)
ISBN 978-3-96050-180-0 (Softcover)

»Nicht offensichtliche Megatrends – Wie man erkennt, was andere übersehen, und die Zukunft vorhersagt«
Deutsche Erstausgabe des Titels »Non Obvious Megatrends: How to See What Others Miss and Predict the Future«
Von Rohit Bhargava, Übersetzung Franzius Verlag GmbH
ISBN 978-3-96050-091-9 (Taschenbuch)
ISBN 978-3-96050-198-5 (Hardcover)

»Grenzenlos – Wie man seine Berufung findet und mit drei weiteren essentiellen Faktoren die individuelle Balance schafft, um im völligen Einklang mit dem eigenen Leben zu sein (Deutsche Erstausgabe)«
Von Laura Gassner Otting
Übersetzung Franzius Verlag GmbH
ISBN 978-3-96050-192-3 (Taschenbuch)
ISBN 978-3-96050-197-8 (Hardcover)

»Wenn Millennials übernehmen — Bereiten Sie sich auf die amüsant einfache Geschäftswelt der Zukunft vor«
Deutsche Erstausgabe des Titels »When Millennials Take Over: Preparing For The Ridiculously Optimistic Future Of Business«
Von Jamie Notter und Maddie Grant
Übersetzung Franzius Verlag GmbH
ISBN 978-3-96050-208-1 (Hardcover)
ISBN 978-3-96050-206-7 (Softcover)

»Enneagramm und Hochsensibilität – Die neun Persönlichkeitstypen und ihr Entwicklungspotential«
Von Dr. Marianne Skarics, ISBN 978-3-96050-170-1

»Eine glückliche Seelen in zwei Körpern – Dualseele 2.0«
Von Petra Liermann, ISBN 978-3-96050-178-7

»200 Ratgeber oder dieser«

Die Essenz aus über 200 Ratgeber-Bestsellern zu den Themen: Glück, Gelassenheit, Gesundheit, Schlaf, Ernährung, Stress, Bewegung, Zeitmanagement, Kommunikation, Beziehungen, Erziehung und Finanzen. Mit Literaturtipps!

Ratgeber von Florian Hartnack

ISBN 978-3-96050-218-0 (Hardcover)

ISBN 978-3-96050-217-3 (Softcover)

Kinder- und Jugendbücher

»Acello und die Umweltmagier«

Band 4 der »Acello«-Reihe

Von Mirjam Wyser, ISBN 978-3-96050-184-8